Sei QUE vou sair dessa

Iyanla Vanzant

autora de *Enquanto o amor não vem*

Sei que vou sair dessa

Superando os momentos difíceis da vida

SEXTANTE

Publicado originalmente com o título: *The Value in the Valley*

Publicado em acordo com a Simon & Schuster, Inc.

TRADUÇÃO
Ana Quintana

PREPARO DE ORIGINAIS
Regina da Veiga Pereira

REVISÃO
Clara Diament, José Tedin Pinto e Sérgio Bellinello Soares

PROJETO GRÁFICO E DIAGRAMAÇÃO
Marcia Raed

CAPA
Miriam Lerner

FOTOLITOS
R R Donnelley América Latina

IMPRESSÃO E ACABAMENTO
Cromosete Gráfica e Editora Ltda.

CIP-BRASIL. CATALOGAÇÃO-NA-FONTE
SINDICATO NACIONAL DOS EDITORES DE LIVROS, RJ

V383s
Vanzant, Iyanla, 1953-
Sei que vou sair dessa
/ Iyanla Vanzant ; tradução de Ana Quintana. – Rio de Janeiro : Sextante, 2004.

Tradução de: The value in the valley
ISBN 85-7542-133-6

1. Negras – Guias de experiência de vida. 2. Negras – Psicologia – Estados Unidos.
3. Amor-próprio nas mulheres. I. Título.

04-1623.
CDD 305.896073
CDU 316.347-055.2

Editora Sextante / GMT Editores Ltda.
Rua Voluntários da Pátria, 45 – Gr. 1.404 – Botafogo
22270-000 – Rio de Janeiro – RJ
Tel.: (21) 2286-9944 – Fax: (21) 2286-9244
Atendimento: 0800-22-6306
E-mail: atendimento@esextante.com.br
www.sextante.com.br

Este livro é dedicado a todas as mulheres que estão presas ao medo, ao ódio, à raiva, à vergonha, à culpa, à opressão e aos modelos ultrapassados de papéis e expectativas. A todas as Moradoras do Vale, desejando que, quando estiverem deprimidas, perdidas e sofrendo, ergam a cabeça e gritem bem alto: ESTOU AQUI! E VOU SAIR DESSA!

Agradecimentos

Meus maiores agradecimentos são para:

GEMMIA VANZANT, minha filha, cuja incrível capacidade para se manter firme, centrada e pronta a dar apoio é o alimento que ajuda a nutrir meu espírito e cuja crítica aberta e construtiva me mantém em contato com a realidade;

NISA VANZANT, minha caçula, que me lembra sempre que não sou especial, incrível nem maravilhosa, sou apenas a "mãe";

"YU", minha metade, que jamais perde a oportunidade de me mostrar quem eu realmente sou;

DAWN MARIE DANIELS, minha editora, cujo amor sincero, apoio e paciência estão sempre me surpreendendo;

DENISE STINSON, minha agente literária, que me tirou de um vale onde eu não tinha razão de estar;

CARL COOPER, advogado, meu ex-professor de Direito e atual conselheiro legal, cujo apoio e orientação não me deixam enfiar os pés pelas mãos e me tiram do vale;

ERICA JACKSON, minha assistente, excelente alpinista;

"MAMA" MUSINAH BERRY DAWAD, sempre tão disposta a cuidar dos detalhes, me deixando livre para inventar mais detalhes;

MICHELLE VENTOR, minha irmã-amiga, que vestiu minhas idéias nuas;

MARGE BATTLE, por sua força, persistência e tenacidade, que permite que eu coma muito e me ensina como não ter indigestão;

MARIA CAROTHERS, TRISH WEIR, a equipe do AAWC e todas as irmãs que participaram da Conferência de 1990 em San Diego e fizeram desse conceito algo sobre o qual vale a pena escrever;

RALPH STEVENSON, meu irmão-amigo, cujo amor me tirou de muitas valas, vales e masmorras;

Linda Smith, Tony Walker, Atticus Walker, Luanne Bennett, Sarah Darling, Lionel, o "Índio", e o resto da equipe da Villa Indy Hills, na Jamaica, por me darem um abrigo seguro e por me atenderem em tudo quando eu estava no final do parto deste livro;

Irmão Charles "Chuma" White, que tão bem cuidou de mim durante meu parto em Denver, no Colorado, quando eu estava prestes a dar à luz este livro;

Todas as minhas "irmãs" que seguraram minha mão, olharam nos meus olhos e disseram "Obrigada";

E, é claro, ao Divino Criador, Deus Mãe Pai, que sabe sempre exatamente do que preciso e de quando.

Durante vários anos, trabalhei como conselheira espiritual, atendendo a pessoas de todas as áreas nos desafios e problemas que enfrentavam, geralmente com implicações espirituais. Como qualquer médico/médica, padre/pastor ou conselheiro/conselheira, sempre mantive o mais completo sigilo a respeito do que me contaram. As histórias citadas neste livro vêm de fatos reais que presenciei. Mas os nomes, profissões e todos os outros dados foram alterados para proteger os que dividiram comigo suas maiores confidências. Qualquer semelhança entre os exemplos deste livro e pessoas reais será mera coincidência.

Como sacerdotisa e aluna de diversas áreas espirituais, ouvi muitas histórias e estive em muitas situações que provam a eficácia das leis espirituais na vida. Mais uma vez, as histórias aqui mostradas são exemplos dessa eficácia, e não a divulgação de informações pessoais e confidenciais.

O que há de original neste livro não são as teorias ou idéias, mas minha experiência em relação a elas. Eu compartilho com você idéias e experiências que conheci e vivi nos 18 anos de estudo na área da espiritualidade e fortalecimento espiritual. Cito as fontes de que me lembro, e peço desculpas caso não tenha dado crédito a alguém. E se tiver alterado ou citado alguém erradamente, é porque minha experiência produziu novas descobertas e conseqüentes alterações.

Sumário

Nota da autora

Peço sua especial atenção para as Meditações com a Mãe, que estão no início de cada capítulo. Essas palavras me foram inspiradas durante as meditações matinais à beira-mar, na Baía de Montego, na Jamaica. Após minha oração matinal, eu sentia uma espécie de névoa sobre mim e era impelida a escrever. Muitas vezes, as palavras me levaram às lágrimas. Elas sempre me deram uma sensação de proteção e revelação. A névoa, identificada apenas como "a Mãe", pediu que eu passasse essas palavras para "as filhas" tais como as recebi.

Durante a leitura do livro, talvez você tenha a sensação de que repito muitas vezes a mesma idéia. Se pensar isso, estará coberta de razão. Repito sim, incansavelmente, porque, para mudar nossas estruturas emocionais muito resistentes, é preciso entrar em contato inúmeras vezes com a mesma idéia – que é um instrumento de transformação – até que ela se entranhe em nós e comece a criar uma nova estrutura capaz de nos fazer mais felizes. Por isso, aceite as repetições como um carinhoso investimento para a sua paz e realização.

Sei que vou sair dessa!

NÓS MULHERES TRABALHAMOS TANTO *NA* VIDA QUE DESISTIMOS MUITAS VEZES DE TRABALHAR *PELA* VIDA. A CASA PARA ARRUMAR, as crianças para cuidar, os homens, as relações afetivas, o emprego, os problemas com dinheiro e todas as questões absorvem de tal maneira a nossa disponibilidade, que fica difícil pedir que "trabalhemos" para melhorar nossas vidas. Não nos importamos de trabalhar para conseguir aquela casa nova ou aquele carro novo, para manter as contas em dia ou para matricular as crianças na escola. Tudo isso não consideramos "trabalho". São coisas que fazem parte da nossa responsabilidade como mulheres. Desde que o resto funcione, queremos é ir em frente, aproveitando os bons momentos e evitando ao máximo as dificuldades que consideramos parte inevitável da nossa vida. Mas muitas vezes ficamos exaustas de tentar, esperar, lutar e trabalhar.

Desde muito cedo nos educaram para os grandes feitos, os grandes sucessos, a felicidade para sempre. Mais do que isso: nos transmitiram fortemente a idéia de que só seríamos amadas à medida que fôssemos bem-sucedidas. O sucesso era determinado por padrões externos, e nós crescemos dependendo da aprovação dos outros, dos desejos dos outros, procurando desesperadamente corresponder ao que esperavam de nós. Quais eram os pais que valorizavam uma filha tristonha, deprimida, com más notas no boletim?

Como é que nos ensinaram a lidar com nossas crises e fracassos? Tudo era julgado e rotulado: bom, ruim, certo, errado, bonito, feio. Raramente alguém nos diz que a crise é um momento importante para nos conhecermos melhor e promovermos a mudança necessária à nossa realização. Que nada acontece por acaso, que cada experiência tem uma razão de ser em nossa vida. Que a crise, o sofrimento e a depressão trazem lições preciosas e necessárias para o nosso crescimento. Não aprendemos a repetir para nós mesmas nesses momentos: "Eu vou sair dessa! Esse sofrimento vai passar, e eu vou me tornar uma pessoa melhor à medida que for enfrentando e superando essa situação." Às vezes o sofrimento e o desamparo são tão grandes que fica difícil acreditar nisso. E, no entanto, é preciso repetir incansavelmente, porque é verdade: você vai sair dessa, e vai sair mais bonita, mais plena, mais dona de si.

Foi para isso que escrevi este livro: para ensinar a você o valor das crises e assegurar-lhe que você pode e vai sair delas. Para fornecer-lhe instrumentos que não só a ajudem nessa superação, mas a façam sair fortalecida das crises. Para transformar seu modo de ver o mundo, as outras pessoas, a sua relação com elas e sobretudo a forma como você se vê.

Uso a imagem das montanhas e dos vales. A expectativa do mundo e de nós mesmas é de que pulemos de pico em pico, de sucesso em sucesso. Ninguém nos fala que – inevitavelmente – entre as montanhas existem vales que precisam ser percorridos se quisermos chegar à outra montanha. Por isso, quando nos deparamos com as crises, as decepções, os chamados fracassos – quando caímos nos vales –, ficamos perplexas, desesperadas, perdidas. Quero lhe dar a mão e percorrer com você esses vales, aprendendo as lições que cada um deles sempre contém. Já estive no fundo sombrio e apavorante de muitos vales, convivi com milhares de mulheres que me relataram suas dilacerantes experiências neles. Por isso, estou muito segura para lhe garantir: existe dentro de você uma força extraordinária, muitas vezes abafada, capaz de emergir nas situações mais dramáticas e impulsioná-la em direção à alegria profunda que é tomar posse de si mesma, da sua liberdade, do seu desejo para se tornar a pessoa plena que você está destinada a ser.

Confie em mim: VOCÊ VAI SAIR DESSA!

IYANLA, março de 1993

Meditação com a Mãe

Querida filha, por quanto tempo você vai depender de mim, voltar para mim no final de um dia sofrido sem conseguir me reconhecer nem me honrar? Por quanto tempo vai pedir que eu a ajude na sua caminhada, abra seus caminhos e a sustente, sem ter tempo para se lembrar de mim? Uma mãe sofre muito e tem muita paciência. Mas ela quer que o sofrimento e a paciência valham a pena. Você, minha filha, ainda não percebeu a ligação que tem comigo, a responsabilidade que tem em relação a mim ou o compromisso que deve ter. Não sou apenas uma idéia passageira ou a imagem que alguns criaram contando histórias a meu respeito. Eu sou a essência do seu ser, eu vivo no cerne de seus ossos. Sou sua alma, seu coração e seu ventre. Sou o propósito da sua vida, e só através de mim sua vida vai ter sentido. Sou a Terra, sim! Sou sua centelha de criatividade, sim! Sou o amor, sim! Mais importante que tudo, minha querida filha, sou a luz dos seus olhos, a inspiração de seu coração, a ligação com o divino, a nobre presença em você. Venha comigo, minha filha, vamos percorrer juntas o caminho da luz, do amor e da cura de que o mundo precisa, mas do qual se afasta por não honrar "a Mãe". Venha, filha. Não tema! Aguardo você com um bálsamo de cura. Uma canção de alegria. Uma oração forte. Pense, minha filha, como você vai ser abençoada quando puder ouvir outra vez a voz de sua Mãe.

1

A anatomia do vale

Era comum o telefone tocar às oito e meia da manhã. Mas era pouco comum aquela mulher ligar para o companheiro de Ann àquela hora. Embora a mulher trabalhasse para ele, ficou claro pelo tom de voz que ela não tinha ligado para falar sobre trabalho. Conversaram durante duas horas, depois a mulher quis falar com Ann. Assim que a conversa começou, Ann soube que estava sendo levada para um vale. Ainda não sabia qual, mas o sofrimento era tanto que ela teve certeza.

"Este vale serve para o meu crescimento, mas eu vou sair dessa" é o que as mulheres devem repetir para si mesmas quando ficam nessas situações difíceis que tornam suas vidas tão horríveis. Toda vez que caímos ou somos jogadas num vale, a pergunta que devemos nos fazer é: "Qual é a lição que isso me traz?" Qual é a lição que pode ser aprendida nessas situações que nos fazem tão mal? A primeira lição é perceber que as dificuldades da vida são sempre educativas. Em cada situação que enfrentamos há algo valioso que nos ajuda a passar para um nível superior. Se não aprendermos da primeira vez, teremos de repetir a experiência quantas vezes forem necessárias. Teremos que viver uma situação semelhante para aprender.

Ann ouviu com atenção enquanto a mulher no outro lado da linha contava os detalhes horríveis da relação que mantinha há dois anos com seu companheiro. Ann sentiu que estava prestes a estourar. Com mão firme e sem piscar, segurou o telefone longe do ouvido e perguntou a ele: "Como você pode me fazer uma coisa dessas?" Com a sensação de fracasso tomando conta dela, Ann lutou para não chorar. Ele estava deitado na cama, com a cabeça apoiada nas mãos, olhando para cima como se estivesse vendo um fantasma. Ann respirou fundo procurando escapar do desespero.

Essas situações duras e difíceis são como vales, porque entramos nelas quando perdemos o pé. Caímos e ficamos sozinhas num lugar escuro e perigoso com a sensação de que não há ninguém por perto para nos ajudar. Cair no vale significa sofrimento. Cabeça latejando, coração partido, alma aos pedaços, você tenta entender o que aconteceu, como foi se meter naquela situação e como sair dela o mais rápido possível. A dor aumenta cada vez que você lembra os detalhes do seu sofrimento. Você imagina todas as possíveis, prováveis e horríveis conseqüências. Você entra em pânico. Na verdade, fica fora de si quando visualiza sua destruição definitiva. Sente que está vivendo uma grande tragédia.

Ele finalmente pegou o telefone e falou para a mulher:

– Já disse que nosso caso acabou!

Ela gritava, e Ann ouviu:

– Não, não disse! Você disse que íamos resolver o problema! Depois me beijou e nós transamos!

Ann ficou em estado de choque:

– Você transou com ela? Quer dizer que você está dormindo com essa mulher depois de me jurar que não estava?

Silêncio total. Os três pararam de respirar. Então, a mulher disse:

– Por que você não responde a ela?

– Você está dormindo com essa mulher? – Ann passou do medo à indignação.

Ele respondeu, humilde:

– Estou.

Foi o empurrão que faltava. Ann teve de ficar cara a cara com a verdade.

É difícil pensar quando se está sofrendo. Não estou falando do tipo de sofrimento que analgésicos podem aliviar. Estou falando da dor de sentir a sua vida inteira ameaçada. A dor de perder aquilo que você deseja, de que precisa e ama. Você escolheu o homem errado mais uma vez. Errou outra vez. Está vivendo o mesmo problema outra vez. Por isso, sua cabeça dói. Seu coração está ferido. Você quer pensar, mas a dor é muita. Você conhece essa situação? Acho que sim!

Quando achamos que estamos erradas!

Quando uma mulher acha que está errada, ela fica absolutamente arrasada. Ela se sente uma imbecil, cega, que vive repetindo a situação que a destrói. E o pior é que, no fundo, ela sabia, ela intuía que estava se ligando a um homem que a faria sofrer. Um homem em quem não podia confiar. Então, por que fez isso?

Se nos entregarmos a esses sentimentos sem reagir, alguma coisa dentro de nós morrerá. Mas não podemos desistir sem lutar! A caminho da morte, precisamos juntar toda a raiva que sentimos para transformá-la em força.

Ann resolveu na hora: "Não vou errar dessa vez!" Com a voz mais indiferente que conseguiu, ela disse ao companheiro que não imaginava que ele ainda estivesse envolvido intimamente com aquela mulher. Mas, ao afirmar isso, Ann teve de admitir para si mesma que sabia que a mulher trabalhava numa das empresas dele que ficava em outra cidade. Sabia também que ele se hospedava no apartamento dela quando ia visitar a empresa. Sabia até que ele guardava algumas roupas no tal apartamento. E mais: sabia que ele passava uma boa parte do mês naquela cidade. Ann sabia perfeitamente de tudo isso.

"Olhe, estou indo embora", disse Ann para a mulher, ao telefone. "Você termina a conversa com ele enquanto eu me apronto para sair da minha casa."

Quando você está num vale, a melhor tática é abrir mão do controle. Isso não significa desistir, nem admitir a derrota. Abrir mão é outra coisa. Abrir mão é não lutar contra o que está acontecendo. Significa, apenas, sentar-se, calar-se e ouvir! Fique quieta até sua mente clarear e você entender bem onde está, como chegou nesse ponto e, mais importante, como sair dessa situação sem brigar. Situações difíceis – situações de vale – nos ajudam a crescer porque nos colocam numa posição em que precisamos enfrentar as coisas que temos de saber, mas que detestamos admitir sobre nós mesmas.

Os vales também nos ajudam a entender como criamos a série de problemas que nos levaram àquela situação terrível. No vale, examinamos todas as experiências passadas e o que elas nos fizeram descobrir a respeito de nós mesmas e dos outros. O vale é uma espécie de depósito de lixo pelo qual precisamos passar para deixar de ter medo. Há em nós mulheres uma tendência a nos prendermos a lembranças perversas que nos fazem sofrer cada vez que vêm à tona. Se nos apegamos às experiências que nos provocaram sofrimento, medo, raiva ou desapontamento, elas se transformam em nossos maiores inimigos. Mas se usamos essas experiências como ensinamentos que nos ajudam a resolver melhor o momento presente, elas podem ser úteis.

Ann desligou o telefone e só então entendeu. "Não vou chorar! Não estou perdida! Posso estar mal, mas não morri! Ele mentiu para mim e me traiu, mas não morri! Eu me enganei a respeito de um homem a quem amei com sinceridade, mas não morri!" Ann foi para o quarto onde ele estava, olhou-o um instante e balançou a cabeça, impressionada. Teve um momento de fraqueza, e perguntou "por que" ele tinha feito aquilo. Mas percebeu que isso não iria adiantar nada, e talvez nem ele soubesse. Resolveu que o "porquê" não interessava.

Começou então a ouvir uma espécie de murmúrio no fundo de sua cabeça. À medida que o murmúrio foi aumentando, as palavras ficaram audíveis: "Posso fazer isso! Eu posso, sim! POSSO!" Ele estava calçando os sapatos. Ann repetiu seu estribilho: "Posso fazer!" Pegou na gaveta uma toalha de rosto, levou-a para o banheiro, encharcou-a de água fria e colocou-a na nuca. "Eu posso!" Ele estava de pé. Ann sentiu a confusão, a dor, o medo dele. "Posso fazer isso!" Ann saiu do quarto, ele saiu da casa. Ann não tinha morrido, mas na hora não percebeu que estava num vale muito profundo e escuro. Quando ouviu o carro dele saindo, Ann repetiu mais alto: "EU POSSO FAZER ISSO!"

A cada momento de nossas vidas, temos a oportunidade de escolher nosso futuro. O que fazemos hoje vai determinar o que enfrentaremos na próxima semana, mês ou ano. No instante em que determinada coisa acontece, precisamos escolher: vou fazer como sempre fiz, ou vou fazer de outra maneira? Nossa capacidade de escolher o que é melhor para nós depende da forma como nos vemos, como vemos o mundo e da nossa relação com os outros. Se você se vê como um lixo, pode escolher ficar onde está. Se acredita na sua capacidade de mudar e crescer, se acredita que merece o que é bom, vai levantar a cabeça e escolher um novo caminho.

O QUE É UM VALE?

Vou repetir de novo para entendermos bem o que é um vale. Um vale é uma situação que aparece em nossa vida para nos revelar aspectos nossos mal resolvidos e para desenvolver qualidades essenciais à nossa evolução – paciência, confiança, fé, coragem, sabedoria, honestidade.

A nossa evolução não é uma tarefa simples. O mundo em geral nos ensina que evoluir consiste em acumular conhecimento, ter sucesso profissional, enriquecer. Os vales ajudam a colocar em foco o verdadeiro propósito e o verdadeiro sentido da vida. O essencial da vida consiste em aprender, crescer, dar, compartilhar e amar a nós mesmas e aos outros de forma pacífica e incondicional. Seu espírito precisa de paz e de amor, não de um carro de luxo ou de uma roupa de grife! Os vales são situações criadas pela vida para atendermos às nossas necessidades espirituais. Eles nos obrigam a examinar o que estamos fazendo, por que estamos fazendo, e a escolher e decidir onde vamos investir e qual é o aspecto nosso que queremos desenvolver.

Definindo os vales

Vou aqui falar brevemente de cada vale, para que você comece a compreender o que é cada um, o que se passa nele, quais as lições que nos oferecem e as qualidades que nos ajudam a desenvolver. Nos capítulos que se seguem, cada um dos vales será tratado mais extensamente, acompanhado de histórias reais para facilitar a sua compreensão e lhe dar pistas para você descobrir seus próprios vales.

O Vale da Luz

Há dez vales onde as mulheres costumam cair por causa de suas experiências. A experiência mais comum, chamada Vale da Luz, nos ensina a lição da tranqüilidade e cria um estado de solidão e silêncio que nos obriga a olhar para dentro de nós mesmas. Quando olhamos para dentro de nós, desenvolvemos a capacidade de refletir sobre o que somos, sobre nossas vidas e a nossa relação com o mundo e com os que nos são próximos.

A ignorância é uma forma de escuridão. Quando ignoramos quem somos, estamos vivendo na escuridão. As mulheres correm esse risco de ficar no "escuro" porque acreditam nas coisas que os outros dizem a respeito do que elas são, do que devem pensar e fazer. Como a mulher foi criada para obedecer e servir, facilmente ela se submete ao que esperam que ela faça. As mulheres estiveram numa situação de servidão durante tanto tempo, que muitas vezes deixam de questionar ou enfrentar o que os outros lhes dizem. Para nos tornarmos capazes de questionar ou enfrentar os outros, e saber a verdade sobre nós mesmas, precisamos passar pelo Vale da Luz. Nele desenvolvemos a capacidade de refletir *sobre nós mesmas*.

As experiências no Vale da Luz nos ensinam o poder do silêncio e da solidão e o valor da reflexão. Suas experiências nesse vale vão aumentar seu nível de consciência e de auto-estima. Você vai passar a gostar mais de si mesma. De posse dessa auto-estima, você se dará conta da importância de conhecer-se melhor e ser mais dona de suas escolhas. Você estará então preparada para subir a montanha outra vez. Essa é a finalidade do próximo nível de experiência, chamada de Vale da Compreensão.

O Vale da Compreensão

Todas nós já passamos por experiências em que achamos que alguém nos prejudicou. Fomos traídas, abandonadas ou rejeitadas por alguém a quem amávamos, em quem confiávamos e, provavelmente, a quem ajudamos. Quando nos encontramos nesse tipo de experiência, sem dúvida vamos dizer: "Não entendo por que fizeram isso comigo!" Claro que ainda não entende! Você está entrando no Vale da Compreensão. Nesse vale temos a oportunidade de ver melhor a nós mesmas e aos outros. Esse vale nos ajuda a entender os nossos aspectos que devem ser examinados, aceitos e transformados.

A lição desse vale é a *aceitação* – aprender a ver nós mesmas, os outros e as situações tal como são, e não como queremos que sejam. Nem sempre ouvimos exatamente o que nos é dito. Ouvimos uma coisa e entendemos outra. Nem sempre prestamos atenção no que está acontecendo. Vemos o que queremos ver, ouvimos o que queremos ouvir. E por isso o lixo do passado – todas as coisas que vivemos e que não entendemos ou interpretamos errado – polui nossos corações e nossas mentes, entravando a nossa vida. No Vale da Compreensão, passamos por um teste para avaliar até que ponto compreendemos a nós mesmas.

O universo nos traz pessoas e situações que nos mostram quem somos. Se não compreendemos o que está realmente acontecendo, se não vemos as lições que temos de aprender, culpamos os outros por nossos erros. O Vale da Compreensão nos faz descobrir que as pessoas em nossas vidas e as situações que enfrentamos nos fazem compreender mais profundamente a nossa própria natureza. Compreender não é julgar, e nos leva a aceitar as coisas e as pessoas como são. Deixar de julgar e aceitar são as qualidades que precisamos desenvolver nesse vale. As experiências no Vale da Compreensão nos preparam e nos levam ao próximo vale, o Vale da Coragem.

O Vale da Coragem

Para as mulheres, o medo é um grande empurrão para uma experiência num vale. Embora sem ter consciência, muitas de nós estamos sempre com medo. Medo de errar, medo de rejeição, do desconhecido, de ficar só, de perder o controle das coisas. O medo faz com que nos convençamos de que o fracasso na vida não é culpa nossa, mas de algo ou de alguém. Na verdade, a maioria das mulheres tem medo. Temos medo do mundo. Medo dos homens. Medo dos filhos. E, por causa do medo, ignoramos nossa própria força.

Ninguém ensina às mulheres o que é a coragem. Aprendemos sobre responsabilidade e dependência. Aprendemos a ser limpas, arrumadas e obedientes. E passamos a ver a coragem como uma qualidade ligada a grandes feitos heróicos, "coisa de homem". Durante anos eu tive maus relacionamentos, empregos insignificantes, problemas psicológicos e emocionais, e me dizia que a culpa era "dos outros". À medida que minha consciência espiritual foi crescendo, percebi que eu ficava onde estava apenas porque tinha medo de ir para outro lugar.

O Vale da Coragem tem esse nome por causa da qualidade que nos ensina. Para ter coragem, devemos começar desenvolvendo a capacidade de *aceitação*. Não uma aceitação que se submete, mas uma aceitação que reconhece a realidade. Precisamos aceitar profundamente nossos medos e nossos pensamentos secretos sobre nós mesmas e sobre o mundo. À medida que aceitamos, passamos a confiar na vida. Aprendemos a confiar no espírito que está dentro de nós. Começamos a examinar o que realmente acreditamos a respeito de nós mesmas, de nossas vidas e das pessoas que atraímos para nossas experiências. A Lei da Crença que governa esse vale nos permite ver que o que tememos não é a vida, mas aquilo que *acreditamos* a respeito da vida. São essas crenças que causam nossos medos. Quando olhamos nossos medos de frente, nós nos tornamos corajosas e confiantes. Com coragem e confiança, nenhum vale é profundo demais, nenhum desafio é difícil demais para ser enfrentado.

O Vale do Conhecimento e da Sabedoria

Em geral, depois do Vale da Coragem nós fazemos uma viagem pelo Vale do Conhecimento e da Sabedoria, onde passamos a ter consciência de que tudo de que precisamos saber para encarar a maioria das experiências da vida já está gravado em nossos genes. Foi transmitido para nós por nossos antepassados mais remotos. O desafio consiste em ter a sabedoria necessária para fazer bom uso do que sabemos. Não apenas o que nossas avós e nossas mães nos ensinaram diretamente, mas o conhecimento e a sabedoria que nos vieram através das experiências que vivemos, das histórias que conhecemos, das frases que ouvimos, das atitudes que presenciamos.

Você vai saber que está nesse vale quando tiver a impressão de que não consegue sair de uma situação que precisa enfrentar. Quando cada pessoa disser uma coisa, lhe der uma ordem, quando vierem à sua lembrança as censuras dos professores, os pitos do pai, as determinações da mãe. Nesse vale você vai se perguntar: "Desta vez, vou exercer minha liberdade de escolher? De falar? De agir? De me levantar e erguer a cabeça? Vou acreditar que tenho força para confiar no que *sei* e agir conforme o que sei?" A Lei da Obediência está funcionando. Não a obediência aos outros, mas a obediência ao que há de mais íntimo em você. A obediência que é uma virtude necessária se quisermos agir com sabedoria.

A lição desse vale consiste em sentar-se, ficar quieta e ouvir a voz silenciosa que sabe exatamente o que é melhor para você em qualquer situação. Se tiver disciplina para conseguir fazer isso, você com certeza vai conseguir. A *disciplina* é o traço que desenvolvemos nesse vale. Mas sozinha ela não é capaz de salvá-la. Você precisa ter *fé*, que é a lição que esse vale ensina. Se tiver fé, conseguirá obedecer à sua voz mais profunda, e de repente, como por milagre, perceberá que sabe exatamente o que fazer e como. O importante é procurar concentrar-se no que sabe e não cair no Vale dos Problemas dos Outros.

O Vale dos Problemas dos Outros

O rosto da minha amiga refletia uma profunda angústia. Ela me estendeu a carta que tinha nas mãos. Li entusiasmada: era uma excepcional oferta de trabalho em outro estado. Perguntei: "Por que essa cara de tristeza, se essa é uma chance pela qual você tanto esperou?" Ela me olhou perturbada: "Porque já respondi recusando." Eu até imaginava a razão da recusa, mas quis ouvir dela: "É impossível deixar minha família neste momento. Minha mãe ficou muito sozinha depois da morte de meu pai, e minha irmã está grávida de gêmeos." Não era novidade para mim: eu tinha visto minha linda amiga murchar no correr da vida. Abrira mão do casamento para cuidar dos pais, abrira mão de uma carreira que poderia ter sido brilhante para se dedicar às irmãs e aos filhos das irmãs. Perdera o viço, o entusiasmo e se contentava com um emprego medíocre e com o papel da grande missionária dedicada a resolver os problemas dos outros.

Quantas de nós ficamos onde estamos, paralisadas, sofrendo em silêncio, por nos sentirmos presas ao nosso círculo da família, dos amigos, das pessoas que deixamos depender de nós? Muitas. É um problema que atinge a maioria das mulheres. Esse é o Vale dos Problemas dos Outros, um vale que para muitas se transforma num abismo terrível.

O Vale dos Problemas dos Outros acontece quando sua vida vai bem, mas você não consegue aproveitar porque está deprimida com os problemas dos outros, sentindo-se responsável por eles. É quando você deixa de lado sua vida, seus propósitos e seus sonhos para ajudar outra pessoa a viver. O Vale dos Problemas dos Outros é o lugar onde a preocupação principal é agradar aos outros. A lição desse vale é *liberdade*. A liberdade chega quando nos apossamos de nossa força interior e adquirimos a capacidade de dizer: "Isso não é problema meu." A qualidade que adquirimos é *honestidade*. Você precisa ser honesta para dizer o que vai ou não fazer, o que pode ou não fazer. O Vale dos Problemas dos Outros nos ensina sobretudo que há uma hora em que devemos dizer "não" sem sentir culpa. A maioria de nós não percebe que somos livres para pensar, fazer e escolher para onde queremos ir. Não percebemos porque não temos um propósito claro.

O Vale do Propósito e da Intenção

Nós adoramos ficar de um lado para o outro, borboleteando. Correndo aqui, indo lá. Começando uma coisa e terminando outra, deixando de lado coisas que devíamos começar, coisas que devíamos terminar e que não conseguimos. Ficamos muito ocupadas, muitas vezes girando em torno de nada. Nos casos mais graves, fazemos muito pouca coisa para os outros e menos ainda para nós. Mas damos a impressão de estarmos – e nos sentimos – muito ocupadas. A vida tem uma cura para as "borboleteadoras". Chama-se Vale do Propósito e da Intenção.

As experiências que levam a esse vale nos obrigam a questionar o que estamos fazendo e para quê. A lição desse vale é *adequação*. Todas nós temos um propósito. Cada uma veio ao mundo para cumprir um propósito. Infelizmente, ficamos muito tempo borboleteando, o que nos impede de saber com clareza qual é exatamente o nosso propósito. A *clareza* é a virtude que desenvolvemos nesse vale. Quando a adquirimos, fica fácil assumir um *compromisso*. O Vale do Propósito e da Intenção existe para favorecer o desenvolvimento do compromisso.

Você sabe que está nesse vale quando nada do que faz dá resultado. Quando os seus planos mais acalentados dão errado. Quando ninguém ouve nada do que você diz e parece nem se importar com você. Esse é também o vale onde vamos parar quando assumimos coisas demais. Se não estamos com a firme intenção de fazer uma determinada coisa, acabamos não fazendo nada, ou não fazendo nada bem. É como se um vento forte soprasse levando embora o que pareciam ser nossos propósitos. Quando o vento sopra e as coisas saem voando, fique certa: você está no Vale do Vai-e-Volta.

O Vale do Vai-e-Volta

Mais cedo ou mais tarde, todo mundo acaba nesse vale porque tudo o que pensamos, dizemos e fazemos volta para nós de uma forma ou de outra. É a Lei da Causa e Efeito agindo. Esse vale contém uma dupla lição: *responsabilidade* e *perdão*. Como mulheres, precisamos nos responsabilizar por nossas vidas. Somos fortes, mesmo quando não sabemos ou pretendemos ser. Nossos pensamentos, nossas palavras e nossas ações têm um efeito em tudo e em todos com quem nos relacionamos. Por isso é preciso tomar cuidado não só em relação às pessoas, mas em relação a nós mesmas e às nossas vidas, pois o que fazemos tem sempre conseqüências.

Quando perdemos alguma coisa de que gostávamos, quando não conseguimos algo que merecíamos ou quando somos caluniadas, não adianta dizer: "Olha só o que estão me fazendo *agora!*" A pergunta a ser feita é: "O que é que eu fiz para provocar essa ação? De quem falei mal? Qual foi a pessoa que traí no passado?" A lei universal da Causa e Efeito está nos ensinando uma lição. A lição é que aquilo que está acontecendo na sua vida tem origem no que está se passando na sua cabeça e no que está saindo da sua boca.

A lição que devemos aprender para nos livrarmos das experiências do Vale do Vai-e-Volta é *perdoar*. Devemos perdoar os outros pelo que disseram e pelo que achamos que nos fizeram. Devemos também *nos* perdoar pelas coisas que fizemos a nós mesmas e aos outros. Senão, o lixo do passado que fica incrustado em nossas mentes e em nossos corações nos faz dizer e fazer coisas inaceitáveis na fraternidade humana. Se não perdoarmos aos outros e a nós mesmas, o universo vai nos dar um troco. A tese é: "Tudo o que vai volta", seja do mesmo lugar, seja de outro. A qualidade a ser dominada nesse vale é a *consciência*. Seja consciente do que está pensando, dizendo e fazendo. Quando você está consciente e conscientemente perdoa, será capaz de superar tudo o que houver. Quer dizer, a menos que você resista às lições. Não se preocupe! A vida tem alguma coisa para você também. Você é uma excelente candidata ao Vale da Não-Resistência.

O Vale da Não-Resistência

Procure imaginar a seguinte cena: você precisa comprar um par de sapatos para combinar com aquele vestido incrível com que vai ao casamento da amiga. Vê um modelo bárbaro na vitrine de uma sapataria, entra, e a vendedora vai buscar os sapatos. São de fato maravilhosos, mas há um pequeno problema: o único par é um número abaixo do seu tamanho. A vendedora a convence de que se colocar numa fôrma e você usar com uma meia-calça vai ficar perfeito. Você volta no dia seguinte, experimenta os sapatos pela sexta vez e acha que eles parecem ótimos. Você quer se convencer de que eles estão ótimos. Sabendo muito bem o perigo de usar sapatos um número menor, você apresenta seu cartão de crédito e gasta oitenta dólares num par de sapatos que pode muito bem deixar você mancando. Sapatos que podem acabar juntando poeira no fundo do armário. Para curar as mulheres da necessidade compulsiva de fazer o que sabem que não devem, a vida criou o Vale da Não-Resistência.

O Vale da Não-Resistência cura a nossa incapacidade de reconhecer o que é possível e o que não é. Ele cura a dificuldade da mulher em ver ou aceitar as pessoas e as coisas como são. Esse vale é a única sala de aula que realmente ensina que não podemos consertar as coisas, nem mudar as pessoas ou fazer de uma coisa o que ela não é. É um vale destinado àquelas que querem determinar que as coisas aconteçam do jeito que elas querem. Acabam se prejudicando quando não conseguem usar o bom senso e ignoram sua intuição profunda.

A qualidade que desenvolvemos nesse vale é o *equilíbrio:* saber quando, o que e como fazer em cada situação. O maior valor desse vale na vida de uma mulher é que as lições que ela aprende permitirão, entre outras coisas, que ela limite os pares de sapatos que compra e não pode usar. Imagine como seus pés vão ficar satisfeitos!

O Vale do Sucesso

Nunca esqueceremos daquele lindo par de sapatos que não cabia nos nossos pés mas que insistimos em comprar. Carregamos em nossos corações e mentes a dor que ele nos causou – dor nos pés e dor na alma por causa da bobagem que fizemos. Nós nos acusamos tantas vezes por causa das bobagens que fizemos, que acabamos nos convencendo de que somos umas bobas incompetentes e nos sentimos absolutamente desvalorizadas. Essa desvalorização aparece em frases como "Bom, acho que cheguei na hora errada." "Não, está certo, pode passar na frente. Eu espero."

As mulheres não são ensinadas a pedir o que querem. De um modo geral não queremos incomodar os outros. Não achamos que o que desejamos é importante. Muito raramente esperamos conseguir as coisas que pedimos. Chegamos a acreditar que pedimos demais, ou que realmente não podemos ter mais do que já temos. Nesse vale, aprendemos através da Lei do Sucesso que a vida nos dá exatamente o que esperamos. Se esperamos ter migalhas, será exatamente isso o que vamos conseguir na vida. A qualidade que desenvolvemos nesse vale é a *expansão*. Devemos expandir nossas expectativas na vida. A lição que aprendemos nesse vale é a *paciência*. A expansão não ocorre do dia para a noite. Demora, e devemos ter paciência com nós mesmas e com o ritmo da vida. Devemos ter *fé* no processo da vida, sabendo que ela vai nos dar o que estamos prontas a receber, o que concordamos em receber. O Vale do Sucesso é a forma que a vida tem de empurrar você para a sua grandeza maior.

O Vale do Amor

Alguma vez na vida, todas nós passamos pelo Vale do Amor. É quando você se sente perdida! Você chora, seu coração está partido, seu amor foi embora! No Vale do Amor, as lições de todos os outros vales entram em ação. O Vale da Compreensão nos faz lembrar de todos os sinais de aviso que não vimos ou não conseguimos seguir. O Vale do Conhecimento e da Sabedoria nos faz lembrar de todas as coisas que queríamos dizer e fazer, mas não tivemos coragem ou sabedoria. O Vale do Propósito e da Intenção nos alerta, lembrando que nunca estivemos muito certas do rumo que a relação estava tomando ou do que esperávamos dela. Mesmo quando dizemos que esperamos o melhor, o Vale do Sucesso nos lembra das inúmeras vezes em que achamos que não merecíamos o melhor.

O Vale do Amor é o verdadeiro coletor do lixo. Todos os nossos medos são mostrados e revelados. Eles surgem com o único propósito de nos ensinar que a relação que temos com os outros é como um espelho que apenas reflete a relação que temos conosco mesmas. Seja ela qual for, seja que aparência tiver, essa relação será revelada no Vale do Amor.

Se falta a você alguma qualidade ou virtude, o Vale do Amor é o empurrão de que precisava. Se você esqueceu, não conseguiu ou escolheu não praticar nenhuma das qualidades da vida, as conseqüências de suas ações vão aparecer no Vale do Amor. Nele, aprendemos que o principal objetivo dos relacionamentos não é nos sentirmos bem. Os relacionamentos ajudam a nos curar. Isso se aplica não só às nossas relações mais íntimas e amorosas, mas a todos os relacionamentos.

O Vale do Amor é governado por todos os princípios universais. Causa e efeito, crença, atenção, consciência, coragem, sacrifício, não-resistência, fé, confiança – tudo de que você vai precisar durante as experiências que a levam a esse vale. O grande princípio e a luz que ilumina esse vale é a Lei do Amor. Falando de forma simples: *Deus é Amor*. Deus é o espírito que sabe do que necessitamos antes mesmo de pedirmos. Esse espírito do amor quer apenas o máximo e o melhor para nós. No Vale do Amor, obtemos exatamente o que precisamos para encontrar o amor que já existe dentro de nós.

Então, você caiu e acha que não pode se levantar!

Somos perfeitas até nas nossas imperfeições. Mas sempre podemos melhorar. Vou repetir mais uma vez, para que você grave bem: as experiências dos vales nos fazem tomar consciência daquilo que precisamos melhorar. Os vales nos ajudam a reconhecer, desenvolver e utilizar a qualidade espiritual ou o traço de caráter que precisa de crescimento espiritual e de melhoria. Achamos que as situações ruins surgem em nossas vidas porque somos más ou fizemos alguma coisa errada. Não é assim. Até sermos capazes de crescer, vamos continuar lidando com as mesmas situações e pessoas que criaram em nós os sentimentos negativos que não queremos mais ter. Em outras palavras: até fazermos uma mudança, uma alteração em nossa consciência, vamos ficar no vale, vamos repetir os vales.

Mas se aprendemos a lição e fazemos a mudança, da próxima vez será melhor! Mesmo se estivermos cercadas de pessoas improdutivas e de situações limitadoras, conseguiremos crescer, entendendo qual é o nosso papel. Se, por algum motivo, resistimos e deixamos de aprender a lição, ficamos no vale, lamentando, reclamando, culpando, sem crescer nem mudar.

Isso nos leva às boas e más notícias sobre os vales. A boa notícia é que quando você aprende a lição, desenvolve o traço de caráter, adota a qualidade e faz a mudança, você sai do vale. Terá revelações que trarão clareza e uma compreensão maior das coisas que antes a assustavam. Quando isso ocorre, as antigas situações e as pessoas vão mudar junto com você, ou sairão da sua vida. Se você realmente aprende a lição, se está mesmo querendo mudar e crescer, vai ter que deixar o que for velho e abrir espaço para o novo. Só isso já é uma grande lição. Não se preocupe – o vale vai preparar você para aceitá-la.

A má notícia é que o fato de sair do vale não significa que você esteja pronta. Há outros vales com outras lições, outras áreas que você precisa fortalecer e melhorar. Você vai passar por novos testes. Deve estar preparada para mostrar as lições que aprendeu através de novas formas de pensar, de atitudes e comportamentos. Fique tranqüila quando houver um retrocesso. É assim mesmo, mas você terá avançado e já não viverá a mesma situação da mesma forma. E aprenderá um pouco mais. É o que vou falar a respeito das valas.

Um pequeno vale é uma vala!

A vida é realmente misericordiosa. Quando estamos dispostas a aprender, vamos receber nossas lições amorosa e gentilmente. Há momentos na vida em que o que seria um vale profundo vira apenas uma pequena vala. Isso quer dizer que caímos, mas podemos ver o caminho. Tropeçamos, mas não batemos de cara no chão. Uma amiga sempre me lembra: "Tropeçar não significa cair. Às vezes quer dizer que você avançou um pouco rápido demais." Tropeçar e cair numa vala não faz com que você fique indefesa. Você pode se segurar ou se agarrar em alguma coisa que já ouviu, viu ou aprendeu numa lição passada.

Uma vala é a forma que a vida tem de nos dar um aviso, de nos lembrar que existe algo que sabemos e não estamos usando. Precisamos ser lembradas para não repetir os mesmos erros. Uma vala mostra que você está correndo o risco de cair num vale. Nesses momentos, você deve ter muito cuidado com as decisões que vai tomar e agir de acordo com o que sabe. Se não identificar os sinais e usar o processo, a vala vai se transformar rapidamente num vale.

Uma vala é como uma dor de dente. Quando o dente começa a doer, você pode tomar um analgésico para acabar com a dor, ou pode ir ao dentista fazer uma radiografia do dente e ver o que está acontecendo. Se ignorar ou minimizar a dor, pode ter uma infecção e agravar a situação. Ir ao dentista pode custar um pouco mais de tempo, energia e dinheiro, mas vai lhe mostrar a causa do problema. Você pode tropeçar em outra vala quando fica se vangloriando de ter aprendido a lição. "Isso nunca mais vai me acontecer!" "Nunca mais vou fazer isso!" Para ajudar você a crescer, o universo pode fazê-la passar por uma situação idêntica ou parecida, disfarçada de várias formas. Uma espécie de teste. As pessoas e a situação serão diferentes. Mas a essência será a mesma.

Quando você está passando por um teste, sente algo que já conhece. "Tem alguma coisa errada nisso!" "Ainda não sei direito o que fazer!" Talvez as pessoas conhecidas tentem convencê-la de que não há nada errado. Mas no fundo você sabe que está numa vala. Seu espírito não mente. Quando as coisas no seu espírito vão bem, você fica em paz. Se não há paz, é hora de parar e pensar. Informe-se melhor antes de seguir em frente. De todo jeito, quando tiver dúvida, reze! Se você aprendeu mesmo sua lição, vai saber reconhecer o que está acontecendo e recuar. Mas, se não der atenção aos avisos, é bem possível que acabe no mesmo vale pela mesma razão de antes: você não aprendeu a lição.

Algumas Mulheres precisam de Educação Espiritual Especial!

Infelizmente, há mulheres que nunca aprendem a lição. Elas tropeçam na vala e caem de cabeça no vale. Essas mulheres jamais admitirão para si mesmas nem para ninguém que existe a menor possibilidade de estarem erradas, de terem escolhido mal ou tomado uma decisão insensata. Elas nunca estão erradas. Continuam fazendo as coisas do jeito que sempre fizeram, tendo exatamente os mesmos resultados. Não admitem que "do meu jeito não está funcionando". A verdade é que elas querem estar com a razão de qualquer maneira. A necessidade de estarem certas e o medo de estarem erradas acabam fazendo essas mulheres ficarem espiritualmente atrasadas e ótimas candidatas à Educação Espiritual Especial.

Conheci uma mulher que era de tal maneira fixada em astrologia, que insistia em só se relacionar com homens nascidos em junho, do signo de Gêmeos. Estava convicta de que os homens desse signo eram os únicos capazes de agradá-la emocional e sexualmente. Quando saía com um homem de outro signo, achava logo um grande defeito nele como desculpa para terminar.

O primeiro geminiano dela era casado. Depois de passar dois anos prometendo largar a mulher e os dois filhos, acabou se mudando para outra cidade. O segundo geminiano deixou-a literalmente no altar. Com o terceiro, ela teve dois filhos nos três anos em que viveram juntos e nos quais ele se recusou a casar. Acabou se casando com a melhor amiga da irmã dela.

No final de cada caso, ela chorava e lastimava a própria sorte. "Por que não consigo achar um homem legal e ter uma boa relação?" Acabou concluindo que não existiam homens bons. Rezava para encontrar um homem que a fizesse feliz e a ajudasse a criar seus filhos. Mas só se fosse geminiano. Era uma mulher espiritualmente atrasada.

Quem é espiritualmente atrasada argumenta e se prende às mesmas coisas que limitam sua capacidade de crescer. Você lastima e reclama porque não quer tomar o remédio que faz efeito. As pessoas em volta cansam de ouvir sua história. Falam pelas suas costas: "Bom, você sabe como ela é! Ela não ouve!" Quando você é espiritualmente atrasada, é mesmo incapaz de ouvir. Insiste em garantir aos outros: "Vou fazer isso, nem que morra!" Se continuar resistindo a aprender a lição, insistindo que está certa, lutando para fazer do seu jeito, acaba morrendo mental, emocional e espiritualmente. A luta e o conflito constantes podem acabar com sua vontade de viver. Mas a vida não vai desistir de você sem lutar! A vida precisa de você, das suas qualidades e talentos, da sua energia. Por isso a vida nos deu uma Educação Espiritual Especial para nos defender. Se você perseverar nela pelo tempo necessário, vai acabar aprendendo!

Não é divertido ficar no vale, pois, apesar de nos fazer crescer, ele envolve sofrimento. A Educação Espiritual Especial não é um vale em si. Ela é um aprendizado especial cheio de energia e poder para promover a mudança de que você necessita e a que você resiste. Quando você fica num vale resistindo, ressentida, a cura não acontece. A Educação Espiritual Especial é um treinamento reforçado para levar você a assumir a responsabilidade pelo que fez ou não fez, aprender com os desafios, obstáculos e dificuldades que enfrenta, se curar e crescer.

É a sua atitude, a sua consciência, que transforma uma experiência temporária no vale numa Educação Espiritual Especial.

Cada lição traz uma bênção!

Como diz o reverendo Michael Beckwith, da Igreja da Ciência Religiosa:

Quando você estiver num vale, numa experiência difícil, não lute contra ela. O que você deve fazer é pensar: "Se essa situação fosse continuar pelo resto da minha vida, que qualidade eu precisaria desenvolver para ter paz? Preciso de paciência? Fé? Tolerância? Ou de uma compreensão mais profunda de quem eu sou?"

Se você conseguir lembrar isso, vai entender que toda experiência de vale é uma oportunidade para dar mais um passo em direção à plenitude do seu ser. Eu já disse isso antes, mas vou repetir cada vez que tiver uma oportunidade, para você não esquecer.

O sofrimento faz com que você preste atenção. A dor obriga você a se concentrar. Quando você sente dor, presta atenção no que está acontecendo com você e à sua volta. Apesar de as experiências de Educação Espiritual Especial serem dolorosas, são a forma que o universo tem de dizer: "Olhe! Alguma coisa não está funcionando! Pare e preste atenção!" Você pára, não por querer, mas porque a dor a obriga a entender que não há outra escolha. Cuidado para não se tornar uma dessas mulheres que se conformam em viver com uma dor incômoda. Uma experiência na Educação Espiritual Especial vai lhe mostrar exatamente o que você precisa fazer para descobrir a origem da infecção que está causando a dor.

O ESPÍRITO NUNCA ATACA SEM AVISAR!

A moça que gostava de geminianos passou três anos no Vale da Luz: silêncio, solidão e celibato. Escolheu não ficar deprimida e não se sentir abandonada por estar só e aproveitou o tempo para descobrir seus verdadeiros sentimentos e o que realmente queria da vida. Decidiu que um relacionamento afetuoso e responsável com um companheiro carinhoso e presente era mais importante do que a compatibilidade astrológica. Passou esse tempo aprendendo e fazendo novas coisas que esperava um dia poder compartilhar com o companheiro. Passou um tempo proveitoso com os filhos, a família e os amigos. Voltou a estudar para completar o segundo grau. Comprou roupas novas que ajudaram a mudar sua auto-imagem.

Um dia, tudo pareceu valer a pena. Ela encontrou um homem maravilhoso no elevador. Ele ajudou-a a carregar uma caixa pesada. Começaram a se encontrar. Ela não quis perguntar qual era o signo dele. Gostou do homem, e parecia ser recíproco, mas havia alguma coisa estranha. No começo ela não detectou bem o que era, e prosseguiu na relação. Ele deu o telefone do escritório e do celular. De casa, não, porque, segundo explicou, quase nunca estava em casa. "Sou viciado em trabalho", disse. Havia outras coisas que ele disse e fez que eram vagamente familiares. Ela começou a rezar pedindo clareza. Ele era bem mais carinhoso, atento e generoso do que qualquer um dos outros, mas mesmo assim ela não se sentia tranqüila na relação. Lembra do discernimento? De repente, ela se deu conta de que estava numa vala e sabia reconhecer os sinais. Se não lhes desse atenção, cairia em outro vale. Duas semanas depois, descobriu que ele não só era casado como tinha outra namorada.

Quando nos vemos no mesmo vale várias vezes, precisamos parar e fazer uma coisa nova. A situação pode parecer diferente. O caminho percorrido também pode ter sido diferente. Mas a lição que temos de aprender é a mesma. Seja sincera! Preste atenção! Se quiser mudar, mude o que faz! Quando nos esforçamos para entender nossos motivos inconscientes, podemos transformar qualquer vale numa vala. A lição para a moça que gostava de geminianos não era de astrologia. Era sobre o fato de ela acreditar que os homens não prestavam e de esperar ser maltratada por eles. A expectativa traz o resultado! Além do mais, ela se convencera de que tinha de aceitar o que conseguisse. Se você espera migalhas, recebe migalhas. Felizmente, essa minha amiga queria crescer. Levou mais dois anos no Vale da Luz. Tudo o que vale a pena ter, vale a pena esperar! Acabou se casando com um homem de Escorpião.

Você precisa saber em que vale está!

Você pode saber em que vale caiu quando identificar a lição ou a qualidade que precisa praticar para acabar com a dor da experiência. Há diversas formas para isso. A primeira é perguntar-se com sinceridade: "Qual a lição que tenho que aprender aqui?" Se você estiver realmente interessada, querendo de fato saber, vai entrar no Vale da Luz. No momento certo, a resposta vai aparecer na sua cabeça ou será mostrada de outra forma bem clara.

O próximo passo é mais difícil. Trata-se de entender por que está no vale. Mas se pedir ajuda às pessoas certas, talvez você descubra a razão e aprenda a lição. Cuidado ao escolher essas pessoas e afaste-se daquelas que vão lhe dizer o que acham que você quer ouvir. Se tiver sorte, haverá uma pessoa ou algumas pessoas com honestidade e sabedoria suficientes para lhe dizer a verdade a seu respeito de uma forma carinhosa e respeitosa.

Quando você estiver muito perdida, sofrendo muito, não vai ter alternativa senão pensar. No começo, seus pensamentos serão confusos e perturbadores. Mas se conseguir ter paciência, irá se tornando capaz de perceber a lição, adotar a qualidade necessária e integrá-la. Porque a lição será, em geral, alguma coisa que você já sabia lá no fundo. Sua lição será algo que você precisa fazer ou parar de fazer, se quiser mudar.

Fazendo as malas para a viagem

Você está pronta para a viagem? Pronta para explorar, examinar e compreender suas mais profundas, mais sombrias e mais dolorosas experiências? Se está pronta, vamos repetir algumas coisas que você precisa saber e lembrar para chegar bem ao seu destino: *um vale é uma experiência*. É temporário, transitório, acontecendo em sua vida para ajudar você a crescer e tomar posse de si mesma, para saber lidar da melhor maneira possível com as situações da sua vida.

Lembre-se também: *a vida quer o melhor para você*. Quer que você seja feliz, e para isso lhe dá princípios bem simples de seguir. A vida chama esses princípios de leis universais ou naturais. Essas leis são os traços de caráter que você precisa desenvolver, as qualidades ou princípios que deve praticar e aplicar em todas as áreas de sua vida. Quando a vida percebe que você não está praticando um determinado princípio ou que está resistindo ao desenvolvimento de um determinado traço de caráter, ela testa você, permitindo que faça uma escolha. Você seguirá pelo caminho certo, harmonizando-se com a lei universal, ou vai fazer do seu jeito errado e continuar confundindo as coisas?

Terceiro lembrete: você pode sair com sucesso de qualquer experiência, se entender o processo, se tiver uma fórmula para usar.

Você tem uma fórmula. Procure aplicá-la em todas as experiências de vale. A fórmula é: preste atenção, pense, reflita, integre e evolua. Fique calma, tenha paciência! Reflita bem sobre o que está realmente acontecendo. Aceite a verdade como lhe é mostrada e decida. Depois então parta para a ação. Faça o que for necessário para avançar e crescer. Lembre-se, deve haver paz dentro de você.

Se você não gosta de testes, não vai dar atenção ao que está fazendo e ao que está criando na sua vida. Ao tropeçar e cair, você vai acusar alguém de estar lhe empurrando, vai culpar outra pessoa por sua falta de preparo. Mas a vida sabe a verdade! A vida sabe que você precisa de ajuda especial, de acompanhamento especial. A vida gosta tanto de você que *envia exatamente aquilo que você precisa para crescer.* Esse é o quarto lembrete.

Se você está repetindo uma experiência muito dolorosa pela qual já passou, examine sua atitude! Procure acalmar sua mente para conseguir entender o processo, seja ele qual for. Se conseguir fazer isso sem se sentir culpada, certamente vai se diplomar junto com o resto da sua classe.

Pronta para a viagem? Então, vamos lá. Quero passar pelos vales ao seu lado, ajudando-a a prestar atenção em si mesma, a identificar seus problemas, seus padrões de comportamento e seus desafios. Pense em tudo o que já fez e verifique o que funcionou e o que não funcionou. Sempre confira a sua atitude. Examine o que está pensando e sentindo. Se sentir qualquer resistência em seu coração ou em sua cabeça, se estiver julgando, criticando, menosprezando o que lê nestas páginas, pare! Volte ao começo! Você deve ter perdido alguma informação.

Se você está agora num vale, preste atenção nos avisos que lhe forem sendo mostrados. Acima de tudo, comemore sem hesitar qualquer progresso que fizer. Celebre o seu crescimento! Alegre-se por ter saído de onde estava e ter avançado. Lembre-se, você não está só. Há milhares de mulheres caminhando ao seu lado, e a Grande Mãe vai à frente, mostrando o caminho. Para ter segurança, use o mapa do caminho para os vales que se encontra na página seguinte. Ele vai ajudá-la a reconhecer onde está e o que precisa fazer.

O MAPA DO VALE E GUIA DE ESTUDO

VALE	LEI DO	LIÇÃO DE VIDA	TRAÇO DE CARÁTER	QUALIDADE
DA LUZ	Autoconhecimento	Calma e silêncio	Reflexão	Atenção
DA COMPREENSÃO	Natureza humana	Aceitação	Visão espiritual	Não-julgamento
DA CORAGEM	Crença	Confiança	Entrega	Coragem
DO CONHECIMENTO E DA SABEDORIA	Obediência	Fé	Disciplina	Instinto
DOS PROBLEMAS DOS OUTROS	Sacrifício	Liberdade	Força	Honestidade
DO VAI-E-VOLTA	Causa e efeito	Responsabilidade	Perdão	Consciência
DO PROPÓSITO E DA INTENÇÃO	Compensação	Alinhamento	Compromisso	Clareza
DA NÃO-RESISTÊNCIA	Não-resistência	Cooperação	Humildade	Equilíbrio
DO SUCESSO	Atração	Paciência	Expansão	Amor-próprio
DO AMOR	Todas	Todas	Depende de suas necessidades	Amor incondicional

Meditação com a Mãe

Minha filha querida! Ensinaram tantas mentiras a você!
Você saiu do caminho por causa das mentiras, e meu coração
está pesado e triste porque vejo sua aparente incapacidade
de se ajudar. Ensinaram que você não é nada, que você é inútil
se não tiver um homem ao seu lado. A verdade é que são os
homens de sua vida e o que eles fazem que transformam você
em uma pessoa inútil! Não estou condenando nem rejeitando
os homens ou as suas uniões com eles. Estou revelando
a você que sou "eu", e não "eles", que lhe dá força
e plenitude. Quando você reconhece em sua alma
a minha energia, a energia da "Mãe", sua união com
os homens se torna real e construtiva!
É engano pensar que um homem pode fazer de você
uma pessoa inteira ou completa. Você já era completa
no começo, quando o Pai e eu nos unimos para formar a vida.
Hoje, fizeram nossas filhas acreditar que não valem
nada sem os homens, quando na verdade eles não existiriam
sem as mulheres. Sozinhos, eles não podem se recriar.
Na sua busca por homens e coisas, você corre o risco
de esquecer da sua essência divina. Estou ao seu lado nessas
horas em que você se esquece. É quando mando você para
o espaço da solidão onde pode retomar o contato comigo.
Sinto necessidade de confortar o seu coração, cuidar de seus
machucados e ressuscitar o seu saber intuitivo.
Mas quantas vezes você, minha filha, resiste! Usa aparelhos
eletrônicos para encobrir minhas palavras e ofuscar seus
sentidos. Usa a cabeça tentando saber o que fazer, em vez

de usar o coração, pois é através dele que eu lhe ensino. Quando você só usa a cabeça, não pode sentir a vida crescendo dentro de você. Não pode se conectar com a capacidade divina de criar o seu mundo e se recriar. Você faz isso porque não a ensinaram a respeitar o coração. No mundo em que você vive, sentir não é uma atividade valorizada. Sentir é sinal de fraqueza. Sentir é ser vulnerável. Mas sentir é a única forma de manter viva dentro de você a relação com o espírito do Pai e da Mãe. Confie em mim, minha filha. Confie no seu coração, pois nele está a verdade. Pare de amar com a cabeça, ame com o coração, o seu coração sincero. Reconheça a sua necessidade de dar carinho, a necessidade de olhar dentro dos olhos daqueles que você ama, e silenciosamente transmita: "Eu amo você." Harmonize os sentimentos do seu coração com os pensamentos da mente. Quando coração e mente se unem, há uma união sagrada. Quando você estiver na solidão e no silêncio, venha a mim. Venha com vontade de rezar e com o desejo de me conhecer, seja qual for o nome pelo qual você me chama. Receba-me de braços abertos em sua vida. Não vou abandoná-la. Vou ajudá-la a escolher o que é melhor para você. Eu ensinarei as filhas que vierem a mim e me honrarem a amar com força, a viver em paz e a crescer plenamente. Desejo recriar o amor da Mãe no mundo. Desejo que você seja meu instrumento de luz e cura divinas.

2
O Vale da Luz

SE REALMENTE COMPREENDÊSSEMOS COMO É SIMPLES VIVER EM PAZ E ALEGRIA, CERTAMENTE ALGUÉM ENGARRAFARIA A FÓRMULA e a venderia. Mas é bem possível que ninguém acreditasse que a vida é tão simples que poderia ser vendida numa garrafa. Muitas mulheres não confiam no que é simples, nas soluções óbvias. Preferimos fazer o caminho mais difícil, achando que é o mais eficiente. Acreditamos nas fórmulas mágicas para emagrecer anunciadas na televisão e tomamos as mais complicadas providências para encomendá-las, em vez de ingerir alimentos saudáveis e fazer uma hora de caminhada na natureza. Quanto mais difícil e complicado, melhor! Mas a vida não precisa ser difícil! O jeito mais simples de simplificar nossa vida, transformando-a num processo mais fácil e pacífico, é dizer: "Faça-se a luz."

O Vale da Luz é o lugar sagrado para onde a mulher deve se retirar para religar sua energia vital com a da Divina Mãe, o espírito de paz, amor e força com o qual as mulheres foram abençoadas. Muitas de nós, mulheres, resistimos a passar pela experiência do Vale da Luz porque é um tempo em que ficaremos sós. Mas, quando entendemos o objetivo da experiência, descobrimos que esse tempo pode ser gratificante e esclarecedor. É um tempo em que nos curamos, aprendemos e nos fortalecemos.

Infelizmente, os padrões da vida moderna nos ensinaram que estar só e ficar quieta é ruim, assustador e, principalmente, não é normal. Desvalorizamos a mulher que "está só", e por isso aceitamos em nossas vidas coisas e pessoas que não nos enriquecem, mas nos dão a ilusão de que está tudo bem. Para colher os benefícios das experiências no Vale da Luz, uma mulher deve descobrir que "estar só" significa "estar na sua própria companhia". Quando você está consigo mesma, recebe a bênção da *clareza*. Pode entender melhor o sentido de uma experiência ou da fase da vida em que você se encontra e perceber as lições que elas encerram.

Uma experiência no Vale da Luz é um chamado da Divina Mãe. Eu a chamo assim, mas você pode dar a ela o nome que quiser: energia universal, anjo da guarda ou dimensão divina em você. Passe um tempo com a Divina Mãe, com seu amor incondicional, com seu desejo de curá-la. Para isso, ela aparece em nossas vidas, criando situações que nos levam à solidão e ao silêncio. Nesse estado, podemos ser cuidadas e transformadas. A Divina Mãe nos tira das dores do mundo e nos dá chance de refletir. No silêncio, todas as coisas encontram respostas e os problemas encontram solução. É só quando resistimos e tememos ser nós mesmas que as experiências que nos levam ao Vale da Luz são dolorosas.

Nas aulas e treinamentos que dei, nas viagens que fiz, descobri que muitas mulheres não querem ficar sozinhas. Precisamos de nossos amigos, filhos e companheiros para nos fazerem companhia. Fomos acostumadas a achar que uma companhia é garantia de bem-estar e segurança. Quando pequenas, era preciso estarmos sempre acompanhadas para ficar longe dos perigos do mundo que perseguem as jovens que andam sós. Crescemos com medo de viajar sozinhas, não nos sentimos à vontade sentando sozinhas num restaurante e acabamos com aversão a dormir sozinhas.

Quando você está em silêncio numa reunião de família ou num encontro social, a reação comum é: "Você está tão quieta. Alguma coisa errada?" Se você fica em silêncio olhando a paisagem lá fora, aparece alguém para perguntar em que você está pensando, se está triste, se tem algum problema. O silêncio de um modo geral não é valorizado.

Mas no silêncio temos oportunidade de refletir, ouvir e chegar a novas conclusões sobre nós mesmas. No silêncio, podemos pensar, sentir e sobretudo respirar profunda e conscientemente. Ao procurar orientação, compreensão, clareza ou paz de espírito, o primeiro passo é dominar a arte do silêncio e repensar o valor da solidão. Dois princípios tão simples e tão eficazes.

Às vezes, você precisa se afastar do mundo para saber o que está se passando na sua mente. Quando convivemos com muitas pessoas durante o dia, é difícil distinguir nossas próprias idéias das idéias que recebemos dos outros. No silêncio e na calma ficam mais claros o que é nosso e o que veio de fora. No Vale da Luz, as contradições e conflitos que você vivencia lhe serão revelados.

Uma experiência no vale

Pam era uma importante executiva financeira numa grande agência de propaganda. Trabalhava dez a doze horas por dia. Controlava duas das maiores contas da agência e diversas outras menores, mas importantes. Pam era também uma perfeccionista-detalhista que temia críticas e não conseguia delegar responsabilidades. Dizia para si mesma: "Ninguém vai fazer tão bem quanto eu." Isso era conseqüência do que aprendera com sua mãe: "Se quer que saia bem feito, faça você mesma!" Pam tentava fazer tudo, e seu nível de exigência custou à agência seis secretárias e duas assistentes nos três anos em que ela foi executiva financeira. Pam dizia que não conseguia evitar. Era a personalidade dela e pronto.

Quando Pam não conseguia terminar algum trabalho no escritório, levava para casa. Era uma forma de se sentir e de parecer sempre ocupada. Também servia como autopunição. As noites de Pam eram reservadas para o canto coral na igreja, ginástica aeróbica e aulas de espanhol. Tudo isso aborrecia muito seus namorados. Ah, sim, Pam tinha namorados. A cada seis semanas, mais ou menos, ela arrumava um novo, na discoteca. Porque esqueci de dizer que havia a discoteca, e que esta era absolutamente necessária para o bem-estar dela. Foi a maneira que Pam escolheu para descarregar o estresse.

Pam conseguia se convencer de que tinha uma vida muito agradável. Ficava satisfeita trabalhando bastante e tendo uma boa carreira profissional. Por outro lado, agradava aos pais participando das atividades na igreja. E satisfazia o mundo sendo uma profissional em ascensão, uma mulher executiva. Satisfazia os homens mantendo-se vibrante, em boa forma física e independente. Pam nunca se considerou uma mulher preocupada em agradar aos outros. Ela apenas fazia o que lhe haviam ensinado que todas as jovens "deveriam" fazer: abrir seu espaço no mundo. Para isso, era preciso estar ocupada. Nos raros momentos em que não tinha nada para fazer, ela era invadida por uma onda de tristeza, descontentamento e medo. Nunca durava muito. Assim que sentia a onda, Pam arrumava alguma coisa "importante" para fazer.

Quando precisamos parar, reduzir a marcha e ouvir a nós mesmas, a vida encontra uma forma de nos obrigar a isso. A agência perdeu três das pequenas contas que Pam administrava. Aparentemente os clientes queriam uma atenção e um tempo mais exclusivos. Claro que culparam Pam por não corresponder às suas responsabilidades. Seu bônus anual foi cortado e uma de suas contas grandes foi transferida para outro executivo financeiro. Bem no meio dessa mudança, os pais de Pam resolveram voltar para o sul. Sabiam que Pam podia se cuidar e queriam ir viver num lugar mais tranqüilo. Pam ficou triste, mas aliviada. Os pais eram seu salva-vidas, mas as exigências e expectativas deles pesavam sobre ela.

A maioria das mulheres que Pam considerava suas amigas era da igreja. Ela começou a perceber que algumas questionavam o seu estilo de vida. Essas mulheres eram casadas ou namoravam homens que também pertenciam à igreja. Elas estavam desconfiadas, porque nunca tinham conhecido um namorado de Pam e não sabiam o que ela fazia nas horas de lazer. Pam se tornou defensiva, que é o que fazemos quando tememos ser descobertas. Concluiu que as amigas estavam com ciúmes e ignorou as perguntas, exceto as absolutamente inevitáveis. Infelizmente, não percebemos que, quando estamos vivendo uma contradição, deixamos de funcionar bem. Estamos indo contra a lei universal. No fundo, sabemos disso, mas, por alguma razão, continuamos a ignorar e resistir aos sinais. Para Pam, as perguntas das mulheres eram um sinal. O medo que tinha de ser descoberta era um sinal. Ela ignorou os sinais até que eles estouraram em cheio sobre ela. O último estouro foi quando Pam foi chamada pela chefe do coral, que pediu para ela se afastar do grupo.

A escuridão tem que passar à luz!

A chefe informou a Pam que seu namorado atual era casado com a irmã de outra integrante do coral. Pam o tinha conhecido na discoteca. Eles "ficaram juntos" desde então. Infelizmente, a mulher dele encontrou o cartão de visitas de Pam no bolso do marido. Como qualquer mulher faria, ela ficou na frente da casa de Pam num sábado à noite, ocasião em que o marido dava suas "escapadas". Queria descobrir quem era a "piranha" que estava tirando o marido dela. Às três e meia da manhã, viu quando o marido levou Pam para casa. Viu de novo às nove e meia da manhã, quando ele saiu da casa dela. Danada da vida, contou para a irmã, que era do mesmo coral e reconheceu o nome de Pam na hora. A irmã contou para a chefe do coral, e esta foi dizer a Pam que, embora ela talvez não soubesse, o homem era casado, e além do mais uma boa cristã solteira não tinha nada que fazer num apartamento com um homem às três e meia da manhã.

Quando os pais de Pam souberam, quase morreram de vergonha pelo comportamento livre e devasso da filha. Depois de três semanas de idas e vindas ao telefone, com a mãe gritando e chorando, enquanto o pai rezava pela salvação da alma da filha, Pam teve uma crise de acne.

Pam demitiu sua sétima secretária, o que não ajudou a melhorar sua pele. A acne tinha piorado tanto, que a chefe sugeriu que Pam antecipasse as férias para se tratar. Pam achou que "eles" estavam tentando se livrar dela e reagiu com histeria, lembrando à supervisora todo o dinheiro que ela conseguira para a empresa.

A supervisora, mulher muito espiritualizada, não levou a sério o ataque histérico. Preocupada com o estado de Pam, mandou-a tirar duas semanas de férias remuneradas e enviou um memorando ao departamento de pessoal informando que Pam não poderia voltar à empresa antes de completar essas duas semanas. A supervisora também recontratou a secretária que Pam tinha demitido e mandou levar Pam em casa, com a recomendação de descansar e rezar. Relutante, Pam foi passar duas semanas de férias no Vale da Luz.

A LEI DO AUTOCONHECIMENTO

Conhece a ti mesma. Aceita a ti mesma. Ama a ti mesma. Não importa o que tenhas feito, onde estiveste. Conhece, aceita e ama quem és. A lei do autoconhecimento diz:

Seja fiel a si mesma.

Em outras palavras, ouça o seu coração. Obedeça ao que ele diz. Respeite o que sente e aja de acordo. Quando desrespeitamos essa lei, a mais importante da sobrevivência, viramos peões no jogo da vida. Passamos a depender do que as pessoas acham de nós para saber quem somos. "Conheça a si mesma" significa: saiba quem você é, como é, o que afeta você e por quê. Identifique seus próprios pensamentos e distinga-os dos que adotou de outros. Significa também que você deve agir de acordo com suas idéias, mesmo quando os outros não estão "satisfeitos" com o que você está fazendo.

Olhe para si mesma, cure-se!

O autoconhecimento pressupõe que o que você está fazendo é produtivo e lhe agrada. A auto-aceitação significa aceitar-se inteira, com o que é bom e o que é menos bom. Você sempre pode se comprometer a mudar aspectos seus com os quais não está satisfeita. Mas, como nos lembrou o escritor James Baldwin, "você não pode curar o que não quer ver". "Ame a si mesma" significa pare de negar quem você é e o que sente. Pare de se criticar. Pare um instante para se olhar de frente, pelo menos três vezes por dia, e dizer: "Eu te amo." "Ame a si mesma" também significa: faça o que lhe faz bem, sem pedir aprovação ou autorização de ninguém. Esses três atos – conhecer, aceitar e amar – são muito difíceis para as mulheres empenhadas em agradar aos outros. Ficamos tão perturbadas pelo que fizemos ou não fizemos para dar felicidade aos outros, que esquecemos de nós mesmas.

Um dos maiores desafios que nós mulheres enfrentamos para nos conhecermos, aceitarmos e amarmos é admitir que erramos em relação a algo ou alguém, que fizemos uma escolha má ou tomamos uma decisão errada. Em algum lugar, bem no fundo de nós, acreditamos que dizer "estou errada" é admitir que "existe alguma coisa errada comigo". Detestamos admitir nossos erros para os outros. Então, não admitimos. Damos desculpas, inventamos histórias, contamos mentiras de cara limpa, explicamos que nossos pais, nossa personalidade ou nosso signo astrológico são culpados por aquilo que é simplesmente natural no ser humano. São essas histórias, mentiras e desculpas que nos levam direto para o Vale da Luz.

As mulheres não entendem que errar faz parte da natureza humana, e que o erro contém sempre lições. Por mais grotesco, ridículo ou irresponsável que seja nosso comportamento numa determinada situação, fazemos isso com base no que somos e na informação que temos. Conheça. Aceite. Ame. Não há nada de errado com você. Mas há sempre espaço para melhorar e mudar, e para isso servem os vales. Primeiro, porém, temos de aprender a saber *quem* somos.

Construímos nossas vidas a partir de nossos pensamentos, principalmente daquilo que pensamos sobre nós mesmas. Aquilo que pensamos a nosso respeito foi influenciado pelo que nos disseram desde muito cedo. Se ouvimos sempre a mesma coisa, acabamos acreditando e fazendo o que ouvimos. Acabamos desconhecendo nossa verdadeira identidade, pois passamos a pensar e a nos comportar a partir do que nos disseram e do que nos treinaram para ser.

Se você cresceu numa família em que todas as mulheres usavam manequim quarenta, em que a magreza era extremamente valorizada, e você usava quarenta e quatro, pode achar que é gorda. Esse pensamento faz você se sentir gorda, se ver gorda e se comportar e se vestir como uma mulher gorda. Se você tivesse uma família gorda, em que o manequim dominante fosse quarenta e oito, sua esbeltez seria elogiada e invejada, criando uma auto-imagem favorável.

Não descasque suas feridas

Sem se conhecer, você não vai se aceitar. Sem se aceitar, não vai gostar de si mesma. Quando você não se conhece, não se aceita nem se ama incondicionalmente, uma das coisas que faz é o que chamo de "descascar feridas".

Lembra quando você era pequena e tinha algum machucado que depois de sangrar formava uma casca? A tendência era arrancar a casca. A nossa perna linda, completamente sem marcas, não interessava. Mas você aproveitava qualquer oportunidade para mostrar a perna cheia de machucados. Você não tinha vergonha. Levantava a calça comprida e mostrava à família, aos amigos e mesmo a estranhos a ferida feia, em qualquer lugar do corpo.

Mostrar a ferida não bastava: tínhamos de tirar a casca e deixar a ferida em carne viva à vista do público. Como adultas, fazemos a mesma coisa conosco e com nossas vidas. Descobrimos os pontos mais fracos de nossa personalidade, as "carnes-vivas" de nossas vidas, e mexemos, mexemos nelas. Nós as exibimos para que todos saibam que temos um machucado, uma ferida, uma fraqueza. Isso explica nossa dificuldade em aceitar elogios. Se alguém nos elogia, nós logo indicamos o que há de errado, a falha daquilo que está sendo elogiado.

Adoramos nos descascar. Mas, se alguém aponta para a nossa ferida, se comenta uma fraqueza ou uma falha nossa, ficamos indignadas: "Ah, não! Não venha descascar minha ferida! Vai doer." Lembro quando minha mãe tentava passar iodo nos meus machucados e eu gritava à beça. Quando era ela quem passava, a dor era insuportável. Quando eu mesma passava, sabia exatamente como e onde. Lembro de minha mãe dizendo: "Pára de mexer nessa ferida, senão ela não vai sarar nunca."

Conhecer a si mesma não significa tirar cascas de ferida, sentir-se mal por causa de seus machucados e pontos fracos. Significa que você reconhece que os tem, se compromete a cuidar deles e a deixá-los em paz para que se curem. Pare de mostrar às pessoas o que você não se sente capaz de fazer, como você é ruim e fraca. Tente, de todos os jeitos, cuidar da ferida para facilitar a cura, mas não tire a casca nem fique exibindo-a!

Há também aquelas que não tiram a casca das feridas, nem mostram. Cobrem o machucado. Se você cobre um ferimento aberto, ele vai inflamar e infeccionar. A infecção pode se espalhar pelo corpo todo, pondo sua vida em perigo. Ferimentos emocionais e espirituais podem ser tão infecciosos quanto os físicos.

Machucados e feridas precisam de ar para se curar. Precisamos expor para nós mesmas as coisas que nos feriram ou machucaram. Para cuidar e curar nossos machucados, temos de admitir que eles existem. Quando ficamos com medo, vergonha ou culpa por termos um machucado, pela forma como nos machucamos ou com o que fizemos para tentar eliminar a dor, a tendência é querermos nos esconder. Quando escondemos nossas dores emocionais ou espirituais, elas infeccionam e afetam quem somos e o que fazemos.

A lição

Pam sabia que estava num momento de intensa crise. Tinha dificuldade em juntar seu compromisso na igreja com o fato de arrumar homens na discoteca, mas estava ferida. Sabia o que os pais queriam que ela fosse. Sabia o que o mundo esperava dela. Sabia o que os homens queriam dela, mas não se permitia pensar no que *ela mesma* queria para si. O sonho de sua vida era ser bailarina, mas tinham lhe ensinado que a profissão era pecaminosa. Isso fez com que Pam achasse que era uma pessoa má por querer algo "errado", e o que *devia* fazer era seguir os avisos e conselhos de seus pais.

A história de Pam é um exemplo do que acontece com muitas mulheres que permitem que os outros lhes digam o que *devem* fazer na vida. Ficamos tão concentradas em responder à expectativa dos outros, que acabamos ignorando o que nos fará felizes. Houve muitas situações em que Pam poderia ter feito o que desejava de uma forma honrada para ela. Podia ter sido professora ou terapeuta de dança, mas nunca parou para pensar nisso. Não se permitiu. Para ela, dançar era perder o amor dos pais e usar o corpo, coisa que ela temia. Em vez de se arriscar, ela escondeu o desejo de dançar, da mesma forma que tinha sido ensinada a esconder o corpo.

Para compensar o vazio que sentimos em nossos corações e mentes quando estamos fazendo o que *devíamos*, em vez de realizar o que *queríamos*, enchemos todos os instantes do dia com atividades. Pam encheu seu vazio com o trabalho. Outras o enchem comendo, fazendo sexo, usando drogas, cuidando de crianças, vendo tevê, cuidando de pais doentes ou arranjando qualquer outra desculpa para se convencerem de que o que desejam de fato é impossível. Não pensamos. Não nos permitimos sentir. Nos raros momentos em que pensamos ou sentimos, nós nos repreendemos. Vamos mais fundo na autonegação, ficando obcecadas com os detalhes do que estamos fazendo, gastando nessa atividade todo o tempo e energia de que dispomos. Com isso eliminamos as possibilidades de o cérebro se ocupar com o nosso "eu" e com o que queremos. É essa escuridão e esse sofrimento que vêm à tona quando ficamos, finalmente, sós.

Pam se esforçava para manter muitas caras. A Pam que cantava no coro da igreja não era a mesma Pam que se contorcia na pista de dança. A Pam da discoteca não era a mesma que chegava ao trabalho às sete e quarenta e cinco da manhã. Uma das primeiras lições que precisamos aprender no Vale da Luz é "Seja você mesma". Pam, como muitas mulheres, usava diferentes máscaras para os papéis que interpretava. Esses papéis nem sempre refletem quem realmente somos ou queremos ser. São os papéis que nos foram dados e que nos impedem de sermos sinceras com nós mesmas. Sabemos que não estamos sendo sinceras quando vivemos com medo – medo de sermos descobertas. Temos esse medo quando tentamos fugir de nosso verdadeiro eu e de nossos desejos.

Saber claramente o que somos, do que precisamos e o que queremos para nos sentirmos bem é uma das lições básicas que aprendemos no Vale da Luz. Chama-se *autoconsciência*. A chave para estar consciente de si mesma é a reflexão. Devemos pensar, refletir sobre o que estamos fazendo e sentindo, para descobrir se é bom para nós. À medida que refletimos, vão ficando claras as coisas que criam conflito em nossas vidas – coisas que pensamos, dizemos ou fazemos. Ficamos conscientes das contradições que estamos vivendo. Se somos honestas com nós mesmas, se resistimos a botar a culpa nos outros, se resistimos a nos sentir envergonhadas ou culpadas, seremos guiadas rumo a uma ação melhor para nós. Mas se ficarmos procurando desculpas para nos justificar, seremos empurradas mais para dentro da escuridão.

Se você está disposta a crescer, a dor e a escuridão costumam levar você para a luz. Se puder dominar a arte de ficar quieta, terá oportunidade de se ver melhor e de saber para onde quer ir. Quando você está só, o processo de tomada de consciência vai lhe mostrando o que é necessário e desnecessário, desejado e indesejado na sua vida. Vai ajudando você a tomar posse de si e a se diferenciar das outras pessoas da sua vida. Vai fazendo você ouvir seus pensamentos e examinar suas emoções. Mas, se continuar a resistir à luz do silêncio e da solidão, as emoções negativas virão à tona e levarão você para um vale ainda mais profundo.

O VALOR DE ESTAR CONSCIENTE

Estar consciente é o valor que existe no Vale da Luz. Quando sabemos quem somos, entendemos como funcionamos. Quando nos damos conta de como funcionamos, somos mais capazes de criticar e discernir o que as pessoas dizem sobre nós e para nós. O verdadeiro valor da tomada de consciência é que ficamos com coragem e força para resistir às pessoas e situações que não refletem a nossa verdadeira imagem.

Pam não tinha a menor idéia de que se encontrava num vale. Só estava com medo. Medo de perder o esquema que criara, porque isso significava que estivera errada nas suas escolhas. Medo de rejeitar os ensinamentos dos pais (embora não acreditasse neles) por medo de perder o amor dos dois. Ela realmente acreditava que estava fazendo a coisa certa deixando de honrar seus sentimentos para agradar aos outros.

Se houvesse um lema para o Vale da Luz, seria: "Conheça-te. Aceita-te. Ama-te." É aí que começa a lição. Quem sou eu? O que acho de mim mesma? O que quero? O que estou fazendo? O que preciso saber? Essas são questões básicas para quando você estiver em busca de luz. Tome um banho prolongado. Ouça um pouco de música. Caminhe na natureza. Faça perguntas e espere as respostas. Há alguma coisa, uma força, uma energia em você que precisa ser cuidada e curada. Esse é o valor do Vale da Luz. Nascidas e criadas para agradar às pessoas, muitas de nós, mulheres, não temos consciência da beleza de nossa essência ou da força de nossa energia. Acreditamos que, se estamos ocupadas, estamos ótimas. Estar no Vale da Luz costuma ser a oportunidade para descobrir do que precisamos para ficarmos realmente ótimas.

A SAÍDA

Se eu ganhasse um centavo cada vez que achei que sabia o que estava fazendo, ficaria rica! Eu não tinha a menor idéia de como estava confusa até que parei para pensar seriamente em mim. Verifiquei que estava não só cega, mas surda e muda para as coisas com que realmente devia me importar. Achava que valia muito pouco, por isso não podia confiar em mim. Acreditava que ninguém me valorizava e concluí que devia ter feito alguma coisa para que isso acontecesse. Acima de tudo, eu não gostava de mim. Eu me achava totalmente errada. Os fatos na minha vida me levaram a essas conclusões. Mas devo admitir que os aceitei sem protestar. Qual é a lição contida em sentir-se feia, errada, achar que você não vale nada? O único meio de entender é lançando alguma luz sobre seus problemas.

Quando você passa por uma experiência negativa e fica sozinha, é bem possível que tenha entrado no Vale da Luz. Lembre-se que nesse momento é importante desapegar-se. Não se deixe levar pelo turbilhão emocional que a experiência negativa provoca. Procure ficar quieta para refletir sobre o que aconteceu. Sem julgar ou criticar, pense no que está acontecendo para descobrir qual é a lição. Admita para si mesma que você contribuiu com seu comportamento para a experiência negativa. Tente descobrir como. Tome consciência das razões e faça uma escolha: parar ou manter esse comportamento. Prometa honestamente que você fará o que for preciso para evitar que isso ocorra outra vez. Só então você vai sair do vale. Vamos usar esse conceito com Pam.

Pam precisava de tempo para entrar em contato com ela mesma. A ausência dos pais e a ausência forçada do trabalho deram a chance de que ela precisava. Era hora de Pam dar uma olhada na vida e decidir se queria o que tinha ou queria outra coisa. Precisava avaliar qual a parte de seu comportamento e de sua vida de que ela gostava e qual a parte que só existia para agradar aos outros. Pam teve muita dificuldade em refletir, porque percebia que o resultado da reflexão talvez a obrigasse a mudar. Embora ninguém a obrigasse a nada. A escolha era realmente simples: ela queria ser feliz ou queria agradar aos pais? Por mais difícil e assustador que parecesse, se Pam quisesse mesmo realizar seu sonho de ser bailarina, ela seria obrigada a ir contra tudo o que os pais lhe tinham ensinado. Se ela escolhesse não dançar, ia precisar escolher outra atividade que a fizesse sentir-se bem e valorizada.

Não existe absolutamente nenhuma forma de ver nossa vida com clareza se não temos clareza sobre quem somos e não nos sentimos bem. Se existe alguma coisa que você rejeita em si mesma, isso vai impedir que você toque a vida em frente. E, como já vimos, a maior parte das coisas negativas em que acreditamos a nosso respeito são aquelas que os outros nos disseram ou nos transmitiram de várias maneiras. Essas coisas criam feridas na nossa psique espiritual e emocional. Pam precisava refletir muito sobre problemas bem sérios ligados ao seu corpo e à sua sexualidade. Com muita freqüência, as doutrinas religiosas incutidas desde a infância criam distorções em nossa cabeça. À medida que amadurecemos, o conflito se instala quando nos vemos vivendo de forma contrária ao que nos ensinaram ou disseram. É necessário então viver experiências e aprender lições que possam iluminar os conflitos e as contradições.

A menina que existe dentro de Pam precisava saber que dançar e brincar eram coisas boas para ela e lhe davam alegria. Mas ela afundou no excesso de trabalho e no esforço para corresponder às expectativas externas, e a vida perdeu a graça. A inocência e a pureza de Pam tinham sido prejudicadas pelas exigências que lhe foram feitas e por aquelas que ela mesma se fez. Você deve se dar a oportunidade de fazer escolhas erradas. *Se você não erra, não aprende.* Em nossa inocência e despreparo, costumamos escolher coisas que depois constatamos que foram insensatas. É assim que crescemos. Isso significa que não existem coisas propriamente erradas. Se fazemos algo que não funciona para nós mesmas, aprendemos o que fazer na próxima vez. Pam nunca ousou explorar a possibilidade de ser bailarina. Ela escolheu a ética de trabalho dos pais para estabelecer os parâmetros de sua vida.

A experiência no Vale da Luz nos permite fazer nossas próprias escolhas. Quando somos capazes de nos distanciar e olhar nossas vidas, podemos ver o que está realmente acontecendo. Vendo com mais clareza, você pode escolher. Mesmo se Pam escolher ficar na carreira em que está e com as atividades na igreja, continuará precisando fazer algumas mudanças. Vai precisar trabalhar sua necessidade de agradar aos outros, seu sentimento de autodesvalorização. Ela é um ser humano que comete erros e não pode controlar tudo e todos. Quando entender isso, terá menos necessidade de contentar os outros e mais coragem para agradar a si mesma.

Como sabemos que Pam está no Vale da Luz? A primeira pista é ela estar sozinha e não ter nada para fazer. A segunda pista é a consciência crescente de ter que assumir a responsabilidade por todas as suas escolhas, em vez de atribuí-las aos pais, à chefe, à direção da igreja e ao namorado. Eles todos são instrumentos usados pela vida para gerar crises e promover descobertas. A pista mais reveladora foi a acne, colocando a seguinte pergunta: "Que cara você está mostrando para o mundo?" Nem todas as que vão para esse vale ficam com acne, mas o corpo vai fazer você saber que está acontecendo alguma coisa que você deve esclarecer. O fato de a supervisora ter dado apoio a Pam é outra pista. O universo sempre encontra um jeito de nos dar exatamente o que precisamos, mesmo quando não conseguimos identificar. Duas semanas sem trabalhar, mas recebendo salário, é uma boa forma de manter-se em contato consigo mesma. O final da história é feliz: Pam tomou coragem, saiu do emprego e foi estudar terapia através da dança. Hoje, ela é dona de uma empresa de consultoria.

Meditação com a Mãe

Você discute com sua respiração? Discorda dela,
opina, duvida, questiona a capacidade de sua respiração
fazer o que deve? Estou tão perto de você quanto a sua
respiração. Mesmo assim, você não me conhece.
Você questiona a realidade e a importância da sua natureza
espiritual. Você se preocupa mais com o que come do que
como reza, se é que reza. Isso, minha filha, é conseqüência
da falta de compreensão, de sua desconexão com a verdade.
Estou dentro de você. Debaixo das mentiras, dos conceitos
errados, dos preconceitos e medos, eu estou à espera na
entrada de sua alma, silenciada pela dor, pela raiva, pelas
experiências que você deixa pesar sobre si. Você me percebe
de forma distorcida, deformada pelos conceitos que lhe
transmitiram, pelas limitações de sua condição humana.
Mesmo assim, você me conhece. Estou presente nas suas
horas mais escuras, mais fracas e mais difíceis. Você duvida,
mas eu sei: só quando você achar tempo para me desenterrar,
tirar a poeira que me cobre e abrir os ouvidos para o que
tenho a lhe dizer é que vai saber a verdade, adquirir
conhecimento e desenvolver a compreensão. Esse,
minha querida filha, é o seu desafio na vida.

3

O Vale da Compreensão

VOCÊ ESTÁ COM PROBLEMAS, ESTÁ EM CRISE OU EM CONFLITO. NÃO SABE O QUE FAZER, PARA ONDE IR, COMO SAIR DA SITUAÇÃO, sem entender como entrou nela. Está encurralada. De repente, por milagre, alguma coisa ou alguém aparece oferecendo a possibilidade de salvação. Você não sabe o que fazer, mas sabe que tem que fazer alguma coisa. Você agarra essa possibilidade ou essa pessoa. No começo, tudo parece ótimo. Mas, com o tempo, você começa a ver que tal coisa ou tal pessoa não é o que você precisa, quer ou espera. Você pára? Não! Continua, dizendo para si mesma que logo vai melhorar. Não melhora, e dali a pouco a situação está pior do que antes. Mais uma vez você não sabe o que fazer.

Vi essa situação ocorrer muitas vezes. Com pessoas da família, amigos e amigos de amigos – aliás, até comigo. Quando estamos numa situação difícil, sentimos medo, pânico ou desespero. Em vez de pedir ajuda, rezar por clareza e nos recusarmos a fazer qualquer coisa até termos certeza do que devemos fazer, seguimos em frente. Sem perceber que estamos fazendo exatamente a mesma coisa que nos levou àquela situação. Começamos a julgar tudo, pensando onde "devíamos" estar, como as pessoas "deviam" reagir e imaginando o que "devia" acontecer. Nós não entendemos que "devia ser" pode não ter absolutamente nada a ver com o que "é"! Não entendemos que parte da nossa natureza está louca para evoluir. Há algo que precisamos aprender.

Nesse ponto, vou falar de mim. Uma das razões pelas quais eu não paro, apesar de saber que devo parar, é que me convenço de que, se não fizer alguma coisa, nada será feito. Dentro de mim existe uma mártir. Ela pensa: "Fui eu que criei a confusão, sou eu que vou ser culpada, portanto eu tenho de resolver." Depois, fico apavorada. Receio fazer a coisa errada com medo de que alguém descubra. O medo me faz julgar. Começo pensando em tudo o que "devia" ser feito por mim e pelos outros. É um círculo vicioso que não consigo entender até ter a coragem de dizer: "PARE!" Admito que não sei! Aceito que não entendo o que estou fazendo para criar essa confusão! Não entendo o que está acontecendo!

Quando você não souber o que fazer, *não faça nada!* Quando você não tiver certeza, não se mexa. A hora de entender é exatamente quando você está encurralada. É nessa hora que você tem de parar de fazer qualquer julgamento. No instante em que você estiver mais frágil e mais confusa, diga: "PARE! Não sei por que estou aqui! Estou confusa! Preciso de ajuda!" É isso que a maioria das mulheres não entende, é essa falta de compreensão que as leva para o vale.

JoAnne era jovem e atraente. Terminara a faculdade e tinha um bom emprego. Era uma pessoa desenvolvida espiritualmente, politicamente consciente e dedicada ao fortalecimento das mulheres. Até que o encontrou. Na verdade, ela o conhecera anos antes, e não dera certo. Mas dessa vez puderam conversar e ficar juntos. Ficaram juntos uns quatro meses. As coisas iam muito bem até que apareceu a mãe da filha dele. Infelizmente, ela apareceu na mesma época em que JoAnne contou que estava grávida.

Ele disse que queria muito ser um bom pai para a filha ou o filho que viria. Disse que queria estar presente quando a criança nascesse. Chegou a afirmar que se casaria, se ela quisesse. JoAnne esperou para ver como ele resolvia a situação com a mãe da filha dele. Não estava muito satisfeita: o que ele falava não combinava com o que ele fazia. *Se você não quer essa mulher, se não há nada entre vocês, por que ela vive telefonando para você?* O tempo sempre mostra a verdade.

Quando JoAnne era garota, teve problemas com um dos ovários. Fez uma cirurgia, e os médicos disseram que seria difícil ela engravidar e levar a termo a gestação. Quando descobriu que estava grávida, JoAnne resolveu que ia ter o filho, qualquer que fosse a atitude do pai. Ela rezou e se sentiu confortada, com a sensação de que era o que devia fazer. Ele parecia estar dando apoio, mas o tempo sempre mostra as coisas como são.

Numa quinta-feira, ele ligou convidando-a para sair na sexta. Foram jantar, foram ao cinema e se divertiram bastante. Havia uma grande atração e uma energia boa entre os dois. Depois, ele só foi ligar no domingo à noite dizendo que ia casar-se na segunda de manhã com a mãe da filha dele.

Entender as pessoas, entender a nós mesmos e entender a vida não é como entender álgebra. Em álgebra, há uma resposta certa porque os números são sempre os mesmos. Mas as pessoas não são! Não podemos aplicar uma fórmula nas pessoas achando que o resultado vai ser exatamente o que esperamos. As pessoas estão sempre em movimento. Na maior parte das vezes a pessoa comum não consegue perceber como ela mesma está se movimentando. Em geral, as fórmulas não funcionam.

No Vale da Compreensão encontramos as experiências que nos ensinam a parar o que estamos fazendo por tempo suficiente para aceitar o que vemos, sem julgar. Julgar é o processo pelo qual rotulamos as situações e as pessoas baseadas no que elas parecem ser, sem entender direito como são. Julgar impede a verdadeira compreensão. Quando começamos a pensar que sabemos o que devia e não devia ser, ou a experiência que devíamos ou não estar tendo, estamos julgando. Ao julgarmos – ao rotularmos –, deixamos de compreender a nós mesmas e ao que está acontecendo.

"Compreender" significa ir além da superfície para identificar a *verdade*. A verdade não tem nada a ver com o que pensamos ou sabemos, pois há muita coisa que não sabemos e não podemos ver. Sem a orientação divina, nossa capacidade de compreensão é limitada. Quando ficamos confusas, queremos sair o mais depressa possível da confusão, porque ela nos deixa em pânico. Não queremos compreender, queremos sair. Nessa situação, é impossível compreender, porque nossos pensamentos ficam alterados. Você não consegue compreender bem quando está mental e emocionalmente alterada e em pânico. É por isso que deve parar. Ficar calma. Pedir ajuda ao universo. Quando estiver calma, o cérebro reduzirá a velocidade e você conseguirá entender um pouco através do processo de *discernimento*.

Você tem de reconhecer o que está vendo!

Discernimento é a capacidade de usar a visão espiritual para ter uma percepção profunda. É o primeiro passo para a compreensão. Quando você conseguir enxergar através do que está acontecendo no nível físico e reconhecer o que está se passando no nível espiritual, saberá a verdade. Digamos que você esteja num acalorado debate com alguém. No meio da discussão, a pessoa começa a xingar sua mãe. Se você não consegue discernir que essa pessoa está irritada com alguma coisa que não tem a ver com você, vai reagir, responder e agredir. Na sua raiva e confusão, vai se perguntar por que essa pessoa acha que tem o direito de xingar sua mãe. Pare! Compreenda que o que foi dito não tem nada a ver com você ou com sua mãe. Saiba a verdade: a pessoa está irritada ou nervosa por outros motivos. Compreenda que você não precisa reagir ou responder. Fique calada ou, se for capaz, diga tranqüilamente à pessoa que ela ultrapassou os limites. Vá embora, compreendendo que você não é responsável pelo que está acontecendo com essa pessoa, nem é obrigada a aceitar sua agressão.

O discernimento elimina a necessidade de julgar. O discernimento elimina a necessidade de pânico, porque apaga os pensamentos negativos que desenvolvemos por causa das nossas experiências passadas e medos futuros. Quando apagamos nossas experiências negativas ligadas ao passado ou ao futuro, entendemos com mais facilidade a verdade da experiência pela qual estamos passando naquele determinado momento. O discernimento leva à aceitação, que é a base da compreensão. Quando compreendemos o que se passa conosco, compreendemos por que reagimos da maneira como o fizemos. Esse é o nível de compreensão necessário para lidar com a nossa natureza humana – a mesma natureza que nos leva à situação que não compreendemos.

Você não compreende por que sua mãe sempre a critica. Não entende por que seu irmão, sua irmã ou sua melhor amiga nunca cumprem o que prometem. Não compreende por que seu namorado ou marido mente para você. E não se dá conta de que não compreende os outros porque não compreende a si mesma. Sem nos compreendermos ou nos aceitarmos, é impossível compreender ou aceitar os outros. Aí está a grande dificuldade: não nos ensinaram a *nos* aceitar.

Quando as pessoas me tratam mal, procuro descobrir o que andei pensando a meu respeito. Com muita freqüência, descubro que minhas experiências passadas (muitas das quais não compreendi) me levaram a certas conclusões sobre mim mesma, sobre os outros e sobre a situação que estou vivendo. Se não compreendi as experiências passadas, se não aprendi a lição que elas continham, continuarei interpretando erradamente as experiências atuais. E deixarei de saber que tudo o que vivemos vem em resposta a algo que pensamos, sentimos ou fazemos.

Quando aprendemos a não julgar e rotular nossas experiências e os outros, limpamos nossos pensamentos. Volto a repetir: é aquilo que somos, aquilo que não percebemos nem entendemos em nós mesmas que atrai as experiências que vivemos. Se queremos simplesmente nos ajustar às situações externas, em vez de lidar livremente com elas, se pautamos nossas ações pelo medo de desagradar aos outros e de perdermos "o pouco" que temos, abrimos mão de discernir e compreender. Além disso, a maioria de nós resiste a aceitar a verdade. Achamos mais fácil sair rotulando coisas e pessoas, inclusive nós mesmas. Não compreendemos nossos próprios julgamentos, nossas crenças e nossa natureza, e com isso continuamos a repetir experiências dolorosas.

Compreendendo as lições dos vales

Se você é solidária com as mulheres que sofrem, tenho certeza de que quer encontrar o namorado de JoAnne e acabar com ele. PARE! Talvez você não compreenda o que está realmente acontecendo. Há determinadas lições básicas da vida que todos os seres humanos enfrentam no caminho para a iluminação. Essas lições são a chave para vencer os desafios e obstáculos que nos afligem. Porque elas nos ensinam o que precisamos saber a respeito de nós mesmas. Elas fortalecem nossa capacidade de tomar posse de nós mesmas para enfrentar o mundo.

É fundamental entendermos que, se achamos que nossos problemas têm origem em causas externas, não há solução. Quando achamos isso, ficamos em pânico, sem saber em que momento essas forças externas vão nos atacar. Mas, ao aprender as lições básicas da vida, compreendemos que os problemas com que nos deparamos estão em nossa própria natureza e em nossos conflitos internos. Quando começamos a harmonizar nossa energia interna, a tomar posse de nós mesmas, neutralizamos o conflito e aprendemos profundamente que *nós* somos a solução para todos os nossos problemas.

Saiba que você sabe

Nós sabemos. Nós sempre sabemos o que está realmente acontecendo conosco e à nossa volta. Às vezes, apesar de sabermos, a situação é dolorosa demais para ser enfrentada. Outras vezes, apesar de sabermos, deixamos que o medo nos cegue e nos faça pensar que o que vemos e sabemos não é o que está realmente acontecendo. Mais importante: no fundo, sempre sabemos o que estamos fazendo ou deixando de fazer para provocar a dor em nós e nos levar para o vale. Tentamos nos enganar, dando diferentes nomes ao que está acontecendo, mas no fundo sabemos. Um grande desafio que as mulheres enfrentam é encontrar tempo para ouvir o que sabem, para compreender e descobrir como usar o que sabem.

Assim que a mulher apareceu na porta da casa e ele não conseguiu se livrar dela, JoAnne viu que alguma coisa não estava certa. Mas achou melhor se acalmar, fazer algumas perguntas pertinentes e colocar certas exigências. As pessoas podem *dizer* uma coisa, mas são seus atos, aquilo que *fazem*, que nos mostram o que está acontecendo. Se amamos ou gostamos da pessoa, temos dificuldade de enxergar. Se estamos com medo de repetir velhas atitudes e cometer o mesmo erro outra vez, se temos medo de ficar sozinhas, vamos dizer a nós mesmas que o que estamos vendo não é verdade. Podemos nos dizer o que quisermos, o que necessitarmos ouvir para sair daquela situação, mas, no final, teremos de admitir que sabíamos a verdade desde o começo.

Silêncio e calma

Para dominar as lições da universidade da vida, devemos antes de tudo aprender a "ficar calmas e em silêncio". Um velho provérbio africano nos diz: "Você não pode ver seu reflexo na água corrente." Para se ver refletida na água, ela deve estar parada. Para que possamos realmente ver nossas vidas, devemos parar nossas atividades e ficar em silêncio. Só na quietude e na calma da mente e do corpo vamos saber que atitude tomar e em que direção seguir. Para atingir a calma, precisamos aprender a ter paciência.

Há dez anos, se eu fosse JoAnne, iria na segunda-feira de manhã para a porta da casa daquele homem com um chicote numa das mãos e um facão na outra. Claro que só iria conseguir causar um drama inútil. Hoje, sei que, quando temos um desafio pela frente, não devemos nos mexer. A primeira coisa a fazer é respirar. Concentre-se na sua respiração. Nas batidas do seu coração. Deixe os pensamentos flutuarem em sua cabeça sem deterse em nenhum deles. Deixe-se guiar pelo espírito do divino. Ele vai ajudá-la e curá-la. Se você conseguir ficar calma e quieta durante algum tempo, vai saber ouvir exatamente o que fazer.

Paciência

Há um vinho Gallo que tem um lema no rótulo: "Não vendemos vinho antes da hora certa." Esse é o melhor exemplo da paciência em ação. Por mais que tentemos, não podemos fazer com que as coisas aconteçam antes da hora em que têm que acontecer. Muitas mulheres encontram bastante dificuldade em aceitar esse princípio. Temos necessidade de controlar tudo, o que leva muitas de nós a insistir em fazer as coisas acontecerem antes da hora. Quando não acontecem, ficamos frustradas e culpamos os outros. A paciência permite que compreendamos e aceitemos que existe uma *ordem divina* na vida. Quando já fizemos tudo o que nos era possível, da melhor maneira possível, devemos aprender a esperar o resultado. Ficamos impacientes porque não dominamos a capacidade de *confiar*.

JoAnne estava grávida de quatro meses quando a crise ocorreu. Não importa o que fizesse, teria de esperar mais cinco meses para o filho nascer. Tudo acontece no seu tempo, do seu jeito, que é um jeito divino. Talvez JoAnne tenha querido saber logo como a situação se resolveria. Mas nada do que pudesse fazer lhe daria as respostas com mais rapidez do que deveriam ocorrer. Ela podia insistir, pedir, pensar sem parar, espernear, insistir, mas nada iria apressar o tempo. Por isso a paciência é tão importante. Ela nos ensina que não somos nós que controlamos. Devemos esperar o resultado. A paciência não significa que devemos parar e desistir. É fundamental compreendermos que a paciência é uma qualidade que nos deixa harmonizadas com o divino.

Confiança

Nós, mulheres, somos ensinadas a duvidar de nossas habilidades e capacidades. Fomos ensinadas a duvidar da pequena e calma voz que fala dentro de nós, a voz do espírito. Não temos certeza se essa voz é real, se tem razão ou não. Fomos formadas para duvidar de nós mesmas. Esse é o maior desafio para que confiemos em nosso eu espiritual e desenvolvamos compreensão suficiente para sair das situações do vale. A chave para dominar a confiança é saber que merecemos o melhor. É confiar que *o bem vai chegar no tempo certo*, que é o tempo divino. Quando confiamos que há coisas boas reservadas para nós, ficamos pacientes e em paz. Aquelas que não aprenderam a confiar podem também ter perdido as lições de calma e paciência. É preciso aprender todas essas lições para poder compreender ou dominar a lição da fé.

JoAnne vai ter de confiar que, independentemente do que seu namorado faça, ela e seu filho estarão ótimos. Pode não ser fácil. Talvez ela não compreenda por que e como tudo isso aconteceu. Pode querer respostas, precisar delas para entender a situação.

Isso é mais do que compreensível. Mas, nesse momento, JoAnne precisa se concentrar em encontrar um lugar seguro para ela e o filho. Ela deve gostar de si mesma, se cuidar e confiar que, na hora certa, tudo o que precisa e deve saber lhe será mostrado.

Fé

Rezar é pedir chuva. Fé é levar um guarda-chuva. A fé consiste em saber dentro de si que, com a ordem divina trabalhando a seu favor, todas as coisas serão para o seu bem. Devemos ter fé para andarmos no caminho certo, na direção certa. Devemos também ter fé porque as aparências nos fazem pensar no pior. Quando não podemos ver o que está acontecendo, nos convencemos de que o que vai acontecer é ruim e ficamos com medo. A fé é a única forma de vencer o medo. A fé é como plantar uma semente. Mesmo não podendo ver as raízes se formando ou a semente arrebentando dentro da terra, você sabe que ela está germinando. Com paciência, confiança e fé você pode ficar calma e esperar, sabendo que o invisível vai se tornar visível. Plante a semente e tenha fé.

Em nossos momentos mais sombrios e difíceis, quando mais precisamos dela, perdemos a fé. Perdemos a fé em nós mesmas. Perdemos a fé em nosso Criador. Culpamo-nos e aos outros pela situação em que estamos. JoAnne tinha perdido a fé nos homens, recuperado essa fé, e estava prestes a perdê-la outra vez. Não compreendia que a fé não tem nada a ver com a forma como as pessoas agem. A fé consiste em saber que *existem uma finalidade e um plano divinos para tudo na vida*. Nada ocorre por acaso! Tudo acontece conforme a vontade do Criador. Isso nos ensina o que precisamos aprender. Toda mulher já gostou de um homem que não foi exatamente o que ela esperava que fosse. Perdemos nossa fé porque esquecemos que as pessoas entram em nossas vidas por um motivo, e isso pode durar um curto período de tempo ou a vida toda. Colocamos nossa fé na pessoa, em vez de acreditar que vamos compreender o motivo e superar aquele momento.

Verdade

Não podemos ter paciência, confiança ou praticar a fé quando não sabemos a verdade. A verdade consiste em ver as coisas *tal como são*, e não como achamos que elas deveriam ser ou como queríamos que fossem. A verdade primeira é "Deus é". A verdade decorrente é "Eu sou porque Deus é". Você pode dar a Deus outros nomes, como energia ou princípio universal. Talvez você não acredite, não aceite e não pratique a verdade de que você é uma expressão única e maravilhosa de Deus, mas a verdade não muda. No entanto, a qualidade de sua vida vai ser afetada segundo sua capacidade de reconhecer e praticar essa verdade.

A verdade é que Deus é o espírito em nós, que depende de nós para expressá-lo. A verdade é que o espírito não se limita ao que sabemos ou podemos fazer. A verdade é que limitamos a expressão do espírito quando ficamos impacientes, quando não confiamos e não reconhecemos a verdade. Nossa vontade de saber e viver a verdade vai determinar a visão que temos da vida e como a vida reage a nós. Quando sabemos a verdade, fica fácil ser paciente, ter fé e confiar que o espírito que existe dentro de nós sabe do que precisamos.

Em geral, confundimos fatos com verdade. Os fatos podem mudar. A verdade nunca muda. O fato é que JoAnne realmente acreditava que o homem com quem estava gostava dela e queria ficar com ela. A verdade é que o homem com quem JoAnne estava tinha uma baixíssima auto-estima. O fato é que JoAnne está grávida de um homem que, no meio da relação, se casou com outra. A verdade é que JoAnne faz parte de um plano divino e universal e foi escolhida para dar à luz um filho de Deus. O fato é que o homem que JoAnne amava e a quem se entregou mentiu para ela e enganou-a. A verdade é que JoAnne compartilhou uma parte de sua vida com esse homem porque quis, porque ele lhe dava muita alegria. A desonestidade dele não tem nada a ver com ela. É problema e desafio *dele*. O fato é que JoAnne está só, grávida, magoada e desiludida. A verdade é que, com o espírito do Criador dentro de nós, nunca estamos sós. A mágoa e a desilusão fazem parte de uma lição. Quando JoAnne entender a lição, vai parar de sofrer.

Disciplina e obediência

Quando você compreende a verdade – que o espírito é parte ativa e essencial da sua vida –, vai ficar menos resistente e se deixará guiar pela voz do espírito. Obediência significa procurar ouvir essa voz e deixar-se inspirar por ela, sem duvidar ou temer, confiando fielmente que, se tiver paciência, as sementes que você plantar na oração e nos seus atos vão crescer e transformar sua vida. Você não pode ser obediente sem disciplina. Assim como os atletas, devemos praticar a disciplina em todas as oportunidades. Devemos rezar, meditar e conduzir nossas vidas de forma disciplinada. Quando somos disciplinadas, não é fácil nos tirar do caminho do bem e nos levar para um vale. Depois que dominamos a obediência e a disciplina, elas são os degraus naturais para a próxima lição: *responsabilidade.*

JoAnne resolveu começar e terminar cada dia com uma prece e uma meditação. Sentava-se num canto do quarto, ao lado de uma mesinha com seus livros sagrados, uma vela e um copo de água. As sessões levavam de dez a vinte minutos. Às vezes, ela apenas sentava e acompanhava a própria respiração. Em outros dias, chorava e pedia força. Cada dia ela se sentia mais forte e melhor. Uma manhã sentiu-se inspirada a telefonar para um antigo namorado com quem tivera um bom relacionamento mas de quem tinha se afastado porque não estava pronta. Ele gostou de ouvi-la, ficou contente ao saber que JoAnne estava grávida e perguntou se ela gostaria de jantar com ele.

Responsabilidade

A responsabilidade é uma lição muito importante para as mulheres que buscam o crescimento pessoal e espiritual. Somos responsáveis por criar em nossas vidas as condições que desejamos. Precisamos ser responsáveis pelo que pensamos, falamos e fazemos. Quando você é responsável pelo que é *seu*, não vai se responsabilizar pelo que os *outros* pensam, dizem ou fazem. A responsabilidade dá uma noção de visão, clareza e finalidade que vai ajudar você a aprender e dominar todas as lições da vida.

Se deixa que alguém ou alguma coisa seja responsável por sua felicidade, você jamais será feliz. Se responsabiliza alguém ou alguma coisa pelo que faz ou deixa de fazer, você não irá muito longe na vida. *Só você é responsável por você!* Você decide sempre fazer o que deve ser feito para avançar no crescimento físico, mental, emocional e espiritual. JoAnne poderia ter culpado o namorado por sua gravidez e pela situação em que se encontrava. Podia ter ficado louca de raiva, ressentimento, medo e culpa. Preferiu não ficar. Continuou trabalhando e construindo uma vida para ela e o filho. Mantinha muito contato com um círculo de amigos fiéis. E continuou com suas práticas espirituais. Em certos dias se sentia bem. Nos dias em que se sentia mal, fazia o possível para se sentir bem. JoAnne compreendeu que a forma de reagir às situações seria uma escolha dela mesma. Ela assumiu a responsabilidade por suas escolhas e pela própria vida.

Serviço

Aprendemos muito sobre obrigação e pouco sobre serviço. Servir é dar de si mesma e do que você tem sem esperar recompensa ou retribuição. Obrigação é fazer o que você "tem de", de tal forma que fica sempre cobrando retorno. Servir é escolher doar-se livremente. Ser obrigada é ter sua energia consumida por pessoas ou causas que não merecem seu esforço ou não valem a pena. Só podemos servir quando estamos prontas.

As pessoas acham que é difícil servir outra pessoa quando se precisa enfrentar os próprios desafios. Isso é o que as pessoas pensam, mas na verdade o melhor momento de servir os outros é quando você não sabe direito o que fazer por si mesma. Dar o seu tempo, energia, conhecimento ou informação para os outros é a melhor forma de deslocar o pensamento de si mesma. Servir, dar de si, é a melhor forma de abrir uma conta no Banco do Universo. O que você dá volta multiplicado por dez. Quando você se doa, abre sua mente e seu coração para a alegria do amor incondicional. Você encontra valor numa situação que parecia sem valor. Encontra força numa hora em que achava que estava se enfraquecendo. Durante toda a crise, JoAnne manteve seu trabalho voluntário e dedicou-se ao máximo no emprego. Não há dúvida de que o universo vai pagar dez vezes mais quando ela precisar.

Adequação

Adequação é a lição que nos ensina "nosso lugar", o lugar para onde somos guiadas pelo espírito para realizar as coisas que nos fazem sentir bem, que são boas para nós e beneficiam os que nos são próximos. Adequação é o processo em que você usa seus talentos, seus dons e habilidades concedidos por Deus de uma maneira e em ocasiões que a alimentam e fortificam. Adequação é o prêmio da *independência*, outra lição que a vida exige que aprendamos. Independência é a capacidade de se manter sozinha, sem medo. Independência é a capacidade de pensar, falar e agir com responsabilidade. É a vontade de fazer o que for necessário para chegar aonde você precisa ou quer estar, porque sabe claramente qual é a finalidade. A independência é pacífica, cooperativa e carinhosa, porque se baseia numa lição muito importante que todas nós precisamos aprender: o perdão.

Perdão

É por causa do nosso julgamento que ficamos presas ao que *devia* ter sido feito ou ter acontecido. Ficamos presas às nossas velhas dores e sofrimentos, porque achamos que sabemos como as coisas deveriam ser. A verdade é que não sabemos e nem sempre compreendemos. Queremos ter o maior prazer possível e o menor sofrimento. Quando os fatos, as situações e as pessoas causam sofrimento em nossas vidas, ficamos zangadas ou nos assustamos. Ao ficarmos presas às lembranças dos fatos, ficamos presas ao sofrimento. Quando quisermos sair do sofrimento, quando quisermos nos sentir melhor, devemos perdoar. Não perdoamos para o bem dos outros, mas para a nossa própria evolução e crescimento. Quando perdoamos, estamos dizendo ao universo que queremos compreender, que estamos prontas para saber, que podemos assumir a responsabilidade pelo que fizemos e aprender a lição que cada fato nos dá.

Sem dúvida, JoAnne precisa aprender a perdoar. Precisa perdoar o namorado e se perdoar por ter sentido tanta raiva dele. Ela não pode se prender aos porquês, ela deve simplesmente perdoar a desilusão, a irresponsabilidade, a desconsideração e tudo o mais do comportamento dele. Deve pedir iluminação para conseguir entender o sentido de tudo isso. Deve pedir o dom da revelação para compreender por que isso aconteceu com ela, por que ele fez isso, por que aconteceu naquele momento. A única forma de abrir seu coração e sua mente para receber, processar e compreender a informação é perdoando.

Amor incondicional

Amor incondicional é uma expressão que parece irreal. Parece praticamente impossível amar sem querer nada em troca. Mas se você puder decifrar o sentido do amor incondicional e entender a lição que encerra, ele vai eliminar todas as energias negativas na sua vida. Para caminhar em direção ao amor incondicional é preciso ir deixando de lado a crítica e o julgamento sobre nós mesmas e os outros e procurar desistir de consertar e controlar. Mais importante de tudo: o amor incondicional exige que as mulheres amem e aceitem a si mesmas e aos outros exatamente como são.

Você não pode dar o que não tem. Até conseguir se aceitar como é – humana, capaz de errar e escolher mal – e se amar sem culpa ou vergonha, vai ficar longe do amor incondicional, que é o primeiro passo para fora do vale. Quando atingir da melhor forma possível o amor incondicional, verá que tem paciência para ficar calma, fé para confiar e obediência e disciplina necessárias para ser responsável por sua vida, mantendo ao mesmo tempo firme seu propósito de dar amor para o mundo e para os que estão próximos de você.

Amar alguém que lhe causou dor não é um benefício para essa pessoa, mas um benefício para você. Lembre-se: o que você dá, volta! Se você der desprezo, raiva, ressentimento, é isso que vai receber de volta. Amar apesar de tudo, sabendo que a ordem divina vai vencer, é o maior dom que você pode se conceder.

JoAnne deve amar a si mesma, apesar de tudo. Ela errou, fez uma escolha errada, decidiu mal ao escolher aquele homem. E daí? Ela está viva e tem a oportunidade de recomeçar de forma diferente. Ela deve amar seu filho. O filho escolheu JoAnne e aquele homem como mãe e pai porque eles permitiram que seu espírito entrasse nesta vida. JoAnne deve amar o pai do bebê como a ferramenta que o espírito usou para fazê-la crescer e evoluir. Ela não pode mudar o que aconteceu, mas pode criar as condições para que ela e o filho vivam da melhor maneira possível. Quando amamos sem esperar retribuição, adquirimos uma grande liberdade, porque removemos as limitações e restrições criadas por nosso desejo de sermos amadas de volta.

Nem sempre entendemos o que está acontecendo na hora em que acontece. Só quando estivermos prontas é que vamos realmente compreender. O que precisamos fazer em nossa vida cotidiana é aprender a aceitar as coisas e as pessoas como são, e não tentar fazer com que sejam como gostaríamos que fossem. Todas as pessoas que estão em nossas vidas refletem uma parte de quem realmente somos. Quando não observamos, aceitamos e sabemos a verdade sobre essas pessoas, ficamos incapazes de lidar com a parte de nós que elas representam. Se não podemos aceitar uma pessoa como ela é, fica difícil *nos* aceitarmos.

Muitas vezes vemos nos outros nossas partes negativas. Quando não nos conhecemos, vamos negar o que vemos, ou vamos chamar de outra coisa. Por medo de ver o mesmo problema em nós, deixamos de reconhecer nos outros os comportamentos capazes de destruir nossas vidas.

Quando não gostamos de alguma coisa em nós e queremos mudar, devemos começar aceitando que ela existe. Faz parte da natureza humana fechar os olhos e não aceitar ou admitir nossas fraquezas e erros. Então, encontramos justificativas para os outros e para nós mesmas, apesar de no fundo sabermos que isso não funciona.

O Vale da Compreensão nos ensina sobre nossa natureza. As experiências que nos levam a esse vale nos revelam que estamos dispostas a ouvir, ver e agir a partir do que sabemos. Elas reforçam os traços de caráter e as qualidades espirituais de que estamos precisando. O Vale da Compreensão traz todas as lições da vida, porque nele escolhemos o que queremos fazer baseadas na verdade sobre nós mesmas. Valorize as lições que esse vale pode lhe trazer, por mais dolorosas que tenham sido as experiências que a levaram a ele. Não resista à verdade. Quanto mais desculpas você der para si mesma, quanto mais tentar enganar-se, mais tempo vai ficar no vale.

Uma experiência no vale

Quando ela o conheceu, estava bem. Trabalhava, morava num lugar agradável, tinha três lindos filhos e um bom carro. Queria muito encontrar um companheiro, mas sentia medo, era um pouco tímida. A última relação tinha terminado muito mal, e ela ainda estava magoada. Mas o que uma mulher pode fazer quando um homem carinhoso, gentil e bonito aparece prometendo o mundo? Supõe-se que ela o observe, reflita com calma e faça uma escolha baseada no que o seu eu interior diz. Faye agiu muito bem na primeira fase: observou. Mas fracassou miseravelmente nas fases dois, três e quatro, porque estava carente e ele era muito sedutor.

James tinha uma ex-mulher, uma ex-namorada (de quem estava tentando se afastar) e vários filhos. Não estava procurando uma companheira quando conheceu Faye, mas estava sempre disposto a ter uma boa companhia. Faye era gentil, muito solidária, vivia uma crise e se sentia muito atraída por ele. Começaram conversando. Tinham preocupações e interesses parecidos. Durante a conversa, ficaram de mãos dadas – James gostava de mulheres carinhosas. Os beijos começaram no final do terceiro encontro. Duas semanas depois do primeiro beijo, ele tinha colocado a escova de dentes no armário do banheiro dela.

Faye estava vivendo uma transição, terminando um relacionamento, trocando de emprego e se mudando para outra cidade. James também estava no meio de uma transição, deixando uma mulher, tentando achar um emprego e um lugar para morar. Faye trabalhava à noite. James procurava um trabalho de dia. À primeira vista, parecia que um correspondia às necessidades do outro. Ele precisava de um lugar para receber telefonemas; ela, de alguém que cuidasse dos filhos enquanto fazia a mudança. Estava perfeito. Faye não se incomodou quando o filho mais velho de James veio morar com eles, porque o enteado também podia ajudar com as crianças. Faye não se incomodou que James não tivesse salário, pois cuidando das crianças ele cobria o valor do quarto e da comida. Faye também não se incomodou que a ex-mulher de James ligasse para a casa dela e que a ex-namorada aparecesse de vez em quando. James sabia direitinho como enrolar Faye.

Eles fizeram planos. Mudaram-se juntos para uma casa perto do novo emprego de Faye. Ela trabalhava e pagava as contas. James ficava em casa cuidando das crianças. Faye tentou conversar com James sobre a necessidade de colocar um limite para a ex-mulher. James disse para ela não se meter em sua vida. Faye começou a reclamar da falta de atenção de James, das agressões verbais e do desemprego do filho dele. James disse a Faye que ela era um saco. Faye disse a James que estava grávida. Ele falou "que ótimo". Faye disse que o seguro de saúde dela não cobria a gravidez. James disse que fariam o parto num hospital público. Era o quarto filho de Faye, o sexto de James. Antes que você fique irritada demais com a idiotice dela e com o mau-caratismo dele, vamos ao resto da história.

No sexto mês de gravidez, Faye tentou com muito jeito falar com James sobre emprego para ele e o filho. Estava cansada, com dificuldade de se concentrar no trabalho e, como era a única a trabalhar, ficava preocupada. James disse que estava tomando conta dos filhos dela, fazendo o melhor possível, e que as coisas iam se resolver. Faye precisava de mais garantias além das verbais. James não tinha nenhuma para dar.

Toda a frustração que ela vinha sentindo saiu boca afora. James retrucou imediatamente. Ela era uma chata, uma choramingas, egoísta, irresponsável, cabeça-de-vento – além do mais, ele não a amava e estava apaixonado pela ex-namorada que o entendia, lhe dava apoio e era legal. Só estava ali por causa do bebê. Se Faye quisesse a companhia dele, era bom calar a boca.

Ela obedeceu. Fechou a boca. Não falou com James por duas semanas. Os amigos perguntavam por que ela sempre se metia naquele tipo de situação. Falou com a mãe, que disse para ela se livrar de James. Acabou falando com James, que pediu desculpas, dizendo o quanto desejava que o relacionamento funcionasse. Queria construir uma vida com ela. Disse também que ia arrumar um emprego para o filho e arranjaria algum trabalho para ajudá-la nas contas. Faye estava com oito meses de gravidez, cansada e com muito medo de ficar sozinha. Não tinha outra escolha. Escolheu acreditar nele!

James começou a sair dizendo que ia procurar emprego. Ao procurar emprego, conheceu mulheres que ligavam para ele à noite. Conseguiu convencer Faye de que as ligações eram puramente de trabalho. Quando James começou a sumir nos fins de semana, Faye caiu das nuvens. Era tarde. Entrou em trabalho de parto com o relacionamento aos cacos.

Quando o filho estava com seis semanas, Faye descobriu que James ficara com o dinheiro que ela lhe dera para comprar mantimentos. Ele mentiu e ela pediu que ele fosse embora. Depois de três semanas fora, ele voltou desculpando-se e dizendo que ia emendar-se. Faye agora tinha quatro filhos, problemas no trabalho, pouco apoio da família e dos amigos e medo de parecer idiota. Parecia não haver outra escolha: acreditou nele! Outra vez!

Eles até tentaram, mas o dano estava feito. Faye não confiava nele. Ela se sentiu usada, traída e abandonada. James deixou de achar Faye atraente e, quando ela foi demitida, as discussões se transformaram em concursos de gritos, que logo se transformaram em competições de agressões. Faye admite que agrediu primeiro. Claro que ele tinha de revidar. Apesar de tudo isso, ainda tentaram retomar aquele antigo sentimento amoroso. Quando estavam prestes a ser despejados, James saiu de casa. Voltou para a ex-mulher e foi procurar emprego outra vez. Faye tomou seu rumo: foi para o fundo do Vale da Compreensão.

A LEI DA NATUREZA HUMANA

Em *The Supreme Philosophy of Man* (A suprema filosofia do homem), Alfred A. Montapert define assim a Lei da Natureza Humana:

> *Cada ser tem dentro de si as sementes do medo e da fé, da raiva e do amor, da ansiedade e da paz, do desespero e da esperança. Somos uma*

estranha mistura do bem e do mal, e assim temos dentro de nós uma batalha campal.

Dentro de cada uma de nós há capacidade de fazer o bem absoluto ou exatamente o oposto. Temos dificuldade em aceitar isso. Gostamos de acreditar que somos completamente boas, mesmo quando lá no fundo sabemos que não somos *só* boas, que não fazemos só o bem, e que muitas vezes nem sabemos direito o que é o bem. É importante repetir que tudo o que nos acontece – os desafios que enfrentamos, as condições em que vivemos, nosso comportamento – se baseia não em fatos objetivos, mas no que acreditamos a nosso respeito. Mais importante ainda é saber que o *nosso verdadeiro eu não é a nossa natureza humana.*

Somos muito mais do que vemos!

Nossa natureza humana resulta de nossas experiências passadas, da educação e formação que recebemos. Nossa parte humana está ligada ao mundo físico. Ela busca satisfação física, emocional e gratificação do eu. Essa parte humana do nosso ser está conectada apenas ao que pode ver, ouvir, saborear, cheirar e tocar. Seu propósito é controlar essas coisas para garantir segurança e prazer. Quando o eu humano vê algo que ameaça seu prazer ou sua segurança, seu impulso é procurar destruir essas coisas ou negar a existência delas. É o nosso eu humano que dá origem às emoções negativas que geram nossa incapacidade de discernir a verdade. É a nossa natureza humana que precisa das lições que aprendemos nas experiências nos vales.

O campo de batalha que existe dentro do ser humano é o espaço que procura harmonizar a natureza humana com a espiritual. Para nós, é difícil aceitar o que não podemos ver. Quando vemos algo que parece doloroso ou indesejado, queremos consertar e mudar para que pareça outra coisa. Fazemos tudo isso no nível físico. Tentamos manipular e mudar o que podemos ver, ouvir, cheirar, provar e tocar. Quando conseguimos que fique num estado aceitável, nos sentimos seguras outra vez. Até nossa natureza espiritual ser provocada.

Você está em guerra com seu outro lado!

Muitas mulheres parecem morrer na luta entre suas naturezas. Elas ficam furiosas, se enervam, se sentem mal ou simplesmente desistem. O corpo sofre com a luta e com a batalha da vida física. Quantas vezes temos a sensação de estarmos morrendo e perdemos a fé na nossa capacidade de sobreviver, quanto mais de ganhar a batalha. Isso acontece porque nos ensinaram a lutar com o que *vemos,* e não a ouvir o que *sabemos*. Olhamos para fora em vez de nos voltarmos para dentro. Mas, como o espírito é divino, ele nos dá oportunidades de terminar a batalha, minorar a luta. O espírito nos guia para as experiências que, ao provocarem dor e sofrimento, nos mostram que podemos mudar. Devemos mudar. Você já sabe: essas experiências são os vales.

Na verdade, nossa natureza humana não consegue aceitar essa realidade: *temos defeitos e fraquezas*. Vemos com muita clareza nos outros o que não conseguimos ver em nós. É mais fácil. Posso ver os seus defeitos e falhas. Sei muito bem o que *você* deve fazer. Vejo o seu potencial e quero ajudar você. Vejo em você o que não posso ver em mim para não ficar em luta comigo mesma no campo de batalha. Como posso me achar uma pessoa boa, se constato coisas ruins em mim? Como posso provar a você que estou certa, quando sei que fiz errado? Mas, atenção: bom e ruim, certo e errado são julgamentos baseados em nossas experiências passadas e na forma como fomos habituadas a pensar. Toda vez que julgamos e rotulamos algo de certo ou errado, deixamos de dar um passo crucial no processo: *aceitação*.

Até conseguir reconhecer e aceitar nossa natureza total – que é boa e má –, somos incapazes de mudar. O universo vai nos mandar pessoas e situações para nos mostrar quem somos e o que pensamos, nos dando a oportunidade de escolher. Quando essas pessoas e situações aparecem, é importante aceitar o que vemos. Se a coisa tem todos os elementos que constituem um pato, não devemos concluir que se trata de um cisne, só porque os cisnes são mais bonitos que os patos. Aceite o fato de que existe alguma coisa em você que atrai os patos.

Quando uma parte da sua natureza humana se manifesta através dos atos dos outros, é fundamental parar e refletir para escolher se você quer ou não manter essa sua parte. Se quer, adote-a e dê-lhe as boas-vindas. Mas se depois de observar e refletir você concluir que é uma coisa que não quer na *sua* vida, se é uma parte da sua natureza que você não quer manter, corra! Fuja o mais rápido que puder. Não invente desculpas! Não fique tentando se enganar para manter as pessoas ou a situação! Se mantiver, se procurar endireitar uma pessoa ou uma situação desse tipo, você estará dançando com o diabo. Perceba que, enquanto você não muda, as mesmas pessoas e as mesmas situações se repetem em sua vida, causando o mesmo estrago. Procure reconhecer a situação se ela aparecer de novo. Veja. Aceite. Depois, livre-se o mais depressa possível da pessoa ou da situação.

Não julgue muito rápido o que vê

Quando as pessoas não se transformam no que nós queríamos, isso não significa que elas sejam más. As pessoas vão ser o que são, seja lá o que fizermos. Se não soubermos disso, estaremos nos preparando para o sofrimento, a frustração e a rejeição. Em todos os relacionamentos, é nosso dever ver quem a pessoa *é* para então aceitá-la como é – ou tirá-la da nossa vida.

Não é nossa função na vida julgar o que é certo ou errado para os outros. Quando outra pessoa se comporta de um jeito que nos parece pouco saudável ou improdutivo, não devemos julgar. Devemos aprender a aceitar que ela é daquela forma. Depois de aceitar o jeito que a pessoa é, temos o direito de resolver se queremos ou não aceitar a pessoa ao nosso lado. Quando alguém se comporta de determinada maneira, não podemos nos enganar ou ignorar o comportamento e o que ele provoca em nós. Podemos perguntar à pessoa os motivos que a levam a ter tal comportamento. Podemos também sugerir que ela se comporte de outra forma. Mas não podemos consertar ou mudar a pessoa. É ela quem tem que fazer isso.

Quando não estamos querendo nos enganar, sabemos perfeitamente quando as pessoas estão sendo desonestas e quando fazem promessas que não vão ou não podem cumprir. Sabemos quando as pessoas são irresponsáveis, contraditórias, desrespeitosas e interesseiras. Sabemos, porque vimos em inúmeras ocasiões como essas pessoas agem e ouvimos o que contaram, e a nossa intuição está berrando dentro da nossa cabeça: PARE! Por mais que a pessoa nos tenha demonstrado seu poder de destruição, muitas vezes queremos acreditar que "desta vez será diferente". Quando as coisas dão errado, perguntamos à pessoa: "Por que você sempre faz isso?" A pergunta certa deveria ser: "Por que me deixo envolver com você apesar disso que você faz?" Ignorar o que *sabemos* ser verdade sobre as pessoas e situações é sinal de que nos falta vontade de aceitar as coisas como são. Isso resulta em desapontamento, pelo qual culpamos os outros.

Nós nos sentimos traídas quando as pessoas fazem as coisas de um jeito que entra em conflito com o nosso modo de ser. Sentimo-nos vítimas. Por quê? Já sabíamos que elas eram assim. Esperávamos que tivessem mudado ou, pelo menos, que não fossem nos fazer isso outra vez? A verdade é que as pessoas nem sempre querem nos agredir. Elas estão apenas sendo o que são e fazendo o que fazem. Não devemos encarar suas atitudes como algo dirigido intencionalmente a nós. Principalmente quando sabemos como elas são. A verdade é que estávamos negando, ignorando, nos enganando. E, quando fazemos isso, devemos passar um tempo no Vale da Compreensão para perceber por que é tão difícil ver e aceitar as coisas como são.

Aceitar não significa gostar do que vemos ou do que está acontecendo. Significa ver a realidade tal como é e escolher como vamos reagir. Um dos desafios da aceitação é que não sabemos o que dizer para as pessoas quando discordamos do comportamento delas. Se é alguém de quem gostamos, se é da família ou está numa posição de chefia, não queremos perturbá-la ou ofendê-la. Ficamos constrangidas em dizer a verdade, até porque não nos ensinaram a confiar em nós mesmas, na nossa intuição, nas nossas percepções e nos nossos sentimentos. Não compreendemos que a forma de construir autoconfiança é refletir sobre o que dizer *e depois* dizer.

O Vale da Aceitação

Não devemos jamais esperar dos outros o que não damos ou não podemos dar para nós mesmas. No entanto, vivemos fazendo isso. Esperamos que as pessoas sejam sempre honestas, quando somos muitas vezes desonestas. Esperamos que as pessoas sejam sempre leais, quando nós não somos. Esperamos que as pessoas nunca ajam de forma destrutiva, apesar de estarmos fazendo isso. Dizemos que não esperamos nada disso, mas esperamos. Você só pode esperar dos outros o que você mesma está fazendo. Se não espera, vai se frustrar e se machucar.

Você sabe que está no Vale da Compreensão quando espera que uma pessoa se comporte ou reaja de um jeito e ela reage de uma forma totalmente diferente. No entanto, isso não deveria ser surpresa, porque aquela pessoa sempre reagiu daquela forma. As experiências que nos levam a esse vale mostram que não temos olhado e ouvido com atenção. Temos ouvido o que queremos ouvir, ou temos interpretado o que ouvimos da maneira que mais nos convém. Não prestamos atenção nos detalhes. Os detalhes são importantes quando queremos compreender o que está acontecendo. Com freqüência, deixamos passar ou procuramos ignorar pequenas coisas desagradáveis ou agressivas que as pessoas dizem ou fazem. Não queremos nos desapontar com a pessoa nem começar uma discussão. Não queremos magoar as pessoas ou constrangê-las. Dizemos para nós mesmas que as pequenas coisas não têm importância, mas sabemos que têm. Mantemos nossas ilusões em vez de vermos a verdade. Nossos julgamentos, percepções e medos entram em cena. Ficamos com medo da dor que a verdade pode provocar e preferimos nos apegar à ficção, à ilusão que criamos.

A lição

Faye nunca tinha aceitado sua parcela de responsabilidade nos relacionamentos anteriores que não deram certo nem em qualquer outro aspecto da vida. Tinha uma desculpa para tudo. Acreditava firmemente que todos os casos deram errado por culpa do homem. Era ele quem tinha feito ou deixado de fazer alguma coisa que prejudicara o relacionamento e quebrara a confiança que ela depositava nele. Esses eram os *fatos*. A *verdade* era que Faye passava de um relacionamento a outro rapidamente, sem ter uma idéia clara de quem ela era ou do que queria ou buscava numa relação. Não conseguia aceitar a verdade. Faye acreditava que era atraente, e era mesmo. Inteligente, e era mesmo. Uma mulher encantadora, capaz de fazer um homem feliz. Ela também era isso. Acreditava também que estava preparada para um relacionamento. Mas não estava. Apesar de toda a beleza e inteligência, Faye tinha vários problemas não resolvidos e bem profundos em relação aos homens. Muitos desses problemas vinham de seu relacionamento pouco sincero com o pai. E muitos dos problemas vinham também das agressões verbais e emocionais que ela sofrera em relacionamentos anteriores. Muitos dos problemas de Faye vinham do que ela sentia e acreditava a respeito de si mesma.

A SAÍDA

Um dos maiores desafios que enfrentamos como mulheres é mudar nossa forma de pensar e de sentir. Aquilo que nos faz mudar é chamado de *compreensão,* e por algum motivo a maioria de nós não consegue isso. Sabemos que temos valor e que somos dignas de respeito, mas nos desvalorizamos e nos sentimos desprezadas. Sabemos que somos seres humanos capazes de errar e de nos corrigir, mas quando erramos nos sentimos desvalorizadas. Sabemos da nossa capacidade de fazer, ser e ter o melhor – mas, mesmo assim, achamos que é melhor ter pouco do que nada ou que temos pouco porque é isso que merecemos. Simplesmente não compreendemos que somos nós mesmas que projetamos e criamos nossas vidas, somos nós que criamos as condições para saber e compreender a verdade a nosso respeito.

Quando tomamos posse da verdade, podemos construir um estável alicerce mental e emocional. Temos de ser pacientes e confiar em nosso discernimento para fazer o melhor possível em cada situação. Temos de saber que, seja como for, *há um espírito do divino em nosso ser que nos dá o poder de mudar.*

Para isso, temos de estar dispostas a olhar para o nosso interior, examinar o que vemos sem fazer qualquer julgamento, aceitar quem somos e, finalmente, decidir mudar as partes que nos prendem a pensamentos negativos e padrões de comportamento que nos prejudicam. Devemos estar dispostas a saber a verdade, ver a verdade e aceitar a verdade. Quando por alguma razão não conseguimos ver o que é verdadeiro e o que é falso, devemos ter a maior paciência para esperar e a maior disposição para pesquisar – pesquisar dentro de nós para examinar nossos pensamentos, sentimentos e crenças, e dizer a verdade sobre o que encontramos lá.

Faye sabia que tinha muita raiva e ressentimento em relação ao pai. Sabia que tinha passado a vida querendo agradar ao pai e fazê-lo ter orgulho dela. Sabia também que, por mais que tentasse, nunca conseguia isso, o que a fazia sentir-se péssima. Havia muito tempo ela tinha percebido que também nunca conseguia agradar a seus companheiros. Faye sabia que tinha medo de ficar sozinha. Sabia que costumava aceitar menos do que desejava num relacionamento. Sabia que era insegura de si, de seu talento e de sua competência pessoal e profissional. Sabia tudo isso e, mesmo assim, culpava os outros por seu destino. Culpava o pai, a mãe e o primeiro marido por seus problemas na profissão e nos relacionamentos pessoais. Faye sabia – tinha aprendido em experiências passadas – que, quando estava mal, nos momentos de maior solidão, não era hora de se envolver num novo relacionamento. Mas ela se convencia de que um relacionamento a faria se sentir melhor. A verdade é que Faye usava os relacionamentos para deixar de pensar no que não estava fazendo por si mesma. Foi por isso que quase todos os seus relacionamentos se tornaram experiências que a levaram para o vale.

Da mesma forma que Faye não conseguia se ver e se compreender, ela se recusava a ver seus parceiros. Ela se recusava a ver a má vontade de James em cortar a relação com a ex-mulher ou, pelo menos, de dar limites. Ela se recusava a aceitar uma coisa óbvia: que um homem que não tem casa nem emprego é capaz de fazer e dizer qualquer coisa para conseguir um lugar para morar. Faye não conseguia examinar as prováveis razões pelas quais James e todos os homens da família dele estavam desempregados. Aceitava os motivos, explicações e desculpas que ele arranjava. Faye permitiu que James a agredisse verbalmente porque temia que, se reagisse, ele iria embora. Faye *sabia* muita coisa. Só não *compreendia*. Não estava disposta a ver nada. No final, foi obrigada a encarar tudo o que não tinha conseguido compreender quando teve oportunidade.

Você precisa compreender!

Há duas formas básicas de compreender. A primeira é seguir a orientação do seu espírito. O espírito vai lhe dizer o que é honesto e bom para você. Em qualquer situação, simplesmente se pergunte: "Como é que eu acho que outra pessoa deveria enfrentar essa situação? Que conselho eu daria a essa pessoa?" É sempre mais fácil ver os problemas dos outros e aconselhá-los a agir da melhor maneira. Depois que conseguirmos entender o que está acontecendo, devemos nos perguntar: "Já vi isso antes? Já fiz isso antes? Por que estou querendo fazer de novo?" Ninguém disse que o caminho para a iluminação seria fácil. Dá muito trabalho entender as nossas atitudes e as nossas reações. No entanto, já sabemos que *podemos* fazer isso, e agora estamos trabalhando para entender *como* fazer.

A segunda – e mais improdutiva – forma de tentar compreender é seguir às cegas, obedecendo à sua natureza humana, e aprender o que não deve fazer através de dolorosas lições. É o que eu chamo de Educação Espiritual Especial, de que já falei.

Na primeira forma, a compreensão dada pelo espírito torna a mente capaz de perceber rapidamente a verdade da experiência que está sendo vivida. Você tem a sensação boa de estar na fila certa. É importante saber sempre o que estamos fazendo e por quê. Só quando nos dispomos a aceitar como realmente somos, a respeitar o que sentimos e a aceitar o que sabemos, sem julgar ou temer, é que chegamos à compreensão.

Preste atenção no que você está fazendo

O Vale da Compreensão nos obriga a pensar no que estamos fazendo. A criatura humana tem hábitos. Somos treinadas desde bem cedo a fazer as coisas de uma determinada forma. Raramente nos afastamos da forma que nos ensinaram. À medida que amadurecemos, desenvolvemos e cristalizamos uma forma de pensar e agir. Isso é péssimo. Os hábitos reforçam nossa tendência a não prestar atenção nas nossas ações e nos fazem perder o domínio sobre os nossos atos. Desenvolvemos uma reação automática que nos faz repetir indefinidamente a mesma coisa. É essa reação que nos leva a ver o que as pessoas fazem e dar outro nome a isso. Quando nos encontramos em situações perturbadoras ou infelizes, dizemos muitas vezes: "Não quero, não agüento ver ou saber disso, então vou chamar de outra coisa!" Não conseguimos aceitar. Não queremos ver. Se não queremos ver, não prestamos atenção.

Quando aprendemos a ouvir nossos pensamentos e a ter consciência do que sentimos, podemos *escolher* qual é a melhor coisa a fazer. Você está seguindo as sensações intuitivas de seu ser interior. Quando sentimos a verdade do que está ocorrendo dentro e em volta de nós, podemos tomar uma decisão consciente. Essas decisões são ótimas, porque rompem os hábitos condicionados e produzem novos comportamentos. E isso pode funcionar. Pense em como seria ótimo poder confiar em você mesma o bastante para tomar uma decisão e fazê-la funcionar! Prestar atenção no que vemos e sentimos, aceitar a verdade e escolher o que é mais conveniente para o melhor que existe em nós, com a repetição irá nos transformando e alterando toda a natureza do nosso ser.

Meditação com a Mãe

O medo não existe! Você não precisa temer ninguém! Seus medos, minha filha, são apenas sentimentos provocados por fantasias da sua mente. Você tem medo quando está desligada da origem. Mas mesmo as que estão ligadas à origem enfrentam muitas vezes o medo e precisam lutar contra o ataque violento dele em suas mentes, infiltrando-se em seus pensamentos e bloqueando sua ação. O medo é o que se apossa das filhas quando não se sentem seguras da proteção da Mãe e do Pai. O medo é o que os meninos provocam nas meninas para mantê-las no lugar "delas". O medo é o que as meninas usam umas contra as outras quando se convencem de que estão perdendo "seus" lugares. Pense sempre nisso, minha filha: o medo é apenas o que acontece quando você fica desligada da sua origem, quando desrespeita e desconhece a essência do seu ser. O medo é o que acontece com a filha quando não sabe onde está a Mãe.

4
O Vale da Coragem

QUERO DIZER UMA COISA COM A MAIOR SIMPLICIDADE: VOCÊ PRECISA TER CORAGEM! SE NÃO TEM, PRECISA TER. A CORAGEM é a capacidade de agir por si mesma, é o único jeito de se libertar dos obstáculos que certamente vão desafiá-la nesta vida. Você não pode comprar ou ganhar coragem. A coragem deve vir do fundo da sua alma, encher seu cérebro, envolver seu coração, sair de todo o seu corpo em forma de ação e guiar tudo o que você faz. A coragem é uma ferramenta preciosa. Com um pouquinho dela, você pode construir sua vida. É um escudo e uma armadura. A coragem é o elemento de paz e valor de que a vida é feita.

Você se lembra do leão no filme *O mágico de Oz?* Ele é um exemplo clássico de alguém viajando pelo Vale da Coragem. Ele se esconde atrás dos outros porque tem medo. Recua e não quer fazer coisa alguma por causa do medo. Permite que o Homem de Lata o critique e o humilhe porque acredita que não tem coragem. No final, é obrigado a encarar as coisas que achava que não podia. Felizmente, você viu no filme que ele foi capaz de fazer pela menina Dorothy o que não fez por si mesmo.

Há muitas mulheres parecidas com o leão. Nós nos escondemos atrás de desculpas e tememos as situações porque achamos que não temos coragem. A pergunta que me faço é: trata-se de falta de coragem ou do pouco valor que damos a nós mesmas?

É bem possível que não seja tanto o medo de fazer quanto o de sermos criticadas pelo que fazemos. Como o leão, nós realmente temos coragem. Temos força e resistência para enfrentar qualquer coisa. Sabemos disso e fazemos isso em muitas situações. A maioria das mulheres é capaz de rugir ante o desafio. Encontramos força e coragem para fazer pelos outros o que não ousamos fazer por nós. Defendemos amigos e pessoas da família. Manifestamo-nos contra a injustiça no mundo. Mas, quando somos obrigadas a enfrentar uma situação que envolve nosso próprio interesse, gelamos. Algumas gelam porque realmente acreditam que não têm coragem. Outras gelam porque não acreditam que nós, mulheres, merecemos uma luta.

Aquelas que acreditam que não têm coragem serão obrigadas a enfrentar exatamente o que temem. É essa a finalidade do Vale da Coragem. Elas terão de enfrentar o medo da crítica, o medo de estarem erradas, de ficarem sós, de não saberem e, acima de tudo, de perderem o controle. É um vale muito escuro e profundo. Muitas têm calafrios ao pensar em enfrentar algo que temem. Preferem pedir e rezar a Deus, aos antepassados, aos anjos e aos mensageiros divinos pedindo que eliminem um problema ou resolvam uma situação.

A única forma de vencer uma coisa é passar por ela. No entanto, freqüentemente procuramos de todas as maneiras não enfrentar o que tememos. Mas, se queremos evoluir para um estado de força, liberdade e paz, temos de aprender a viver sem medo. Devemos rezar, não para que os problemas sejam resolvidos magicamente, mas para que tenhamos disposição para enfrentá-los. Para isso é preciso fazer uma viagem ao Vale da Coragem, onde desafiaremos exatamente o que nos assusta: aquilo que tememos.

Uma experiência no vale

Shirley tinha trabalhado até tarde todas as noites. Estava cansada. Estava também nervosa e apreensiva porque os sogros iam chegar naquele fim de semana. Gostaria que o marido a tivesse consultado antes, mas, como ele sabia que ela não gostava da sogra, achou melhor não falar nada. O casal ia ficar pouco tempo. Qual era então o problema? Aquela semana tinha sido tão comprida e agitada que Shirley no fundo gostaria que eles não viessem – mas vinham. Ela ia ter de ir ao supermercado, limpar a casa e garantir que tudo estivesse "perfeito" para a chegada da sogra muito crítica e do sogro carinhoso. Além do mais, a menstruação se atrasara. Shirley estava com os pés doloridos e a barriga inchada, e tinha pensado em ficar o fim de semana todo na cama, mas a sexta-feira chegou rapidamente.

Na sexta à noite, Shirley deu jantar para os filhos e botou-os na cama. Tinha trocado as roupas de cama, lavado os banheiros, lavado e encerado o chão da cozinha, dependurado a roupa no varal e tido uma relação sexual com Frank. Foi o pagamento por ele ter passado aspirador na sala antes de ir dormir. Às duas da manhã, estava tudo pronto. Todo mundo dormindo. Shirley tomou dois analgésicos e foi para a cama, esperando pelo dia que teria de enfrentar.

Os sogros chegaram cedo e animados. O sábado foi agradável. Os homens saíram para fazer coisas de homens. As crianças ficaram no quarto brincando com os presentes que os avós trouxeram. A mãe de Frank passou quase o dia inteiro doutrinando Shirley sobre as vantagens do tapete de lã sobre o de fios longos que Frank e Shirley tinham. Também afirmou com a maior ênfase que Shirley não devia deixar Frank "tocá-la" antes de tomar banho. Além disso, a sogra esperava que a nora estivesse racionando os favores sexuais, única forma de manter o marido na linha (supunha que Shirley entendesse o que estava querendo dizer). "Sexo demais afeta a cabeça do homem", informou a sogra. Embora a sogra e a nora tivessem opiniões diferentes sobre sexo, o sábado foi suportável. Já o domingo, o dia do Senhor, foi uma viagem ao inferno, ida e volta.

Começou com o bacon do café da manhã. Ficou repetidamente queimado, obrigando Shirley a fritá-lo várias vezes. O sogro disse que não se importava com bacon queimado, se os ovos estivessem no ponto. A sogra tinha certeza de que o bacon tinha ficado daquele jeito por causa da frigideira antiaderente que a nora insistia em usar.

– Não se pode fritar bacon numa frigideira antiaderente. Por que essas mães modernas insistem em encher os armários da cozinha com panelas mais fáceis de lavar, em vez de usar as que cozinham melhor? Sua mãe não ensinou você a cozinhar em panelas de ferro? Ah, é verdade, foi seu pai quem criou você. É claro!

Shirley ficou olhando de soslaio e estava prestes a colocar as mãos na cintura e perguntar "Claro o quê?", quando Frank se ofereceu para terminar de fritar o bacon e convidou a mãe para ir descansar na varanda. Frank mandou Shirley supervisionar a farinha.

A farinha, meu Deus!

A farinha estava grudada no fundo da panela. Shirley tinha esquecido de abaixar o fogo. Ela e Frank olharam, horrorizados, a panela. Ele disse:

– Já falei para usar farinha de boa qualidade, que não gruda.

Shirley respondeu com raiva:

– Não, não gruda, Frank. Ela fica encaroçada. Eu devia ter pegado um pouco para passar na sua mãe!

Frank tentou, mas não conseguiu engolir, e disse:

– Se você tivesse tido mãe, saberia como tratar e respeitar uma mãe!

Essas últimas palavras de Frank foram um golpe baixo e quase fatal na tensão pré-menstrual de Shirley. Estavam todos contra ela, e ela não agüentava mais. Com a voz mais contida e baixa que conseguiu, disse:

– Foda-se, Frank! – e saiu da cozinha.

Saiu como se nada tivesse acontecido – para não chamar a atenção –, foi para o quarto e bateu a porta. Tentando conter as lágrimas, xingou e ficou amuada. Quando o filho de cinco anos bateu na porta, a cabeça dela pesava meia tonelada. Só respondeu depois que ele chamou várias vezes.

– Vovó quer saber que roupa eu ponho para ir ao catecismo.

Senhor, tende piedade de mim! Aula de catecismo significava que ela teria de dar banho em Randi. – Diga a ela que você hoje não vai.

– Mãe, o que é aula de catecismo?

– Fica quieto e vá dizer a ela o que eu falei.

Shirley tentou fazer com que Frank participasse. Ele tinha de defendê-la. Salvá-la da sanguinária mãe. Infelizmente, Frank estava na cozinha, tentando limpar a panela.

A mãe de Frank bateu na porta do quarto, chamou, abriu a porta de um golpe e com voz aguda quis saber por que os netos dela não iam ao catecismo. Shirley disse que achava melhor eles ficarem em casa com os avós. Mas aquilo não fazia o menor sentido! Já não era bom os pais não freqüentarem a igreja, mas as crianças precisavam conhecer e temer a Deus. Era por isso que tantos jovens se drogavam. Não conheciam nem temiam a Deus.

Aquela cena tinha levado dez anos para acontecer. Era a oportunidade que Shirley esperava para dizer à sogra: "meus filhos não vão temer a Deus! Vão conhecer e honrar a Deus, e não terão de ir à igreja para isso. Você vive na igreja e, mesmo assim, é uma pessoa má! Então, para que ir?"

A mãe de Frank também tinha umas continhas para acertar com Shirley. Desde o dia em que, dez anos antes, ela encontrara Shirley, quase sem roupa, acariciando Frank, teve certeza de que aquela "vaquinha" era uma mulher de baixa classe. Mas desafiar a fé que tinha em Deus era demais.

– Vou lhe dizer uma coisa. Meu Senhor e Salvador guarda um lugar para mim no Reino dos Céus. Fiz meu trabalho. Honrei meus pais. Obedeci ao meu marido. Criei meus filhos. Mereci meu lugar. Você foi criada na sarjeta. Casou porque não agüentava mais. Mandou os filhos para a creche para poder ir à escola, ganhar dinheiro e comprar jóias, armadilhas do diabo! Onde você vai parar?

O sogro ficou na porta pedindo à mulher para calar a boca. Tirou-a do quarto enquanto ela repetia o que a "vaca" tinha dito.

Shirley ficou pasma. Estava profundamente ferida. Sentia vergonha de si mesma e do que ouvira. Só conseguia chorar. As lágrimas saíam de um buraco no seu coração, acompanhadas de soluços fortes. Estava gritando e andando pelo quarto quando Frank a segurou.

– Calma, calma. Você conhece minha mãe. Por que sempre consegue irritá-la? Sabe como ela é.

Frank abraçava Shirley com carinho, mas estava fazendo-a se sentir culpada outra vez.

– Por que é culpa minha? Ela está sempre me criticando. Tento fazer tudo perfeito para ela não falar nada. Por que ela não me larga? Faço o que posso, Frank. Você sabe disso.

– Eu sei, meu bem, mas você sabe como ela é!

– Mas e eu, Frank?

A megera estava na porta.

– Vim me desculpar, mas antes, por favor, me digam: o que foi que eu fiz? Cuidei de você! Levei você à escola! Cuidei de seu pai! O que eu foi que eu fiz, Frank? Diga!

Ainda bem que Frank não respondeu. Pediu que a mãe, por favor, saísse dali por um instante. Soltou o corpo trêmulo de Shirley e foi fechar a porta do quarto.

– Se você fechar essa porta, saio da sua casa e nunca mais volto! – a voz da mãe não deixava nenhuma dúvida.

Frank estava numa encrenca. Tinha de escolher entre a mãe e a mulher. Shirley chorava e a mãe estava furiosa. O pai de Frank salvou o dia – pelo menos de certa forma.

– Shirley, você é sensível demais. Minha mulher também fala demais, mas não queria lhe fazer mal. Frank, lave o rosto de sua mulher enquanto eu fecho a boca da minha. – Fechou a porta e mandou a mulher ficar quieta.

A LIÇÃO

Se você quiser se meter em complicação, critique outra mulher que esteja desejando, tentando ou lutando por alguma coisa. É bem provável que, assim que você abrir a boca, ela vá ficar com o coração acelerado, os olhos saltados, e a ataque verbalmente. Por outro lado, se você tiver sorte, ela terá um tal medo de críticas que os seus comentários mais bem-intencionados irão magoá-la. Ela vai ficar triste e chorar. O que vai deixar você paralisada de tanta culpa.

Os princípios que nos foram ensinados nos fazem acreditar que a crítica amplia e aumenta as coisas que são "erradas". Nossos pais, parentes e professores usaram a crítica para nos envergonhar e nos ridicularizar quando desobedecíamos. Nossos amigos e colegas criticavam as características que Deus nos deu e sobre as quais não tínhamos qualquer controle para nos afastar ou para se sentirem superiores. Além de qualquer crítica causar um impacto, a maioria das pessoas não critica de forma construtiva. Elas agridem com raiva, sem saber direito o que está acontecendo, ofendendo nossa sensibilidade e suscetibilidade nos momentos mais inadequados.

Quando achamos que certas pessoas estão querendo nos pegar, abrimos caminho para que elas façam isso. Essas pessoas nos enervam e nos irritam. Por causa delas, fazemos e dizemos coisas que não faríamos em situações normais. Existe sempre alguém com a estranha capacidade de nos tirar do sério. Pensamos que o problema é a pessoa. O jeito dela, o tom da voz, as coisas que diz. Surpresa, surpresa! O problema não está na outra pessoa, mas em nós! Ninguém nos tira do sério, a não ser que os nossos mecanismos internos estejam conectados. Eles estão conectados a alguma coisa em nossa mente e em nosso coração. O outro não tem idéia do que seja, mas nós temos. A única forma de evitar que os outros acionem nossos mecanismos internos é desconectá-los. Procure desapegar-se de todos os medos, culpas, vergonhas ou raivas ligados ao problema que alguém está lhe causando, e ninguém conseguirá irritar você. Está difícil de entender? Tenha calma, vou explicar melhor.

Shirley tinha medo de críticas. Tinha mais medo ainda de que descobrissem como sua mãe morrera. A mãe era uma mulher delicada, muito frágil, mas carinhosa. Era maníaco-depressiva e morreu por excesso de barbitúricos. O pai de Shirley era um policial de um metro e noventa que ia para casa comer, dormir, pagar as contas e gritar com a mulher. Quando Shirley tinha dez anos, os pais tiveram uma grande briga. Ela lembra que foi a primeira vez em que a mãe reagiu ao que o pai disse. Ele então ameaçou "estourar os miolos dela" quando voltasse para casa se ela não tivesse achado o... Shirley tinha esquecido o que era. Ele saiu, deixando a mulher tremendo, e foi por isso que ela tomou os comprimidos. As mãos tremiam tanto que ela deixou cair os comprimidos no chão. Então Shirley pegou-os e entregou-os para a mãe. Lembrava que a mãe tinha se deitado na cama para dormir um pouco, e Shirley saiu para procurar o que o pai tinha perdido. Quando ele chegou, a menina dormia no chão da sala, a mãe estava morta; e o pai ficou enlouquecido.

Pensamentos secretos geram experiências reais!

Embora nunca tivesse dito nada a ninguém, Shirley acreditava que tinha provocado a morte da mãe. Sempre que alguém comentava que ela era órfã de mãe, ficava apavorada. Estava certa de que a pessoa sabia o que ela fizera. À medida que crescia, Shirley foi se dando conta de que não era culpada. Mas achava que, se ela não tivesse perdido não-sei-o-quê do pai, nada teria acontecido. Mais tarde descobriu que a família e os amigos chegados tinham decidido manter em segredo o suicídio de sua mãe, achando que o problema era hereditário e que as pessoas pensariam que Shirley tinha alguma coisa de errado.

Apesar de *racionalmente* saber que não era culpada, Shirley temia que alguém descobrisse que ela ajudara a mãe a tomar os comprimidos. *Emocionalmente* sentia que tinha feito uma coisa errada e temia fazer de novo. A crítica a deixava num pânico paralisante. Como ocorre com muitas de nós, Shirley não percebia que o segredo mantinha o medo. Enquanto não revelar, examinar e libertar-se das emoções negativas ligadas a seus segredos, pensamentos, sentimentos e experiências, você fica prisioneira deles. Como Shirley, muitas de nós têm vergonha, culpa, dor e raiva ligadas às coisas que fizemos ou pelas quais passamos. Empenhamo-nos ao máximo em esconder o que classificamos de mau e errado, com medo terrível do castigo. As emoções ligadas à experiência que condenamos se tornam uma tortura. Vergonha, culpa e raiva são emoções prejudiciais que reforçam a crença de que "tem alguma coisa errada comigo". O medo de que alguém descubra o que é influencia nosso comportamento e limita nossa capacidade de superar o medo.

O medo ajuda a criar um drama. É como viver uma história de assassinato misterioso. Há alguém espreitando atrás de cada porta. Você está sempre tentando imaginar o que a pessoa atrás da porta vai lhe fazer e o que ela sabe. A crítica é um sinal de que o outro talvez tenha uma pista. Então, você precisa se defender dessa pessoa. Precisa brigar com ela, fugir dela. Você está sempre à beira do precipício, planejando a retirada ou o ataque. Mantemos e cultivamos o drama produzido pelo segredo vergonhoso, em vez de examinarmos a crítica. O pior é que não percebemos que, mantendo o segredo, ele está sempre presente na nossa cabeça. Com nossa reação à crítica, mostramos aquilo que não queremos que as pessoas saibam.

A Lei da Crença

A sua cabeça é um instrumento dinâmico e poderoso. A cada segundo, todos os dias, a cabeça envia ondas de pensamento para o universo. O pensamento é a interpretação dada pela cabeça ao estímulo que recebe através dos cinco sentidos (audição, visão, olfato, paladar e tato). Muitos pensamentos se mantêm firmes na sua cabeça, apesar das mudanças no mundo ou na sua vida. Esses pensamentos aos quais sua mente se apega são chamados de *crenças*. Eles são a soma de tudo que você já ouviu, viu ou experimentou na vida.

Segundo *The Revealing Word* (A palavra reveladora), de Charles Filmore, "Crença é a aceitação de uma idéia como verdadeira". A crença é aceita tanto em nível consciente quanto inconsciente. Por isso, as crenças são difíceis de apagar. O medo é causado por uma série de pensamentos cuja conclusão talvez não seja verdadeira. Mas, como há uma crença na conclusão, a consciência aceita as crenças como se fossem verdadeiras.

A Lei da Crença confere o mesmo poder ao que é e ao que não é verdadeiro. Grande parte do que as mulheres pensam a respeito de si mesmas se baseia em conclusões que não têm nada a ver com a verdade. São mentiras muito poderosas. Mas, como as nossas experiências confirmam freqüentemente as mentiras que nos transmitiram, acreditamos cada vez mais em sua veracidade. Se preferimos acreditar nas mentiras, continuamos com medo. Se escolhermos pensar de outra forma, seremos forçadas a desafiar as mentiras, a rever nossas crenças, a rejeitar as que não nos parecem verdadeiras e a agir de acordo. Quando isso acontece, corremos o risco de nos sentirmos sós, porque vamos contra a maioria das pessoas, que continuam com as mesmas crenças. Ficar e agir sozinhas é uma situação temida pela maioria de nós.

O medo é o palco onde encenamos nosso drama!

Quando eu era mãe solteira de três filhos, recebendo ajuda da assistência social e morando num apartamento cheio de baratas, não acreditava que pudesse fazer melhor ou ter coisa melhor. Os familiares e amigos concordavam. Muitos achavam que viver da assistência social era ruim, mas tentar viver sozinha no mundo com três filhos era completamente impossível. Eu aceitava o que eles achavam. Um dia, eu estava sozinha e uma idéia estalou na minha cabeça. Sem dizer nada a ninguém, obedeci à minha idéia. Matriculei-me na faculdade. Ninguém acreditava que eu fosse capaz. Disseram que seria muito difícil acompanhar as aulas. Ia custar muito caro. Eu ia ficar tempo demais longe das crianças. Eu não sabia no que acreditar, mas, quando pensei em passar o resto da minha vida dependendo da assistência social e matando baratas, vi que tinha de acreditar em outra coisa que não fosse uma lata de inseticida.

Para mudar uma crença, temos de nos responsabilizar totalmente por aquilo que escolhemos. Não podemos culpar ninguém, nem arrumar desculpas. Quando paramos de jogar a responsabilidade em cima dos outros e de arranjar desculpas, nos tornamos capazes de fazer uma escolha. Podemos escolher continuar obedecendo à velha crença e deixar que ela dirija nossas ações, ou podemos negar a velha crença e escolher viver de outra forma. Se escolhemos mudar, desafiamos e negamos a crença, sobretudo quando nossos atos refletem a escolha que fizemos.

São os nossos pensamentos que produzem o medo. Antes que qualquer coisa aconteça, imaginamos as piores situações e ficamos paralisadas. O problema é que achamos que podemos mudar nossas ações, mas não nossos pensamentos. "Não pude fazer nada. Estava com medo. Não consigo deixar de pensar do jeito que penso." A verdade é que somos responsáveis pelo que pensamos, porque foi a partir do pensamento que escolhemos nossa forma de agir.

A maioria de nossos medos são sinais de conflito entre o que queremos e o que fazemos. Se dizemos que queremos uma coisa mas achamos que não podemos conseguir, estamos em conflito. Se então tentamos conseguir o que queremos mas acreditamos que é impossível conseguir, criamos um medo para nos impedir de ir em busca do que desejamos. Para viver sem medo, é preciso fazer o que for necessário para eliminar o conflito. Antes de agir ou não agir, examine a crença que leva você àquela ação. Pergunte a si mesma o que *realmente* quer. Peça ajuda para garantir que o que vai fazer está de acordo com o que deseja mais profundamente. Se for preciso, espere um tempo antes de agir, para ter o máximo de certeza de que o que vai fazer é o melhor para você. Ouça sua voz interior. Olhe o medo de frente e diga com toda a convicção: "Não! Você não pode me destruir! Você só existe na minha imaginação e eu sou mais forte do que você!" Entregue os pensamentos e sentimentos que geram o seu medo ao seu eu superior, seu espírito, seu Deus, com confiança e fé.

Atacamos o que tememos!

Atacar, seja verbal ou fisicamente, é o comportamento mais comum causado pelo medo. Quando alguém faz ou diz alguma coisa que nos causa medo, atacamos. Os homens muitas vezes atacam fisicamente, enquanto as mulheres mais freqüentemente recorrem ao ataque verbal. Atacar quando criticada é uma reação muito comum nas mulheres: "Você acha que não estou colocando limites para os meus filhos? Olha quem fala! Seus filhos são os mais insubordinados que conheço!" As mulheres se atacam apontando o que acreditam que esteja errado com a outra ou dizendo o que "sabem" sobre a outra.

A finalidade do ataque é tirar o foco de si mesma. A pessoa acha que, se focarem nela, podem "descobrir" como ela é. Entre as mulheres, a intriga é a forma mais comum de ataque verbal. Passar adiante histórias, contar segredos, alterar os fatos para colocar uma pessoa no papel de má e você no de boa – tudo isso é motivado pelo medo. Quando você vive com medo, precisa sempre ter alguém "pior" do que você para desviar a atenção para longe do seu segredo.

Você não pode se defender do que teme!

Algumas mulheres estão sempre numa posição de defesa. Para tudo o que você diz, elas têm uma desculpa, uma explicação, um motivo para justificar ou explicar seu comportamento. Viver na defensiva é a forma de encobrir nosso medo de estarmos erradas. Mulheres na defensiva sempre culpam alguém por seus erros.

Alguém fez isso ou aquilo. Alguém disse para fazerem. Muitas mulheres na defensiva culpam os parceiros por serem do jeito que são, porque foram muito feridas pelos homens no passado. Sempre que você sente necessidade de se defender, está com medo de alguma coisa. Sim, há situações em que uma explicação vai ajudar a entender o que aconteceu. Mas uma explicação não é uma desculpa. Se você não se sente capaz de assumir a responsabilidade pelo que faz sem culpar outra pessoa, está vivendo com medo.

O medo gera fingimento!

Outro comportamento motivado pelo medo é o da pessoa fingida. É como se ela não tivesse entendido bem. Não ouviu direito. Houve um erro de comunicação. Achou que estavam querendo dizer uma coisa diferente do que disseram. "Como? O que você está querendo dizer? Não entendi direito" é a reação mais comum das pessoas fingidas. Elas sabem muito bem que ouviram e entenderam a pergunta ou a afirmação. Mas, se o assunto toca num ponto vulnerável da vida delas, fingem não entender. Fazerem-se de desentendidas é a reação mais comum quando são questionadas por alguma coisa que fizeram. Preferem parecer bobas a admitir o erro.

Do seu jeito!

"O que é que eu posso fazer? Meu jeito é assim" é a reação de medo das pessoas que sentem necessidade de controlar tudo. Atrasar-se para um encontro é o exemplo mais comum. Você sabe que deve estar em determinado lugar às nove horas. Chega às nove e meia e vai logo avisando que jamais consegue chegar a lugar nenhum na hora: "Eu sou assim. Estou sempre atrasada." O motivo que a leva a chegar atrasada é deixar as pessoas esperando por você, em vez de correr o risco de esperar por elas. É assim que você mantém o controle da situação. Seu atraso indica também falta de respeito pelos outros e pelo tempo deles. Será que você está com medo de não ser respeitada? Será que está com medo de não ser notada? As pessoas obcecadas por controlar tudo precisam de ajuda, porque essa obsessão revela uma baixíssima auto-estima.

Você abandona o jogo se está com medo!

Quando está com medo de perder alguma coisa ou de não conseguir impor sua maneira de ser, você pega a bola do jogo e vai para casa. Não quer mais jogar. Não tem nada a dizer. Não quer que a aborreçam. E educadamente informa a todos os envolvidos que podem fazer o que quiserem, mas você está fora do jogo. Essa é a reação de medo ao sentimento de impotência: você não joga mais. As mulheres fazem isso no trabalho. Quando somos criticadas ou nos sentimos culpadas por algo que fizemos com a melhor das intenções, paramos de jogar. Não atendemos o telefone. Deixamos a correspondência se acumular e, às vezes, escondemos as cartas. Almoçamos sozinhas. Paramos de falar com os outros porque temos medo de não conseguir as coisas do nosso jeito. Fazemos o mesmo nos relacionamentos. Quando um companheiro faz ou diz algo de que não gostamos, em vez de conversar com ele a respeito, recuamos. Deixamos que o medo de irritar nosso companheiro e o medo de perder na discussão nos silenciem. Quando não podemos falar o que sentimos, ficamos impotentes. Quando ficamos impotentes, estamos com medo.

Todos os dias se repetem comportamentos motivados pelo medo que sentimos ante a possibilidade de nossos segredos serem revelados. Nossos medos criam ilusões de que algo terrível vai nos acontecer se alguém souber a verdade a nosso respeito. São essas ilusões que criam o mal-estar que sentimos, não a situação em si. *A verdade é o oposto da ilusão.* Até encararmos a verdade, não podemos vencer as ilusões que estão presas aos nossos medos. Para viver sem medo, precisamos confiar na ordem universal da vida e da força do espírito. Para confiar, precisamos aprender a nos desapegar e a nos entregar.

O Vale do Desapego e da Entrega

O que quer dizer entregar-se? Uma das frases que aprendemos para progredirmos espiritualmente é: "Entregue-se nas mãos de Deus." Muitas mulheres têm grande dificuldade com essa entrega.

"Não é que eu não acredite em Deus. É que tenho medo de entregar-me nas mãos Dele e Deus fazer do jeito 'errado', na hora 'errada', com conseqüências 'erradas'." Esse é o nosso medo. Por isso, precisamos controlar as pessoas e os fatos de nossas vidas para garantir que eles funcionem do "jeito certo" – o nosso jeito.

Quando nos entregamos, desafiamos as crenças e medos que motivam nosso desejo de manter o controle. Entregar-se é uma forma consciente de enviar uma mensagem para o universo: "Não tenho necessidades ou desejos que não sejam atendidos. Não sou eu quem controla. É o universo que está no controle, e isso é bom para mim." Pensando assim, você sente uma alegria, uma paz, um bem-estar total. Você fez tudo o que podia e depois entregou-se, entregou o seu desejo ao universo, sabendo que ele responderá com o que for melhor para você. Quando você se entrega, cria a noção de que não precisa lutar ou sofrer. Entregar-se dá à sua mente a oportunidade de relaxar e desapegar-se.

Em geral, nossas vontades são compulsivas e impulsivas. O mundo nos bombardeia constantemente com mensagens sobre o que devíamos ter ou fazer, e o que é preciso para levar uma vida rica e gratificante. Nossos sentidos são permanentemente estimulados pelas visões e sons do mundo externo. Como reação ao que vemos e ouvimos, passamos a acreditar que precisamos de uma série de coisas. Precisamos de um carro. Precisamos de uma televisão em cada quarto. Precisamos de um microondas. Precisamos de um bar! Esse bombardeio nos faz sentir que, se não temos determinadas coisas, há algo "errado" conosco. Tememos não possuir as coisas que, segundo acreditamos, dão sentido à vida. Assim, nossa intenção não é satisfazer nossas necessidades mais essenciais, mas satisfazer a cobiça dos sentidos estimulada pelo que a sociedade nos impõe.

Entregar-se ajuda a curar o medo de querer e não ter. Quando nos entregamos, passamos a desejar aquilo que Deus quer para nós. Quando nos entregamos, substituímos o medo e o controle pela alegria e a paz. Começamos a desejar coisas que vão nos dar alegria, paz e bem-estar profundos e nos tornamos cada vez mais capazes de abandonar idéias, hábitos, pessoas e situações que criam estresse, desequilíbrio, desarmonia e medo. Se você consegue entregar-se e desapegar-se, permite que Deus dê o que você precisa.

Quando você guarda um segredo, desapegar-se ajuda a desarmar as ilusões que você vinculou a ele. Desapegue-se da experiência que ficou escondida. Desapegue-se do que pensa sobre ela. Desapegue-se do que os outros vão pensar, se souberem. Desapegue-se de todas as emoções ligadas ao segredo, seja ele qual for. Desapegue-se da dor, da vergonha, da culpa, da raiva e, claro, do medo. Quando se desapegar e se entregar, peça ao seu espírito, a Deus, à Divina Mãe para revelarem a você o sentido daquela experiência. Peça uma palavra, uma frase, uma inspiração que você possa usar para encontrar paz na experiência. Por pior que você considere a experiência que viveu, ela contém uma lição. Quando você se desapega do medo ligado à experiência, a lição é revelada. Quando você compreende a lição, encontra a paz.

Uma vez, passei por um grave problema financeiro que me fez duvidar de mim mesma e da qualidade do trabalho que tinha feito. Sentia medo de estar errada. Não podia acreditar que, com dois livros vendendo muito bem, eu não conseguisse pagar o aluguel. O telefone tinha sido desligado e eu não podia comprar papel-alumínio para forrar as assadeiras. Mas continuava aparecendo em público e rezando para que me oferecessem um almoço, pois não tinha comida em casa. Foi uma experiência muito humilhante à qual sobrevivi aprendendo a desapegar-me.

A primeira coisa de que você deve desapegar-se quando é uma pessoa conhecida mas sem dinheiro é do seu eu. Você tem que decidir se vive a verdade ou se vive o que deseja que os outros pensem a seu respeito. Nós, mulheres, somos educadas para acreditar que nosso valor depende do que temos. Se temos dinheiro, nos sentimos valorizadas e dignas. Usamos o dinheiro para comprar coisas que confirmem tal conceito. Nossas roupas, carros, jóias e bobagens não costumam ter nada a ver com o que *realmente* queremos ou precisamos. Eles apenas ajudam a fazer com que os outros pensem de nós o que queremos. À medida que nossa coleção de "coisas" aumenta, ouvimos elogios e comentários sobre como estamos bem. Mesmo quando não estamos tão bem, possuir coisas nos dá a sensação de estarmos melhor. Sentimo-nos valorizadas.

Quando uma mulher tem problemas de dinheiro, ela de certa forma interpreta essa falta como: "Não estou fazendo a coisa direito. Acho que estou fracassando." Não queremos que os outros saibam da nossa situação porque temos horror a críticas. Deixamos a barriga roncar de fome, em vez de pedir para almoçar. Fingimos que estamos doentes e ficamos em casa, em vez de dizer que não temos dinheiro para o ônibus. Não queremos que os outros pensem ou saibam que estamos precisando de alguma coisa, então sofremos em silêncio, pensando: "Droga, onde vou arrumar dinheiro?" Não percebemos que a crítica que tentamos evitar tão desesperadamente nasce e cresce dentro de nossas próprias cabeças. As coisas que achamos que os outros vão pensar ou dizer a nosso respeito são as que pensamos e dizemos para nós mesmas.

Afundada na falta de dinheiro, eu me criticava pelas coisas que tinha feito e comprado quando tinha dinheiro. "Gastei demais! Não precisava disso agora!" Além de estar sofrendo por não ter dinheiro, eu estava me castigando e, como sempre, prometendo tomar mais cuidado da próxima vez. O medo de estar errada aumenta as auto-acusações. Você se sente imprestável, incapaz de satisfazer até seu menor desejo. Durante toda a experiência, você procura esconder ao máximo dos outros o que está passando. Eu me encolhia de medo ao pensar na pressão da opinião das pessoas. De repente, tive um estalo. Esqueça o que eles acham! O que é que *você* acha?

Percebi que tinha esquecido quem eu era. Estava tão preocupada com o que o mundo iria pensar de mim que perdi contato com o meu "eu". Com ou sem dinheiro, sou filha de Deus. Meu valor não está no dinheiro que tenho! Estou temporariamente falida, mas continuo com todos os talentos, dons e capacidade com que nasci. Minha vida faz sentido! Eu tinha que desapegar-me do medo de ser criticada. Tinha que desapegar-me da necessidade de ser valorizada pelos outros! Tinha que encontrar valor em mim. Não era fácil. Era preciso abandonar os valores que me ensinaram, mudar minha ótica, me entregar para aprender a lição. No meu caso, eram várias lições.

Minha primeira lição era *paz*. O que eu precisava fazer para ficar em paz com a situação? *Desapegar-me* e *me entregar*. Para encontrar a paz, eu tinha de parar de me preocupar com o que os outros achavam de mim. Lição seguinte: *confiar*. Será que eu confiava mesmo que Deus iria me proteger e cuidar de mim? Se confiava, tinha que perder o medo e a preocupação. Precisava confiar que, no tempo divino, meu aluguel seria pago. Que todos os dias eu teria o que comer. Tinha de confiar que o forno agüentaria alguns dias sem papel-alumínio nas assadeiras. Eu estava fazendo o possível, Deus traria o resto. Outra lição: *fé*. Eu sabia que meus livros estavam vendendo bem e que meus dois editores iriam me pagar os direitos autorais. Sabia que tinha feito um bom trabalho e que ele valia a pena. Sabia também que não podia ter fé se não tivesse *paciência*. Eu queria o dinheiro já. Queria na hora em que precisava. Mas sabia que não é assim que a vida funciona. *Tudo tem sua hora*.

Desapegar-se e entregar-se. Para aceitar as lições do Vale da Coragem, tinha que me desapegar de cada pensamento, de cada emoção ligada ao meu medo de não ter dinheiro. Tinha que me desapegar da minha crença sobre o que era segurança financeira. Quando um pensamento ou sentimento surgia para me maltratar, eu dizia, o mais alto possível: "Eu me desapego e me entrego!" Uma vez repeti essa frase inúmeras vezes durante vinte e quatro horas e as portas se abriram. Recebi um cartão de crédito pelo correio. Com ele, pude alugar um carro e ir a qualquer restaurante que quisesse. Comprei o papel-alumínio para o fogão. Encontrei um estado de paz. Em paz, parei, olhei minha vida e entendi que a lição final e mais importante era: nunca, jamais se deixe enganar pelo que as coisas parecem ser na superfície.

Desapegar-se e entregar-se exige confiança. Exige paciência. Exige obediência. O prêmio é aprender a agir sem medo em qualquer situação, sabendo que você vai ter o que precisa e ser protegida. Durante seis dias pratiquei desapegar-me e entregar-me. Você deve concentrar sua mente para não querer nada, não pedir nada, não ter medo de perder nada. Concentre sua mente na alegria. Recolha alegria em todos os momentos, em todas as situações, em todas as pessoas, porque ela sempre existe. Concentre sua mente na paz, lembrando que aquilo em que você se concentrar vai aumentar. Com uma mente concentrada em desapegar-se e entregar-se, você diminui sua necessidade das coisas e das pessoas, você perde o medo e desenvolve a paciência, a confiança e a fé na ordem divina do universo.

Encontrando coragem para olhar o que você faz

Uma das mais profundas frases de revelação espiritual que já ouvi foi: "Não tenha medo de ver seus erros." Se você sabe o que faz – as coisas boas e as não tão boas –, ninguém jamais poderá usá-las contra você. Quando eu estava estudando Direito, me disseram que a melhor forma de prejudicar quem processa o seu cliente era contar abertamente todas as coisas ruins que o cliente já tinha feito. Sim, meu cliente tinha sido preso cinqüenta vezes. Sim, meu cliente tinha sido condenado por roubo de carro e assalto. Sim, meu cliente passara muitos anos preso. Mas isso não tinha nada a ver com as acusações que lhe estavam sendo feitas!

Quando você assume e revela o segredo ou o delito escondido, desarma aqueles que querem usar esses fatos contra você. É assim que desarmamos as pessoas. Deixe tudo à vista. Fale de você. É preciso coragem para admitir que você não é um ser perfeito. Além de coragem, é preciso conhecer-se. Lembre-se: conheça, aceite e ame a si mesma. Saiba o que faz. Aceite que isso faz parte de você, se quiser mudar e melhorar. Mas goste de si mesma. Pense assim: se você fez alguma coisa de que não se orgulha, há milhões de outras pessoas que fizeram o mesmo. Porque isso faz parte da natureza humana.

Mentir para si mesma

Quando você se dá conta de que alguma coisa ou alguma pessoa que faz parte da sua vida faz mal a você, que ela impede o seu crescimento, você deve desapegar-se e afastar-se dela. Mas se, apesar de todas as evidências, você disser a si mesma que não vê e não sabe, se disser a si mesma que a situação ou a pessoa vai melhorar, embora saiba que isso é impossível, você não está sendo honesta consigo mesma. Negar a verdade é uma reação comum ao medo de mudar, ao medo do desconhecido e ao medo de ficar só. O remédio: desapegar-se. Pare de tentar consertar ou mudar as coisas e as pessoas que lhe fazem mal. Simplesmente se desapegue.

Mentir para os outros

A maioria de nós diz pequenas mentiras para impressionar os outros ou para esconder o que consideramos uma fraqueza. Para não permitir que "descubram", somos impelidas a mentir. Algumas mulheres se acostumam de tal forma a mentir que acabam acreditando no que dizem. Mas lembre-se: recebemos de volta o que damos e acabamos nos tornando o que dizemos que somos. Se você está sendo desonesta com alguém, alguém será desonesto com você. A desonestidade e a mentira são comportamentos causados pelo medo de perder o controle e pela falta de autoconhecimento.

Apegar-se às limitações

"Eu gostaria, mas...", "Eu queria, mas..." e "Eu pensei, mas..." são em geral os motivos que nos levam para o Vale da Coragem. Se você acha que é indefesa, impotente ou sem valor, o universo vai acabar obrigando você a se expor por algum motivo. Essas desculpas são a reação comum ao medo de errar e ao medo do sucesso. Em geral, sucesso significa mudança, e por isso muitas de nós o tememos.

Adiar

Uma amiga, Jewel Diamond Taylor, diz: "O adiamento é um ladrão!" Rouba os melhores anos de nossas vidas e as melhores oportunidades que o universo coloca em nossos caminhos. Adiar é o medo de fazer que bloqueia nossa esperança, nosso desejo e qualquer tentativa de fazer o que dizemos que queremos. Quando achamos que não somos suficientemente boas, inteligentes ou merecedoras, adiamos, até sermos forçadas a encarar o maior de todos os nossos medos. Se você está nessa categoria, a coragem é a chave para resolver seu problema.

Agradar às pessoas

Todas nós queremos ser queridas, amadas ou indispensáveis. Ótimo. O que não é ótimo é fazermos concessões para sermos queridas, amadas ou úteis. Quando fazemos das necessidades e dos desejos dos outros uma prioridade em nossas vidas, nós nos desvalorizamos. Quando nos desvalorizamos, acreditamos que não somos boas o bastante. Quando acreditamos nisso, precisamos ir para a frente da classe de Educação Espiritual Especial.

Não pedir o que você quer

Sua mãe deve ter-lhe dito: "Se você não pedir, não vai ter!" Você fez o que ela disse? Claro que não. Mas prefere continuar acreditando que é melhor manter as pessoas longe das suas coisas ou fazer tudo sozinha. Talvez você seja do tipo que está sempre ressentida com o que os outros conseguem ter, mas não faz nenhum movimento para pedir ajuda. Um mestre espiritual uma vez me afirmou: "Quando você não diz do que precisa, a necessidade cresce."

Não dizer o que precisa dizer

Por algum estranho motivo, achamos que temos de dizer "por favor" à pessoa que está pisando no nosso pescoço. Não queremos magoar essa pessoa nem deixá-la zangada ou nervosa conosco. Apesar de aborrecidas, ficamos quietas, em vez de dizer com firmeza: "Tire a droga desse seu pé do meu pescoço!" Essa dificuldade em protestar e afirmar nossos direitos vem do medo de estarmos erradas, que só pode ser corrigido com coragem, conhecimento e sabedoria.

Necessidade de ter razão

Todo mundo acredita em alguma coisa. Todo mundo tem algo a dizer. Quando achamos que só a nossa opinião é válida e nos zangamos com quem discorda de nós, estamos com medo. Medo de perder o controle.

Fazer o que é adequado

Não existe um jeito fácil de resolver as coisas. Você não pode enganar a natureza, não pode desconsiderar o tempo que levam os processos nem a maneira de ser das pessoas com as quais convive. Você vai sempre receber exatamente o que dá. Se acha que pode resolver de qualquer jeito, está enganada. Mas isso faz parte do seu medo, não é?

Fazer coisas demais ao mesmo tempo

Parece que há sempre coisas demais para fazer em tão pouco tempo. Temos a impressão de que a vida é uma correria que nos deixa para trás. Muitas de nós entram em pânico. Tentamos fazer tudo agora, correndo. Pare com isso. Mais uma vez é o medo de perder o controle que tomou conta de você.

Não aja impulsivamente

Se conseguir parar, refletir, respirar fundo, você vai descobrir a melhor solução possível. É só não ir agindo impulsivamente para não ser obrigada a pensar. Ou não deixar que os outros lhe digam o que deve fazer. Ouça os outros, reflita sobre o que eles dizem, mas siga o que a sua sabedoria ditar. Quando você sabe, mas acha que não sabe, está com medo de errar outra vez.

A SAÍDA

Dennis Waitley, professor de Transformação de Vida, diz: "Fazer a mesma coisa esperando resultados diferentes é loucura!" Todas nós temos momentos, dias e às vezes anos de loucura passageira. Todas nós temos nossas pequenas e grandes idiossincrasias. Todas sentimos medo. Todas temos lições a aprender. Há um vale para você e para o seu caso específico.

A grama que cresce no meio do concreto é um ato de coragem. A grama não pára, apesar da dificuldade que enfrenta. Ela não procura conselho nem faz planos, porque tem a missão inata de crescer. A grama não considera todas as prováveis conseqüências de seus atos – ser pisada ou arrancada. A grama apenas sabe o que deve fazer e faz, sem questionar, hesitar ou reclamar. Quando temos consciência de nossa missão inata e nos dispomos a levar a cabo essa missão, ficamos como a grama: com coragem para fazer o que se exige de nós, apesar das dificuldades.

Quando a alternativa é ficarmos adormecidas como uma semente sob a superfície da vida, crescer é certamente a coisa mais sábia e corajosa a ser feita. Quando precisamos de ajuda para saber o que fazer para crescer, o Vale da Coragem pode nos dar todos os incentivos de que precisamos.

Shirley não ficou mal apenas porque a sogra a criticou. Ela estava escondendo o que achava ser a verdade sobre a morte da mãe. Estava com medo de que seu segredo fosse descoberto. Na verdade, a vida de Shirley se baseava em medo e conveniência. Ela não amava Frank. Casara-se porque ele a tinha apoiado quando ela estava em dificuldades, ajudando-a a sair da casa do pai. Como ela achava que era culpada e indigna, aceitou casar-se com Frank, primeiro e único homem que lhe disse alguma coisa gentil. Ela queria achar que o amava e se convencera de que viver com ele era suportável. Com o passar dos anos, ele e a mãe se tornaram uma ferida aberta em seu coração.

Quando chega a hora de você fazer uma mudança, de crescer, de viver de um jeito diferente, o universo vai criar uma maneira de deixá-la tão desconfortável, tão infeliz, que você acabará não tendo outra escolha. Se insistir em ficar num lugar ao qual não pertence mais, se não tiver coragem para fazer o que é preciso para avançar, vai sofrer as conseqüências, sejam elas quais forem. Para Shirley, a conseqüência era uma sogra que a humilhava e minava sua precária auto-estima. A única forma que Shirley teria de fugir das críticas da sogra seria contar seu segredo e encarar o medo. Shirley nunca tinha contado para Frank como a mãe morrera. Ele não sabia que Shirley jamais o amara. Ela escolhera não pensar nessas coisas nem tinha coragem de comentá-las com o marido.

Quando nossa mente fica mal, nosso corpo começa a sofrer. Muitas mulheres perdem a saúde e o equilíbrio por falta de coragem, pela incapacidade de dizer e fazer o que temem. Shirley vai ter de achar o jeito e as palavras para falar com Frank. Isso não significa que ela precise ficar no meio da sala e gritar "Acho que matei minha mãe, e jamais amei você!" Significa apenas que precisa saber com clareza o que quer e, aos poucos, ir escolhendo as palavras com cuidado para mostrar seus sentimentos ao marido. Shirley precisa dar tempo a ela e a Frank para lidarem com as mudanças que terão de ser feitas. A sogra realmente não é o problema. O problema é o medo de Shirley e tudo o que ela fez e faz por causa desse medo.

Uma das principais razões para não darmos os passos necessários para sair do sofrimento causado por nossos problemas é que temos medo do que os outros farão. Tentamos imaginar o que eles vão dizer e fazer. Não queremos magoar ninguém, pois não é fácil cortar o coração de alguém. O importante é não se preocupar com o que os outros podem fazer e concentrar-se no que *você* vai fazer. Isso não significa que você fique insensível. Significa que deve ouvir, oferecer o máximo de apoio possível, mas manter seu propósito no coração e na mente, resistindo ao impulso de abrir mão do seu desejo para atender às necessidades e desejos dos outros. Se você quer mesmo mudar sua situação, precisa de coragem para ficar firme.

Se você está infeliz, talvez seja por não ter tido coragem suficiente para confiar em si mesma e fazer novas escolhas. Se sua vida não está sendo como você quer, se você se sente paralisada, é bem provável que um pouco de coragem vá ajudar. Se você está com medo de alguém ou de alguma coisa, do que pode acontecer ou do que podem fazer com você, a coragem é sua saída. Faça qualquer coisa para encontrar a força que a ajudará a seguir em frente. Shirley fez isso. Duas semanas após a visita da sogra, com o maior cuidado e carinho possíveis, ela avisou a Frank que ia embora.

Enquanto estiver passando pelo Vale da Coragem, não esqueça: desapegue-se, entregue-se, confie, tenha fé e paz. Para deixar de ter medo repita sempre para si mesma que o seu Deus interior está no controle da situação. Repita e convença-se de que, apesar das aparências, a ordem divina vai prevalecer. Se você não quiser abrir mão do controle, se deixar espaço para o medo, se ficar julgando tudo, vai entrar na escuridão. O valor da lição da coragem é não se deixar enganar pelas aparências. Quando aprender essa lição, você poderá olhar de frente para o que teme. Ao fazer isso, você irá crescer, se desenvolver, evoluir. Por pior que seja a situação, você deve saber que conseguirá sempre sair do vale, pois merece mais uma oportunidade para demonstrar o que aprendeu.

Meditação com a Mãe

Deixe que a Mãe venha nutrir você. Tenha força para desviar-se das armadilhas do mundo. Deixe a Mãe nutrir seu coração e sua mente de forma a guiar seus pensamentos e palavras. Ela lhe deu tudo de que você precisa. Ela lhe deu amor no coração, paz na mente, força na vontade, poder nas palavras. Mas você muitas vezes substituiu os presentes da Mãe por coisas da escuridão, coisas do mundo – coisas que não honram a sagrada energia que existe em você.

Deixe a Mãe nutrir você, minha filha, deixe que ela a traga de volta para o abrigo de sua luz divina e pura, seu amor e energia. Ela quer guiar você para o propósito que lhe trará paz e a fará feliz. Deixe-se guiar por ela, entregue-se à sua proteção.

Deixe a Mãe amparar você, minha filha. Ela é um pilar de força, um guia de luz e uma hábil companheira que já participou de diversas viagens. Já remendou a vela de seu barco muitas vezes. Já limpou sua testa e içou a vela de seu barco quando você achou que estava cansada demais para continuar. Ela sabe que os mares da vida nem sempre são calmos. Não importa. A Mãe está preparada para enfrentar a tormenta com você.

Deixe a Mãe trazê-la de volta para ela mesma. Para as praias da paz. Para o porto da abundância. Você só precisa pedir ajuda. Ela vai ouvir e virá lhe ajudar.

5

O Vale do Conhecimento e da Sabedoria

SE ALGUÉM ME PEDISSE PARA EXPLICAR, EU NÃO IA CONSEGUIR. EU SÓ SEI QUE, NO FUNDO, EU SABIA. QUANDO ENCONTREI aquele homem, eu sabia que não ia dar certo. Eu me ouvi? Não! Quando aceitei o emprego, sabia que não era o que eu queria. Eu saí? Claro que não! Se você precisa pagar o aluguel, fica no emprego. Eu sabia quando emprestei o dinheiro para ela. Sabia que não ia ser devolvido. Assim que ela começou a se desculpar por não ter devolvido na data prometida, quando eu precisava tanto do dinheiro, fiquei com vontade de me beliscar. Ela contou aquela longa história, e eu sabia que não era verdade. Como uma idiota fiquei lá, ouvindo, e ainda sorri para ela, mesmo sendo completamente enganada! Toda vez que meu espírito diz alguma coisa que não ouço, arrumo um problema. Por que é tão difícil ouvir a mim mesma, se ouço de boa vontade o que os outros dizem, principalmente coisas que sei que não são verdadeiras?

Intuição, "ensinamento que vem de dentro", é um mecanismo de orientação que recebemos ao nascer. Com ele, sempre sabemos o que precisamos saber. Sabemos o que está acontecendo conosco e com todo mundo. A intuição nunca pára de funcionar. Ela nos avisa, nos guia, nos dá pequenas dicas e informações sobre tudo e todos. O problema é: sabemos o que fazer com o que sabemos? Em geral, não. Recebemos a mensagem ou a informação por intuição, mas não sabemos como lidar com ela. O pior é que a intuição nos envia sinais que geralmente desprezamos. Simplesmente não acreditamos que o que estamos pensando ou sentindo seja verdade. Não saber o que fazer com o que sabemos, não confiar no que sabemos e não acreditar no que sabemos são as coisas que nos levam para o Vale do Conhecimento e da Sabedoria.

No Vale do Conhecimento e da Sabedoria, enfrentamos as experiências que são conseqüência da desobediência para seguir a voz do espírito – a voz calma e tranqüila que fala dentro de nosso coração e de nossa mente. A informação que recebemos está na nossa medula. É a memória genética do nosso DNA e a essência do que somos. Estamos sempre ligadas ao Ser e aos seres que prepararam o caminho das nossas vidas. Eles falam conosco. Eles nos guiam. Eles nos dizem exatamente o que fazer – mas não ouvimos. Somos desobedientes.

Somos desobedientes porque deixamos que o medo, a dúvida, os hábitos da natureza humana e a falta de disciplina silenciem nossa sabedoria interior. Sabemos, mas não temos certeza. Nessa incerteza, desobedecemos à voz de nossa alma. As experiências que nos levam ao Vale do Conhecimento e da Sabedoria são as forças da vida nos instigando a desenvolver a obediência através de práticas espirituais disciplinadas. Assim, quando nos sintonizamos na voz do espírito, podemos prosseguir tendo certeza do resultado.

Quem ouve você?

Quanto mais informação você detiver, mais valor tem para o mundo e para as pessoas ao seu redor. O problema é que essas informações são obtidas de fontes externas. Você precisa comprovar o montante de informação que detém para que alguém a ouça. Você é ensinada a aceitar a informação que lhe fornecem. Se concluir alguma coisa diferente, é melhor esquecer. Aprendemos isso desde cedo. Quando crianças, nos ensinam que não sabemos nada e que precisamos aprender o que os adultos irão nos ensinar. Se pensarmos que sabemos, ou insistirmos, seremos chamadas de arrogantes e atrevidas. Algumas de nós, por sorte, têm pais que acreditam que as crianças já sabem. Infelizmente, eles nos mandam para escolas com professores que só garantem seu emprego se nós não soubermos que sabemos.

As pessoas que têm a sorte de saber, de provar que sabem e de fazer com que os outros acreditem que sabem são consideradas gênios. São olhadas com reverência e valorizadas. As outras, que talvez não saibam como articular o que sabem, passam a se sentir sem valor em comparação com os gênios. Carregamos esse sentimento de ignorância despertado na infância até a idade adulta. Infelizmente, em conseqüência de nosso trauma infantil, mesmo quando achamos que sabemos, nos ensinaram a não confiar em nós mesmas.

Somos ensinadas a acreditar no que os outros dizem. Quando nos dizem que alguém é incrível e maravilhoso, acreditamos, mesmo se nossa intuição disser outra coisa. Somos ensinadas a acreditar no que vemos. Quando nosso eu interior mostra algo que contradiz o que nossos olhos vêem, geralmente damos preferência aos olhos. Entrevistas para conseguir um emprego são um bom exemplo disso. A maioria de nós se comporta nas entrevistas de forma totalmente diferente de como se comporta na vida. Nós nos arrumamos, nos sentamos, falamos e fazemos exatamente como achamos que o empregador deseja. Os entrevistadores sabem que estamos mostrando nosso melhor lado, mas aceitam o que estamos mostrando. Eu, por exemplo, estive em muitas entrevistas em que menti muito porque precisava do emprego. Sabia como fazer o jogo, e então fiz.

Qual o seu verdadeiro propósito?

Todas nós, uma vez ou outra, fazemos o jogo. Seja numa entrevista para um emprego, ao encontrar os pais do namorado ou numa reunião social, nós representamos. O problema aparece quando chega a hora de ser real. Nessa hora, se dizemos o que sentimos e pensamos, as pessoas ficam perturbadas. Se quando falamos o que sentimos ninguém concorda, achamos que estamos erradas. Quando somos reais e fazemos o que nossos corações e mentes nos levam a fazer, temos medo de ficar sós.

Para a maioria das pessoas, ser real é assustador. É tão mais fácil representar e agir, fingindo que não sabemos das coisas. Cada vez que fazemos isso, nós vendemos e traímos o nosso "eu". Quando nos vendemos para fazer o jogo dos outros, agredimos a sabedoria que existe dentro de nós e que nos ensina tudo de que precisamos em qualquer situação, sem cobrar nada.

Conhecimento é ter informação. Sabedoria é saber o que fazer com a informação. A maioria de nós é muito informada, mas poucas são sábias. Porque a verdadeira informação vem do espírito. Quando não ouvimos o espírito, a informação nos será apresentada pelo mundo à nossa volta.

UMA EXPERIÊNCIA NO VALE

Sylvia e Alex eram casados há vinte e três anos. Vinte e três longos e muitas vezes duros anos, com três lindos filhos dos quais se orgulhavam. Eles não se amavam mais. Sylvia sabia disso e Alex também, mas nenhum dos dois sabia como dizer isso para o outro. Tinham parado de conversar havia muito tempo. Agora, faziam as refeições juntos, cumpriam todos os compromissos juntos, eram educados um com o outro e dormiam na mesma cama, cada um numa ponta. Tinham parado de fazer sexo há três anos. Não se tocavam mais há dois anos. Um dos dois precisava fazer alguma coisa. Nenhum dos dois fez.

Sylvia estava com quarenta e seis anos. Ainda era muito atraente, muito ativa e segura na profissão. O filho caçula tinha dez anos quando ela soube: o marido estava muito envolvido com outra mulher. Sylvia começou a ter ataques de pânico. "Larga esse casamento!" Era mais uma idéia do que uma ordem – idéia que ela considerava totalmente absurda. Não tinha para onde ir. Todos os bens estavam no nome dele. Além do mais, os filhos gostavam, ou melhor, adoravam o pai. Alex não era má pessoa. Só que amava outra mulher.

Sylvia resolveu voltar para a faculdade, e com isso os ataques de pânico diminuíram bastante. Estava se sentindo bem mais segura e menos dependente do marido. O filho mais velho se preparava para entrar para a faculdade. Ela fora promovida no trabalho. Alex estava falando em comprar uma casa nova. As coisas pareciam suportáveis. Até que a idéia começou a persegui-la. "Larga ele. Larga ele agora!" Esse "agora" tinha um tom de urgência. Toda vez que Sylvia ouvia isso, sentia o pânico aumentar, ameaçando tirar-lhe o fôlego. Acontecia todos os dias, várias vezes ao dia. Uma vez, ela estava na casa da mãe e sentiu-se aliviada quando o pânico surgiu. Era a oportunidade de que ela precisava para falar com alguém sobre o problema.

Sylvia disse que estava pensando em se separar de Alex e a mãe falou:

– Que bom, jamais gostei dele.

Sylvia ficou assustada. Ao mesmo tempo, teve vontade de defendê-lo. Alex era seu marido, pai dos seus filhos.

– Por que não gosta dele, mãe? Ele nunca fez nada a você.

– Em primeiro lugar, ele se acha o máximo. É como se todo mundo devesse cumprimentá-lo por ser tão espetacular. Alex sempre deu a impressão de que fez um favor casando-se com você. Eu disse para você se casar com aquele rapaz ótimo que freqüentava a igreja da sua avó. Mas não, você tinha de se casar com a Supermaravilha!

– Aquele rapaz ótimo da igreja da vovó era dentuço e usava óculos de "fundo de garrafa".

– Tanto melhor, nenhuma outra mulher ia se interessar por ele! Todo mundo quer a Supermaravilha! Ele tem alguma coisa que não sei o que é, mas preciso descobrir.

– Como sabe?

– A sogra sabe quando o genro tem outra mulher. A cor da pele muda. Sinto o cheiro. Sei que essa situação está envenenando você, e é por isso que deve se separar dele.

– Não posso.

– Por quê?

– Não sei, não posso.

Então, ela não se separou.

Até essa conversa com a mãe, Sylvia não pensava em deixar o marido. Naquele dia, apesar do que afirmou, sabia que tinha que fazer isso. Não era só por ele ter outra mulher, mas porque não era mais feliz com ele. Alex podia ser uma boa pessoa, mas também era mesquinho e arrogante, como a mãe dela tinha dito. Mas era responsável. Pagava todas as contas, Sylvia ficava integralmente com o seu salário. Raramente ele lhe pedia que pagasse alguma coisa.

Sylvia gastava o salário em despesas com os filhos, com ela mesma e com o que quisesse para a casa. Fazia o que queria. Alex nunca falava em dinheiro. Nunca perguntava aonde ela ia. Nunca perguntava nada. E quando contava alguma coisa para ela nunca pedia sua opinião. Nunca precisava dela. Tratava-a como se fosse ignorante, e ela se deixava tratar assim. Se o deixasse, talvez ele percebesse como ela era inteligente. Mas pensar nisso fazia mal a Sylvia.

Compraram a casa nova no nome dele. Ele passou a chegar em casa mais cedo. Devia ter terminado o caso com a mulher. Sylvia estava no último semestre da faculdade, faltando seis meses para a formatura, quando aconteceu o inesperado. Conheceu um homem. Maravilhoso, educado, gentil, fácil de lidar, muito inteligente, divorciado. Sentava-se ao lado dela nas aulas. Se ela se atrasava, ele guardava um lugar para ela. Quando a aula terminava, oferecia carona. Uma noite, como o carro dela estava na oficina, aceitou a carona. Pararam numa lanchonete e ele fez perguntas. Ouviu as respostas. Riram. Levou-a para casa e ela já sabia: alguma coisa ia acontecer.

Sylvia não conseguiu dormir. Ficou andando pela casa, tomou chá, assistiu à tevê. Acordou Alex duas vezes, deitando e levantando da cama. Disse que estava com cólicas. Estava mesmo, com cólicas provocadas pelo desejo sexual puro e simples. Sentia um desejo queimando o corpo todo, prestes a estourar. Como estava fora de si, fez o que muitas pessoas fazem quanto estão assim: rezou. "Por favor, me ajude! Diga o que eu faço! Tire-o do meu caminho! Estou confusa! Sou fraca, sexualmente frustrada! Sei que é errado, mas não consigo evitar. Por favor, me ajude." A oração ajudou-a a se acalmar um pouco. Segundos depois, a resposta veio alta e clara: "Larga ele! Não há motivo para você ficar com ele." "Não posso! Meus filhos vão ficar com raiva de mim. Ele vai atrás de mim. Vou ficar sem um tostão, e também gosto dele, só não quero ficar com ele. Mas não consigo ir embora." E não foi.

Falou com o colega de classe sobre seu casamento. Ele disse que ela devia fazer o que achasse melhor. Continuaria amigo dela, qualquer que fosse a decisão. Os dois concluíram que ter um caso seria muito arriscado. Ela precisava ter certeza. Ele não queria ser a desculpa para ela sair de casa. Conversaram e decidiram deixar as coisas como estavam até ela resolver. A melhor amiga aconselhou-a a ficar com os dois. Um, pelo dinheiro, e o outro, para ver no que dava. A irmã disse que adultério era pecado e que ela iria para o fogo do inferno. A mãe recomendou que ela tomasse cuidado. A mãe achava que o colega era um teste oferecido por Deus para ver o que ela faria. Depois que contou as coisas para todo mundo, Sylvia ficou ainda mais confusa.

A voz dentro dela tinha se tornado uma obsessão. Cada vez que Sylvia via Alex, a voz berrava: "Larga ele!" Ela achou que estava ficando louca. Não conseguia saber se queria largar o marido ou apenas ter paz de espírito. Achava que uma coisa excluía a outra. Depois que se formou, Sylvia encontrava o amigo nos fins de semana. Iam ao teatro, faziam compras, faziam tudo o que ela e o marido tinham deixado de fazer. Num sábado à tarde, quando estavam no meio do almoço, sua filha mais velha, Ivy, entrou no restaurante, dirigiu-se para a mesa deles e perguntou quem era aquele homem.

Sylvia resolveu não mentir: "É um amigo da faculdade, gosto muito dele e saímos sempre."

"É seu amante?"

"Não é da sua conta."

"Bom, mas é da conta do meu pai."

"Sim, ele é meu amante." De novo, Sylvia resolveu não mentir. No meio daquele lindo barzinho, a vinte minutos de casa, a filha mais velha gritou, jogou-se para cima da mãe e chorou, histérica.

Não tinha importância se a filha contasse para o pai. Sylvia jamais se sentiria culpada ou envergonhada. Estava segura. Mas não tinha pensado em como aquele caso afetaria os filhos. Só pensara em si mesma, egoísta. Ivy era a filha mais velha, a preferida de Alex, o pai era o seu herói. Sylvia resolveu, não importava o que houvesse, que não iria recuar. O amigo ajudou as duas a entrarem no carro de Sylvia. Ivy chorou durante todo o caminho, mas não disse nada.

Felizmente, Alex não estava em casa quando elas chegaram. Cada uma foi para seu quarto e fechou a porta. Sylvia ligou para a mãe e contou o que acontecera. A mãe disse que aquilo tinha de acontecer e que estava feliz por ter acontecido. Sylvia não precisava viver fugindo como um ladrão. Era adulta, os filhos eram praticamente adultos. Larga ele! Larga ele já! Hoje! Sylvia resolveu falar com o marido sobre a possibilidade de uma separação. Iria falar assim que ele chegasse em casa.

Quando Ivy bateu à porta do quarto, o coração de Sylvia disparou. Ivy entrou no quarto, deitou-se na cama, se encostou na mãe e começou a chorar. Sylvia e a filha choraram até que Ivy falou. Ela sabia das outras mulheres do pai, tinha conhecido uma. Sentia pena de a mãe ter sofrido durante tanto tempo. Tentara ajudar, rezando para que os pais não discutissem. Agora, estava com pena que a mãe largasse o pai, mas compreendia. Por que tinha esperado tanto? Por que tinha deixado o pai tratá-la assim? Como era o nome do homem com quem ela estava? Tinha filhos?

Nunca se sabe o que vai acontecer. O que você acha praticamente impossível é exatamente o que costuma acontecer. De todos os quatro filhos aquela era a única que Sylvia achava que ficaria arrasada com o divórcio. Se os filhos tivessem de escolher um dos dois, Sylvia tinha certeza de que perderia Ivy. Era totalmente inesperado que Ivy soubesse o que o pai estava fazendo e tivesse pena da mãe. Sylvia estava zangada, mas contente. Estava magoada mas, pela primeira vez em muito tempo, se sentia forte. Agora podia sair de casa. Ivy adormeceu na cama de Sylvia, que desceu para ligar para o amigo. Quando ela explicou o que tinha acontecido, ele começou a rir e disse: "Nunca se sabe, não é?"

Sylvia passou a pensar imediatamente nas condições do divórcio. Não havia mais motivo para esperar. Determinou em sua cabeça a divisão dos bens, das despesas e dos filhos. Se Alex não aceitasse, ela iria lutar com unhas e dentes. Ensaiou o que dizer, andando de um lado para outro na casa. Às cinco e meia da manhã, ela se deu conta de que era a primeira vez que, em vinte e três anos, o marido tinha passado a noite fora. Ficou pasma, mas reafirmou para si mesma tudo o que decidira, e às sete e meia rezou para ter a oportunidade de falar com ele.

Às sete e quarenta e cinco, o telefone e a campainha da porta tocaram juntos. Era a mãe no telefone e a polícia batendo à porta. Cerca de uma hora antes, Alex fora encontrado caído sobre o volante do carro. Devia ter sido um ataque cardíaco, e ela precisava identificar o corpo.

O advogado esperou duas semanas depois do enterro. Ligou dizendo que precisava conversar com Sylvia. Quando apareceu, estava constrangido, com muita dificuldade de anunciar que iria haver uma longa e dispendiosa batalha legal. Alex registrara seu casamento com outra mulher dois anos antes de se casar com Sylvia. "A lei é bem clara. A mulher tem os documentos e todos os recibos bancários até três semanas atrás. O único filho dos dois está grande." Aquela esposa e aquele filho ficariam com tudo o que não estivesse em nome de Sylvia: a casa, o carro dela e cada centavo no banco. A mulher queria tudo e tinha toda chance de conseguir. O advogado não sabia por que Alex não cuidara daquilo há anos. O fato é que não tinha cuidado. E Sylvia agora estava no vale.

A Lei da Obediência

Obedeça à orientação do seu espírito. Se não estiver bem claro, peça clareza. Não aceite tão facilmente duvidar de si, abandonar-se. Você só pode saber se está no caminho certo se andar. A verdade tem uma forma especial de vibrar na sua alma, fazendo com que todo o seu corpo saiba que ela está presente. "Fique calma e saiba" qual é a verdade dentro de você. As mentiras são o que aceitamos do mundo, não o que recebemos de nosso espírito.

Como você sabe que sabe? Porque é impossível não saber. Nossa capacidade de saber nasceu conosco. O que precisamos desenvolver é a inteligência. Infelizmente, é a inteligência que nos leva a duvidar do que sabemos. Se acharmos que aprendemos o que sabemos na escola e nos livros, perderemos de vista o fundamental: o conhecimento mais importante de que precisamos está dentro de nós.

No Vale do Conhecimento e da Sabedoria vivemos as experiências que nos permitem examinar e testar o que sabemos a partir da intuição. Quando nosso conhecimento intuitivo nos transmite uma informação, devemos testar sua veracidade obedecendo ao que ele nos disse. Devemos interromper tudo o que estamos fazendo para examinar se o que estamos ouvindo corresponde ao que sabemos, queremos e fazemos. Ficamos perdidas quando o que ouvimos dentro de nós não corresponde ao que todos estão nos dizendo. Nesses momentos, corremos o risco de ignorar as mensagens que recebemos da intuição. Fomos treinadas para isso. Temos medo de parecer diferentes, de ser diferentes. Se não desenvolvemos a coragem, é difícil ter confiança no que sabemos.

Os sábios geralmente ficam sós

No Vale do Conhecimento e da Sabedoria, você vai voltar a sentir medo de estar só, de ser diferente dos outros. No entanto, por que esse medo de estar errada por ser diferente? Se é tão errado ser diferente, por que temos caras diferentes? Corpos diferentes? Temperamentos, talentos, experiências diferentes? *A vida é diversidade*. Não existem duas coisas iguais. Cada uma de nós deve aprender a se sentir bem na condição de um ser único e original.

A obediência ao espírito é a única forma de exercer controle sobre nossas vidas. A obediência à voz interior é o único caminho para dominar nossa natureza humana, que se prende excessivamente às aparências externas. Muitos desafios que as mulheres enfrentam na vida surgem porque não ouvimos o que *realmente* sabemos. Ficamos confusas. Não sabemos se seguimos as leis da Terra ou as as leis do espírito.

As leis da Terra prometem coisas que podemos ver e ter, oferecendo gratificação imediata. Enquanto isso, as leis que governam o reino do invisível levam tempo para manifestar nossos desejos mais profundos. Isso faz com que a maior parte de nossas vidas seja medida e valorizada pelas aparências externas. Ao prestarmos homenagem primeiro à lei do que é tangível, cometemos o erro de esquecer que tudo o que vemos tem origem no reino do invisível – no reino do espírito.

Vemos um lindo e reluzente carro novo. É mais do que simplesmente um carro. Primeiro, foi uma idéia na cabeça de alguém. Obediente à inspiração, tal pessoa fez um bom desenho dela. Obedientes, outros seguiram as instruções, o desenho, até criarem o protótipo, fazendo uma lista de tudo o que o carro tinha de diferente dos outros. E assim por diante. O resultado da obediência de alguém a uma inspiração invisível tornou-se não apenas um carro, mas uma máquina fabricada com capricho para a nossa segurança e prazer.

A desobediência é a recusa em fazer o que você sabe. O espírito sempre orienta e dá instruções. Nós duvidamos, temos medo, questionamos. Esquecemos que a mente constrói obras poderosas. Se alimentamos a mente com sementes de preocupação, dúvida e medo, ela vai produzir situações que aumentarão o que nos preocupa e amedronta. Se aprendemos a obedecer à voz do espírito em vez de nos submeter às aparências externas, nossas recompensas serão experiências muito concretas e transformadoras em nossas vidas.

As lições

Confie no que você sabe

"Você não faz nada direito!" "Por que não fez como mandaram?" "Está errado! Você fez errado!" "Quando é que você vai fazer as coisas direito?" É assim que começa. Desde muito cedo, nossos pais e outras pessoas que cuidam de nós despejam sua frustração, raiva ou impaciência sobre nós, mostrando como estamos erradas. Lembra quando você recebia um daqueles E (de

Errado) grandes, marcados com lápis vermelho, numa prova ou num dever de casa? Você tremia de medo de mostrar para seus pais, provando que errou e que era má aluna. Quantas vezes você recebeu um castigo por isso! O castigo era para você saber que estava "errada". Desde cedo percebemos que, se não correspondêssemos a determinados padrões externos, seríamos consideradas erradas. Se nos sentimos erradas, achamos que não merecemos confiança. Se achamos que estamos erradas, ficamos inseguras, sem saber o que é certo ou errado para nós.

O mesmo acontece quando somos crianças e as pessoas mais velhas dizem que não fizeram coisas que nós as vimos fazer. Dizem que estamos mentindo e nos ameaçam. Se surpreendemos os adultos fazendo alguma coisa que era melhor não vermos, somos de novo repreendidas. "O que está fazendo aqui?" "Onde você arrumou isso?" "Saia, saia já daqui!" Você errou de novo, apesar de não saber o que fez de errado, mas se os adultos dizem que você errou, devem ter razão. Sem esquecer a desonestidade, já que estamos falando nisso. Quando ouvimos os adultos dizerem coisas que sabemos que não são verdadeiras e eles insistem dizendo que são, duvidamos de nós mesmas. Acabamos nos achando sempre erradas.

Caímos na armadilha quando dizemos a verdade e somos castigadas ou zangam conosco por tê-las dito. Minha frase clássica era: "Não gosto da vovó. Ela é má." Meus pais me punham sentada no canto da sala toda vez que eu dizia isso. A verdade nem sempre é agradável. A verdade nem sempre é conveniente. Mas as crianças não sabem disso. Elas apenas falam. Só quando somos adultas é que sabemos que verdades desagradáveis e inconvenientes às vezes dão problema. Podemos ter informações valiosas sobre as pessoas e as situações, mas, se são inconvenientes ou desagradáveis, não dizemos. Não é sensato fazer isso.

Faça o que achar certo

Nós precisamos nos sentir bem com nosso jeito único de ser, vencendo o medo de estarmos erradas e de sermos diferentes. Vemos isso o tempo todo. Em dado momento, Diana Ross saiu do grupo de cantoras ao qual pertencia para uma carreira solo. Pode ter certeza de que não foi fácil para ela. Havia uma aliança no grupo, planos, propósitos e sonhos compartilhados. Não sei se com a saída de Diana o grupo sobreviveu ou acabou. Mas, quando se trata de obedecer à sua voz interior, o que vai acontecer com os que ficam não é problema seu! Não se deixe paralisar pelo medo do que pode acontecer. O importante é saber que você deve obedecer ao espírito, ser honesta, dizer exatamente o que acha e sente, e agir com amor.

Mas atenção: nunca use a verdade com a intenção deliberada de magoar outra pessoa. Quando sabemos alguma coisa desagradável sobre uma pessoa ou uma situação, devemos avaliar nossa intenção antes de contar para alguém. Algumas perguntas simples vão servir de critério para você tomar sua decisão:

1) Por que estou dando essa informação?
2) Quem vai ser ajudado/magoado se eu contar?
3) De onde veio essa informação? É uma fonte confiável?
4) O que pode acontecer se eu contar?

Não estamos falando de intrigas ou mexericos. Esse tipo de coisa nunca é confiável. Estamos falando de uma experiência que você viveu ou de uma informação recebida diretamente de uma fonte confiável. Se a intenção não é honrosa, por favor guarde a informação para você.

Peça orientação ao espírito em todas as fases. Peça, na oração ou na meditação, para saber o que fazer ou dizer. Obedeça ao que ouvir. O espírito costuma ser bem específico. Quando achar que deve transmitir a informação, não acrescente nem omita nada, por mais ridículo ou insignificante que um detalhe possa parecer. Lembre-se que as pequenas coisas são importantes.

É nesse ponto que eu sempre tenho problema. Ouço as informações claras e específicas, mas a controladora que existe dentro de mim sempre acha alguma coisa para somar ou subtrair. Em geral, acrescento algo para os outros não ficarem zangados ou irritados comigo. Ou tiro o que é menos agradável para mim, aquilo que vai desafiar o meu medo. Podem ter certeza: sempre que desobedeço, tenho que enfrentar uma conseqüência desagradável.

Desenvolva uma disciplina

Sem uma certa disciplina é muito difícil atingir o que queremos. É preciso disciplina para adquirir a capacidade de entrar em contato com o seu eu superior, o seu espírito, para ouvir sua voz e confiar no que sabemos. Isso pode ser feito através de um ritual ou de uma rotina diária.

Para começar a aprender a passar um tempo com seu eu interior, procure um lugar onde você possa ficar sozinha. Relaxe o corpo, respire mais profundamente e tente ouvir seus pensamentos. Faça perguntas simples sobre você mesma ou sobre decisões que precisa tomar e ouça os pensamentos que surgem. Se tiver paciência, as respostas serão dadas, talvez naquele momento, talvez mais tarde.

Aprender a confiar em si mesma e no que você sabe leva tempo e dá trabalho. Não espere mudar da noite para o dia uma vida cheia de informações erradas. Se for possível, tente passar os primeiros dez ou vinte minutos do seu dia em contato com você mesma. Sente-se com calma e pense coisas boas a seu respeito. Olhe-se no espelho e pense ou diga em voz alta coisas agradáveis, incentivadoras. Escreva uma carta de amor para você mesma e leia em voz alta. Trate-se com o amor e a confiança com que você trataria uma pessoa muito querida.

Para reforçar a confiança em si mesma, procure cumprir sempre o que prometeu. Se não puder honrar o compromisso, justifique-se, renegocie. Não se deixe abater quando não conseguir algo. Diga a si mesma que, como todos os seres humanos, você tem limites e, em certos casos, vai falhar. Quando isso acontecer, em vez de se castigar, fique calma e se pergunte: "Como posso fazer melhor da próxima vez?"

De preferência, no final de cada dia, arrume um tempo para refletir sobre o que aconteceu. Pense nas atividades do dia. Cumpriu o que combinou consigo mesma e com outros? Agiu com integridade e boa intenção? Respeitou seus sentimentos ou respondeu ao desejo dos outros? Pediu orientação e a seguiu? Agradeceu a orientação que recebeu? Quais foram as coisas que gostaria de ter feito melhor? Quais foram as coisas que fez bem? Comemorou os avanços de hoje? O que pretende fazer para você amanhã? Essas perguntas podem ser feitas e respondidas mentalmente ou você pode escrevê-las num diário. A auto-avaliação é a chave para a autocompreensão. A autocompreensão é a chave para confiar em si mesma e no que você sabe.

Aja com segurança

Para muitas de nós, é mais fácil saber do que traduzir em palavras ou ações adequadas aquilo que se sabe. Se, por exemplo, você precisa dizer uma verdade desagradável, como fazer isso de forma construtiva? Pergunte à sua orientação interna. Se puder escutá-la e dizer o que precisa ser dito com calma e afeto, você será bem-sucedida. As palavras ou ações certas virão à sua mente. Mas, se tiver medo, ficar intimidada ou em dúvida, é melhor esperar um pouco mais. Se sua principal intenção for agradar aos outros, reveja o que vai fazer.

Às vezes é sensato ficar quieta e observar. Você vai ser orientada e saber exatamente o que fazer. Quando a orientação vier, confie nela! Faça exatamente o que ouvir! Quando tiver feito o que ouviu, com uma intenção honrada, espere e observe. Pode levar algum tempo para alguma coisa ocorrer. Talvez o que você esperava não aconteça nunca, mas não faz mal. Vai acontecer o que for melhor para você. Abra mão do controle e confie. Usar o que sabe de forma sensata é a única forma de sair do Vale do Conhecimento e da Sabedoria.

Seja obediente

Algumas de nós são ousadas, outras são arrogantes. Algumas são insensíveis, outras, agressivas. Algumas são fortes, outras, inteligentes. Poucas são obedientes. No entanto, só com uma obediência disciplinada você pode saber o que quer fazer, quando e como conseguir o que deseja. *Disciplina e obediência substituem o medo*. Se você obedece à orientação do seu espírito, agindo de forma disciplinada, e se suas ações foram feitas com a melhor das intenções, não precisa ter medo ou duvidar das conseqüências. A segurança não é ousadia ou força. É uma energia delicada e respeitosa. Em geral, a pessoa segura é calma e modesta, não vive contando vantagem. A segurança, resultado da disciplina e da obediência, é o maior testemunho da fé, confiança e verdade.

Se você sabe profundamente que o universo e o seu espírito vão protegê-la de todos os perigos, você se sente segura. Você precisa saber que, haja o que houver, a verdade sobre quem você é não pode ser atingida. Você precisa saber que tem valor e merece ser ouvida, honrada e respeitada. Quando você desenvolveu a sua intuição, confiou em si mesma e no que sabe e agiu com a melhor intenção, na hora certa, da forma adequada, sem medo, fazendo o que é preciso sem esperar prêmio ou reconhecimento, você conquistou a obediência.

A SAÍDA

Ninguém está dizendo que será fácil fazer tudo o que eu acabo de descrever. Mais uma vez, é para isso que servem os vales. As experiências nos vales obrigam você a fazer coisas difíceis, mas trazem os melhores resultados para a sua vida. Lições difíceis melhoram você. Se tem um mau hábito, é melhor parar com ele! Se está doente, é melhor se curar! Se está num relacionamento destrutivo, é melhor sair dele! Sylvia sabia havia muito tempo que o seu casamento estava acabado. Sabia que Alex a enganava. Sabia de tudo isso, mas preferiu ficar quieta, tentando tirar leite de pedra. Há muitas pedras no Vale do Conhecimento e da Sabedoria – lugar onde ela foi parar.

Por mais que alguém fale ou faça, você só se mexe para sair de uma situação quando está pronta. Para quem olha de fora, a situação pode parecer insuportável. Mas você, que vive no meio do lixo, acha um jeito de se ajeitar, de ir ficando, aceitando as coisas como estão. Sylvia tinha certeza de que não estava pronta para sair do casamento. Falou com a mãe. Pensou muito. O que não fez foi sentar-se e procurar descobrir o motivo. Por que insistia em ficar? Seria por medo? Por conveniência? Será que esperava que as coisas melhorassem? Não sabemos, e ela parece que *não queria saber*. Porque, se soubesse de fato, teria que agir.

Todas nós temos um tipo de pensamento que nos persegue, não nos sai da cabeça. Sylvia teve uma necessidade obsessiva de sair daquela situação que a oprimia, mas não deu a importância devida. Não refletiu, não examinou. Encontrou desculpas e motivos para ignorar a necessidade e ficar no casamento. O espírito quer nos dar apoio e guiar. O espírito incentiva, faz sinais, mostra. Depende de você obedecer. Confiança, fé e obediência são o que o espírito exige de nós. Se não desenvolvermos essas qualidades, permaneceremos na mesma confusão de que o espírito terá de nos tirar.

Se há alguma coisa que não sai da sua cabeça, preste atenção nela. Se você está sendo instigada, guiada para fazer determinada coisa, seja obediente. Você sabe quando é hora de agir. Se o espírito a está incitando, isso significa que o universo está pronto e disposto a lhe dar apoio. Aproveite os fatos e as pessoas boas que passam por sua vida. A orientação espiritual que vem lá do fundo do seu ser é a melhor garantia de que as condições são perfeitas para você. Seja obediente. Quando o espírito disser "vá em frente", siga confiante.

Meditação com a Mãe

Existe paz em sua mente. Essa paz faz você tomar decisões. Essa paz dirige suas escolhas. Nesse lugar de paz não existem dúvidas, medo, nem ilusão. Existe apenas a certeza de que sempre, em todo lugar, o amor de Deus por você é a sua paz.

Nesse lugar de paz, você não pode errar, você não faz nada errado, não existe nenhuma luta. Só existe uma coisa para você fazer: saber que a luz de Deus brilha sobre você e ilumina o seu caminho. Qual é a sua dificuldade em encontrar a paz? Você se tornou tão ligada ao tumulto do mundo que acredita que sua paz acabou para sempre? Ou será que não confia na paz? Pois na paz não há conflito, dúvidas, medo.

Venha, filha, e busque a minha paz. Venha para meus braços, e não haverá conflito em seu coração ou na sua mente. Não haverá ninguém para agradar, nenhum papel a interpretar, nenhuma perda a temer. Com carinho, a levarei a me escolher, a escolher minha paz em vez da vergonha, minha paz em vez da raiva, a deixar que minha paz acabe com qualquer desejo que possa prejudicá-la.

Procure-me e eu virei sempre ao seu encontro. A Mãe conhece suas filhas. Ela vai responder, basta que a chame. Ela vai iluminá-la, elevá-la, curá-la, mantê-la num estado de paz, misericórdia e amor para sempre. Nunca deixarei que uma filha que busca a paz e a liberdade fique desprotegida, desorientada. Venha, minha filha, estou de braços abertos para recebê-la em minha paz.

6

O Vale dos Problemas dos Outros

LESTER ERA O PAI GRANDE, FORTE, AMOROSO E BRINCALHÃO DE SANDRA E LANA. UMA MISTURA DE URSO COM SUPER-HERÓI. Fazia qualquer coisa, em qualquer lugar, para cuidar, proteger ou distrair as filhas. Elas confiavam completamente nele. Até que um dia deu um "clique" na cabeça de Lester. Nesse dia, ele mudou de urso carinhoso para verme. Nesse dia, a bebida passou a ser mais importante para ele do que o amor das filhas. Nesse dia, Lester começou a brigar na rua e em casa, sem motivo ou provocação, e começou a bater na mãe das filhas.

Sandra era a mais velha, e por isso lembrava melhor. Lembrava dos bons tempos, dos dias agradáveis. Lana não conseguia lembrar tanto, e por isso prestava mais atenção no que estava acontecendo. Gritos no corredor, na sala de jantar, no quarto. Sangue no rosto da mãe, nos braços, no pescoço e nas pernas. Polícia na porta de casa, pisando forte no chão da sala, Lester chorando no carro da polícia e gritando para as filhas o ajudarem. A mãe de joelhos, limpando o sangue do chão. Era muita coisa para a cabecinha de Lana. Ela se sentia assustada, cada vez mais apavorada, e até com raiva. Sandra estava sempre ao seu lado, abraçando-a, lembrando os bons tempos. No começo, Lana não conseguia ignorá-los. Depois, preferiu não lembrar, preferiu detestar o pai e detestar a mãe por ter arrumado aquele pai para ela.

Lester acabou morrendo de tanta bebida e briga. Todos os dias, durante a doença do pai, quando chegava da escola, Sandra parava no quartinho desarrumado e fedido e levava para ele uma fruta. Lana nunca acompanhava a irmã para ver o pai. Ficava sentada na escada, emburrada e xingando, dizendo que a irmã era boba de perder tempo com aquele bêbado porco. Mas Sandra de novo dizia que ele não tinha sido assim sempre.

Um dia, Lana finalmente convenceu Sandra a deixar o porco naquela sujeira e ir brincar com ela. Foi exatamente nesse dia que, ao tentar agredir a mulher, Lester perdeu o equilíbrio na enferrujada escada de incêndio da casa e caiu de cabeça da altura de três andares. Sandra se culpou. Lana ficou com mais raiva ainda.

A tristeza fez com que a mãe passasse a freqüentar a igreja e, aos trinta e quatro anos, jurasse nunca mais se casar. A raiva de Lana fez com que ela fosse para a sala do diretor da escola, para o tribunal de jovens, para a escola reformatória e para a prisão estadual de mulheres. A culpa de Sandra fez com que ela saísse da lista das melhores alunas e deixasse a faculdade para trabalhar perto da família. Freqüentava a igreja com a mãe, visitava a irmã na prisão, quase sempre sozinha e sempre triste. Lester tinha morrido havia anos, mas da sepultura continuava a dominar a vida da viúva e das filhas. Elas sentiam tanto medo, raiva ou desespero pelo que ele ou elas tinham feito ou deixado de fazer, que não havia espaço para mais ninguém ou nada na vida.

Quando somos crianças, não temos idéia de que nossos pais e seus problemas são situações transitórias em nossas vidas. A cada instante, os pais decidem ou deixam de decidir coisas que acabam afetando a vida dos filhos. Quando somos crianças, não temos alternativa a não ser aceitar o que acontece. Mas quando crescemos, é absolutamente necessário separar o problema deles do nosso, as coisas deles das nossas.

O problema deles não é seu!

Para Sandra e Lana, o problema era o alcoolismo do pai. Para mim e para muitas mulheres, nossas mentes e vidas foram drasticamente mudadas pelos Problemas dos Outros, coisas que os outros nos disseram ou fizeram conosco por causa dos problemas deles. As coisas que vimos outras pessoas fazerem e as experiências delas passaram a ser nossas. Essa praga começa na infância e invade nossa vida adulta. Carregamos pesos que têm pouco a ver – se é que têm – conosco. Sofremos e às vezes desanimamos porque é muito peso para carregar. O instinto natural das mulheres para servir, cuidar e proteger nos leva muitas vezes a sacrifícios inúteis quando tentamos ajudar, salvar e consertar os outros. Algumas têm a sorte de reconhecer o problema, mas continuam sem saber o que fazer. Em todos os casos, o Problema dos Outros é como uma corda que nos segura, nos puxa para baixo, nos amarra em situações que não criamos.

Não temos dívidas com ninguém nesta vida. Somos responsáveis por algumas pessoas. Mas nunca somos obrigadas a carregar o peso da vida dos outros nos ombros. Quando fazemos isso, ficamos envenenadas pela terrível aflição dos Problemas dos Outros. Em determinados casos, os outros grudam em nós e atrapalham nossas vidas. Somos capazes de ficar tão envolvidas com os Problemas dos Outros que colocamos nossa vida de lado. Os outros querem tanta coisa de nós, esperam tanto de nós ou fazem tanto por nós que ficamos confusas e começamos a achar que devemos ser o que os outros querem e precisam que sejamos.

É isso que acontece com você? Você está tão envolvida na vida e nos conflitos dos outros que perdeu o pé na sua própria vida? A não ser seus filhos, existe alguém que você acha que *não pode* deixar? Alguém que você acha que *tem* de ajudar? Alguém que lhe dá a impressão de precisar de você para sobreviver?

Há outra forma de ficar presa aos problemas dos outros: é através da raiva e do desejo de vingança. Você sente muita raiva? Sente tanta raiva do que as pessoas fizeram com você que passou grande parte da sua vida tentando vingar-se? Procurando mostrar que estão erradas? Ou empenha-se para afastá-las do seu coração, da sua mente, da sua vida? Você está onde quer na vida? Fazendo o que quer da sua vida? Ou está fazendo o que alguém disse para você fazer, para agradar aos outros, achando que não é capaz de outra coisa? Os Problemas dos Outros, as perspectivas e propósitos dos outros acabam com o espírito das mulheres.

No Vale dos Problemas dos Outros estão as experiências que vivemos quando não desenvolvemos e respeitamos nossa autoridade interna, a autoridade que nos dá força para agirmos. Cada vez que assumimos os problemas e prioridades dos outros, desrespeitamos nossa autoridade interna. Sem ela, não temos liberdade para realizar nossos sonhos, alcançar nossos propósitos e nos realizarmos. Quando não acreditamos que somos capazes de escolher, ou fomos treinadas para crer que alguém sabe melhor o que é bom para nós, perdemos a noção e o contato com nossa autoridade mental e espiritual. Quando concordamos e assumimos os problemas, perspectivas e propósitos dos outros, perdemos a noção de nosso poder e liberdade. Ficamos presas ao desejo dos outros, à responsabilidade pelos outros. Agimos com raiva ou por medo dos outros. Nossa força interna diminui. Nossa mente fica confusa. Não conseguimos separar o que realmente queremos do que os outros nos disseram para querermos. Os propósitos dos outros dirigem o nosso comportamento.

Sempre me impressiono com a quantidade de mulheres que invocam as limitações e restrições da família e do ambiente em que vivem para não fazerem o que desejam. O reverendo Johnnie Coleman, professor de Novo Pensamento Cristão e fundador do Templo Universal de Cristo em Chicago, diz: "Você não precisa envolver-se em nenhum problema ou defender nenhuma causa só porque é com sua família! Você é livre! Você tem poder, autoridade e, principalmente, o direito de criar sua própria realidade. Se você insistir em se dependurar na sua árvore genealógica, pode acabar com uma corda no pescoço."

Problemas por procuração!

A mãe de Jesse sofria de problemas cardíacos. Desde jovem, não podia fazer muitas coisas. Ela achou que o nascimento de Jesse foi uma bênção divina, já que todos os médicos disseram que ela não conseguiria ter filhos. Jesse cresceu ouvindo a mãe dizer que a filha era uma bênção, mas que ela tinha tido sorte de sobreviver ao seu nascimento. Havia uma lista enorme de coisas que Jesse não podia fazer porque a mãe tinha o coração fraco.

Mas as coisas pioraram quando o pai de Jesse saiu de casa. Sem ele, a mãe de Jesse não tinha dinheiro para se cuidar, não tinha um momento de descanso, não sabia como ia conseguir fazer as coisas e detestava os homens.

Claro que Jesse entendeu tudo errado. Achou que os homens causavam problemas cardíacos, levavam o dinheiro e queriam que você trabalhasse a vida inteira por nada. Quando adolescente, Jesse não saía muito, porque a mãe precisava se deitar cedo e não podia ficar esperando por ela. Jesse não fez faculdade porque a mãe não podia viajar para vê-la. Jesse nunca usou maquiagem porque aprendeu a não se importar com a aparência. Nunca teve um namorado porque tinha medo dos homens. O que Jesse fazia para ocupar o tempo e vencer seus medos era comer. Ela comeu todo o sofrimento, o medo e a raiva. Comeu até não poder fazer nada nem ir a lugar nenhum, porque pesava cento e vinte quilos. Nessa altura, ela tinha vergonha de sair de casa.

Algumas comem. Outras bebem. Outras dormem. Outras se escondem atrás da religião, de doenças reais ou imaginárias e de obrigações com membros da família. Algumas saem de casa sem saber direito para onde ir ou o que fazer. Quando chegam aonde acham que devem estar, ficam paralisadas. Temos medo. Damos desculpas para explicar nossa paralisia. Paramos porque temos uma pilha de Problemas dos Outros no colo. Carregamos esse peso nos ombros. O peso curva nossas costas, deturpa nossa mente e, às vezes, se não tomamos cuidado, quebra nosso espírito.

Tire o peso dos outros de cima de você!

Dependendo do seu gênero, raça, situação econômica, vizinhos, escolas que freqüentou, do seu corpo e da qualidade do seu cabelo, o mundo lhe dá uma determinada resposta e tem uma expectativa em relação a você. As expectativas que o mundo tem e a forma como ele reage às suas características criam em você a idéia – mesmo inconsciente – de que deve viver como os outros pensam e desejam que viva. Se você se rebelar contra o lugar e a forma que lhe foram praticamente impostos, será acusada de estar cometendo um erro.

O Problema dos Outros é particularmente traiçoeiro quando se trata das mulheres. Apesar de todo um discurso igualitário, ainda somos consideradas seres inferiores. A finalidade disso é manter o domínio masculino como fator controlador de nossas vidas. O mundo nos menospreza e ao mesmo tempo nos teme. Ele nos teme porque percebe todo um movimento nas mulheres para reverter a situação.

Nós reagimos às expectativas e propósitos dos outros desconhecendo nossa energia coletiva e individual. Sabemos que podemos, mas hesitamos em obedecer à autoridade interna que nos diz como fazer. Não valorizamos essa autoridade interna porque não nos ensinaram a confiar nela. Nós mulheres somos condenadas a sermos dependentes e, em determinados casos, acostumadas ao que os outros nos dizem, esperam ou exigem de nós. Essa mentalidade é que nos torna tão vulneráveis aos Problemas dos Outros.

No final de uma palestra, uma mulher me perguntou a respeito da "síndrome da mártir", um tipo especial de Problema dos Outros que atua entre nós mulheres. Ela explicou que conhecia várias mulheres que se sobrecarregavam fazendo pelos outros o que eles deveriam estar fazendo por si mesmos. Eu nunca tinha pensado nisso. Como mulher, admito que há certas coisas que temos de fazer – ou se espera que façamos. Se a sua mãe fica doente, você cuida dela. Se sua irmã morre, você cuida dos filhos dela. Se o seu amigo, namorado ou companheiro não está empregado, você o sustenta. Como mulher, você tem o dom de fazer o que precisa ser feito. É responsabilidade sua.

A mulher me perguntou então: "E se você não quiser fazer? E se isso causar um problema na sua vida? Ou desviar você do seu caminho?" "Mas o que é que vamos fazer?", respondi. "Não vamos colocar nossos pais em abrigos de idosos. Não deixamos os órfãos de nossa família abandonados." A mulher aceitou o que eu disse sobre os pais e as crianças, mas argumentou: "Por que precisa ser *você?* Não existe algum parente em melhor situação financeira e emocional? Não pode haver revezamento?" Contou-me que ficava revoltada ao ver muitas mulheres que pareciam sempre compelidas a fazer coisas pelos outros, muitas vezes em prejuízo de si mesmas. Com base nas próprias observações, ela achava que as mulheres com freqüência deixam que a família e os amigos façam chantagem emocional para conseguir o que eles mesmos deveriam fazer, mas não fazem porque são muito irresponsáveis ou egoístas.

A mulher não parava de falar, e eu estava começando a me irritar, mas achei que devia ouvir. Ela contou-me a história de uma amiga. A marca característica dessa amiga era a beleza do sorriso e a disponibilidade para servir os outros. Tomava conta da casa, da sogra idosa, dos netos, e ainda costurava para fora procurando complementar o orçamento. Por isso, foi uma surpresa quando o marido a encontrou em estado de coma, tendo ao lado o vidro vazio de barbitúricos e um bilhete que dizia apenas: "Não agüento mais. Preciso descansar." Só então a família acordou, e os encargos foram divididos. Quando a amiga voltou para casa, depois de um longo tempo de recuperação, a sogra foi para a casa de outro filho, o marido contratou uma faxineira para ajudar nos trabalhos domésticos e os netos foram assumidos pelos próprios pais.

A mulher observou: "Essa minha amiga teve que recorrer a uma tentativa de suicídio para que as responsabilidades fossem divididas com os outros. No entanto, não se pode culpar a família por ter-lhe imposto aquela carga de trabalho. Ela deixou que a carga lhe fosse imposta." Mais uma vítima dos Problemas dos Outros.

Todas nós conhecemos pessoas que abrem mão de suas vidas ou de parte delas por causa dos outros. Muitas mulheres não fazem faculdade nem buscam progredir na profissão antes que os filhos estejam grandes. Não saem de relacionamentos opressivos ou abusivos porque acham que o companheiro precisa delas. Elas dão seu tempo, energia e dinheiro para familiares ou amigos que também não crescem, não progridem, não se curam nem evoluem. Muitas mulheres parecem viciadas em ajudar e salvar os outros. Fazemos tudo o que achamos necessário para que os outros nos amem, para mantê-los dependentes de nós, para dar sentido às nossas vidas. Às vezes, ficamos tão ressentidas e com tanta raiva do que estamos fazendo, que adoecemos. Precisamos ficar doentes para ter uma desculpa e parar de fazer o que não queremos fazer, mas achamos que os outros esperam que façamos.

Uma experiência no vale

Maria casou-se com Joseph porque a mãe disse que ela não seria ninguém na vida sem um homem. Era sabido na família que a única coisa que o pai de Maria tinha feito fora satisfazer as necessidades sexuais da mulher e pagar as contas. Então, Maria cresceu ouvindo da mãe que um homem só é útil se tiver dinheiro e alguma imaginação na cama.

Maria não acreditava muito na mãe. Via muitas amigas amarem apenas pelo prazer de amar. Mas via outras tristes e de coração partido quando um relacionamento não dava certo. Maria ficava confusa, mas tinha vinte e quatro anos. Segundo a mãe, dentro de pouco tempo nenhum homem iria querer se casar com ela. Se começasse a trabalhar e a se sustentar, os únicos homens que iriam se interessar seriam aproveitadores e caçadores de dote. Por sorte, Maria conheceu Joseph às vésperas do vigésimo quinto aniversário.

Você agora deve lembrar a lição do Vale da Compreensão: "Você atrai o que você é." Maria estava em conflito, confusa. Queria um marido, sobretudo porque a mãe repetia que ela devia se casar. Quando você está só, confusa, num grande conflito e sai à caça, quem acha que vai atrair? Isso mesmo! O seu reflexo no espelho! Um homem sozinho, confuso e em grande conflito. Lembre também que a natureza humana nos obriga a buscar o que *achamos* que queremos, sem compreendermos o que está sob a superfície. Você sabe que Maria estava confusa, não é? Pois vamos lá.

Joseph era um homem alto, ativo, muito bonito e inteligente. Lia bastante, mas tinha completado apenas o segundo grau. Trabalhava havia alguns anos como motorista de uma família rica e desejava viver em alto estilo. Quando encontrou Maria, achou que tinha chegado sua chance.

Maria era bonita, bem-educada e parecia ter tudo. Quando o patrão de Joseph viajava, ele levava Maria para a casa do patrão. Assim, a primeira relação sexual dos dois foi na cama tamanho gigante do patrão. Joseph disse a Maria que trabalhava numa financeira. Levou-a a todas as casas noturnas e lugares onde ia com o patrão, dirigindo o carro dele. Claro que todo mundo conhecia Joseph. Maria ficou impressionada, e, quando levou Joseph para conhecer os pais, ele tinha todas as respostas certas para as perguntas certas.

Maria gostava dele, mas tinha a sensação de que havia algo errado, porque freqüentemente ele não fazia o que prometia. A mãe de Maria repetia: "Isso é bom demais para ser verdade! Esse homem é bom demais! Ele pode lhe dar uma vida de luxo." Maria por sua vez repetia que não tinha certeza se queria ou não se casar. Mas a essa altura a mãe já estava aprontando o enxoval e tomando as providências para a festa de casamento.

O patrão de Joseph conseguiu o clube de campo para o empregado e Maria se casarem. Emprestou também sua casa no Havaí para passarem a lua-de-mel. Um dia antes do casamento, Maria precisou falar com Joseph. Pegou o carro, foi à casa que imaginava ser dele e encontrou-o de uniforme, lustrando o carro do patrão. Ele tentou inventar uma boa história, mas, quando o patrão apareceu dizendo que precisava dele para levá-lo ao escritório, Maria descobriu a mentira de Joe, ficou absolutamente confusa ao pensar que teria de enfrentar a mãe.

Uma vala no meio do nada

Você está encurralada. Aconteceu o que mais temia. Tudo o que lhe disseram que você queria, esperava e desejava se estilhaçou aos seus pés. Sua mente está agitada. O coração pesa. O que fazer? Maria não sabia o que fazer. Só sabia que não podia contar para a mãe! Ia se casar e fazer o melhor possível.

Nos primeiros anos, tudo correu bem. Disseram à mãe de Maria que Joe tinha resolvido vender a casa e aplicar o dinheiro. Com as economias de Maria compraram uma boa casa num lugar nobre. Depois, continuaram a inventar mais histórias. Maria tinha de sair escondida à noite para trabalhar e manter a casa. Joe continuou no seu trabalho de motorista. Quando a família de um dos dois aparecia, eles fingiam muito bem. Quando começaram as perguntas sobre "cadê meus netos", eles logo tiveram dois filhos, e aí a coisa toda desandou.

Quase do dia para a noite, Maria sentiu que não agüentava mais Joseph. Tentou conversar com a irmã, mas esta lhe disse que a mãe iria "simplesmente morrer" se soubesse da verdade. Quando Maria tentou falar em separação com a mãe, ela ficou irritada e chamou a filha de ingrata e idiota. Joseph pediu e implorou a Maria, prometendo fazer qualquer coisa desde que ela não o largasse. Disse que, sem ela, morreria. Maria estava presa no meio dos Problemas dos Outros, sem encontrar saída.

O dia não tinha começado bem. A mãe ligara às sete horas querendo que Maria convencesse Joseph a lhe dar uma viagem ao Havaí como presente de Dia das Mães. O bebê estava com febre e tinha dormido às quatro da manhã. Depois, às cinco e meia da tarde, ligaram da polícia avisando que Joseph estava preso. Ele e o irmão haviam sido presos por assalto à mão armada e tentativa de assassinato. A fiança era de cinqüenta mil dólares. Maria tinha de procurar o patrão dele e pedir o dinheiro.

Ela estava no carro, saindo da garagem, quando uma voz dentro dela gritou: "PARE! Isso não é problema seu!" Obediente, apertou o freio. Encostou a cabeça na direção e chorou um choro de quatro anos. Chorou porque tinha se casado com um homem a quem não amava. Chorou porque estava com medo da mãe. Depois, chorou porque estava prestes a pedir a um estranho cinqüenta mil dólares para pagar a fiança do marido na cadeia. Finalmente chorou porque estava mal, confusa e não agüentando mais a pressão dos Problemas dos Outros. Chorou porque não tinha tempo ou coragem para ter um esgotamento nervoso.

Ela conseguiu o dinheiro, e Joe saiu da prisão. Recebeu suspensão condicional da pena por sete anos. Cerca de um ano depois, Joe e o irmão fizeram um assalto bem-sucedido. Maria sabia o que tinha acontecido, embora ela e o marido jamais conversassem sobre o assunto. Ela apenas pegou o dinheiro que ele deu, gastou com a crianças, com ela e com a mãe, e calou-se. Ficou calada até o dia em que Joe trouxe homens estranhos para dentro de casa. Maria disse que não queria aquilo. Ele disse para ela levar as crianças para fazer compras e calar a boca. Maria obedeceu.

Três anos se passaram, três anos durante os quais Maria percebeu que sua vida não era nada do que ela esperava. Ela não tinha coragem de partir, embora soubesse que tinha de ir. Pensava no que a mãe iria dizer, no que Joseph faria. Tinha medo de ir e medo do que poderia acontecer se não fosse. A cabeça dela parecia um pêndulo, indo de um lado para outro. Maria estava numa armadilha. Joe precisava dela. As crianças precisavam dela. A mãe a intimidava.

A Lei do Sacrifício

Em nossa vida, onde terminam os outros e começamos nós? É um desafio que precisamos vencer, distinguindo nitidamente o que queremos do que nos foi dito que podemos ter. Desde cedo nos ensinam que é bonito nos sacrificarmos pelos outros sem reclamar. Ficamos presas à obrigação de ser tudo para todos, exceto para nós mesmas. Espera-se que façamos o que os outros não são capazes de fazer. Se não tomamos cuidado, nós nos castigamos e deixamos que os outros nos castiguem. Nós nos sacrificamos ao ponto de desconhecermos a lei que protege nossos direitos.

O primeiro princípio da Lei do Sacrifício é: *É preciso sempre sacrificar uma coisa para obter outra.*

Tudo na vida tem seu preço. Para obter o que queremos, temos de abrir mão de alguma coisa que possuímos. Para ter saúde, é preciso abrir mão de alimentos pesados e gordurosos. Para conquistar verdadeiros amigos, temos de parar de adular as pessoas e deixar que elas se aproximem de nós pelo que somos. Para conquistar e manter a paz, temos de sacrificar a necessidade de controlar tudo e de ter sempre razão. O segredo para usar a Lei do Sacrifício a seu favor é saber do que terá de abrir mão e o que deseja receber em troca.

Não precisamos sacrificar nossos pensamentos, sentimentos, ideais, necessidades e desejos para ajudar os outros a satisfazerem os seus. A vida jamais espera que sacrifiquemos o que somos ou o que queremos para copiar os outros ou ter o que eles dizem que "devíamos" ter. O sucesso não é uma coisa igual para todo mundo! Ninguém, a não ser você mesma, sabe qual é seu desejo e em que consiste o sucesso para você. Quando somos incapazes de separar o que somos e desejamos das idéias, prioridades e problemas dos outros, inconscientemente sacrificamos o que somos pelo que os outros nos dizem e nos mostram.

Beverly passou a adolescência e a juventude lendo, ouvindo e seguindo as normas da tese revolucionária da organização política em que militou desde cedo. Achava que era seu dever colocar sempre as necessidades de "sua gente" e da sua "comunidade" à frente das dela. Nunca soube muito bem como fazer isso, mas baseava sua vida em muitas teses e dogmas. Beverly realmente acreditava que a pobreza era a forma honesta de os revolucionários viverem. Obedecendo às normas do partido, ela acreditava ser seu dever gastar o dinheiro na comunidade, fazer serviços para a comunidade e dedicar todo o seu tempo e energia às pessoas de sua organização. Beverly chegou ao ponto de passar sete anos na faculdade e contrair uma enorme dívida para tornar-se advogada e "servir sua gente". O fato de não querer ser advogada não tinha a menor importância.

Beverly foi em frente, mas não foi longe. Ao montar um escritório de advocacia para defender as causas do partido, foi obrigada a contratar pessoas do partido. Não importava que não fossem competentes. Beverly cansou de pedir um trabalho e não receber a tempo, cansou de exigir pontualidade ou simplesmente que os empregados aparecessem para trabalhar. Desconfiava que não estava sendo respeitada por ser mulher. Mas ia agüentando tudo com medo de ser chamada de "traidora". Por isso, sacrificou suas necessidades e a qualidade de seu trabalho pelo partido.

Quanto mais fundo você mergulhar no seu eu interior – o seu espírito –, mais nítido será o rumo de sua vida. Como conciliar a fidelidade à sua comunidade com a fidelidade a você mesma? Pode ser difícil. No meu caso particular, tive de rezar. O espírito

Problemas dos Outros para nos ensinar a diferenciar *nossos* problemas dos problemas que não têm nada a ver conosco. Não podemos apoiar, ajudar ou salvar ninguém enquanto não formos capazes de dar apoio a nós mesmas. Para fazer isso, precisamos compreender e valorizar a liberdade e a honestidade.

O VALOR DA LIBERDADE

Existe uma lição fundamental: *somos livres para escolher.* Essa é a lição que precisamos aprender através das experiências que nos levam ao Vale dos Problemas dos Outros. Para que sua escolha seja livre, deixe que a sua autoridade interior a oriente. Essa orientação lhe dá liberdade para fazer o que você deve fazer: o que você *realmente* deseja fazer. Senão, você vai sofrer as conseqüências.

Quando escolhemos o que podemos ou não fazer baseadas no que os outros esperam e desejam para nós, não estamos mais livres. Quando deixamos nossas escolhas se basearem nas aparências externas, nos tornamos escravas do modo como as coisas *parecem* ser, e não da maneira como *são* de fato. É preciso erguer dentro de nós um monumento à verdade. Devemos nos dispor a ir até o fundo e esperar com paciência que a verdade se mostre. Não estou falando aqui de agir como quiser, quando quiser. Estou falando de fazer o que você acha certo: exercitar seu divino direito de escolher o curso e a direção de sua vida. As outras pessoas podem não gostar – e daí? Se ficarem irritadas ou zangadas, não é problema seu! Os Problemas dos Outros são algo que recebemos desde muito cedo. Recebemos, mas não somos obrigadas a aceitar.

A SAÍDA

Nina Simone cantava uma música que poderia ser tema do Vale dos Problemas dos Outros: "Não é culpa de ninguém, só minha." Se vivemos sem dinheiro, doentes, com relacionamentos prejudiciais, infelizes na vida profissional ou pessoal, no caos e na confusão, só podemos nos culpar. A lei diz: "O que você planeja para você é o que você é!" Veja como está a sua vida. Gosta? De quem é a culpa?

Quando estamos dominadas pelos Problemas dos Outros, podemos nos sentir vítimas. Como vítimas, não prestamos atenção nos nossos padrões de comportamento. Quantas vezes nos sacrificamos pelos outros achando que assim nos sentiremos mais seguras e valorizadas? Com freqüência, as nossas doações nos dão uma falsa sensação de segurança e valor, mas estamos nos enganando. Se não temos consciência de que repetimos os mesmos comportamentos, não podemos entender como ou por que as experiências que nos prejudicam continuam a acontecer.

Maria era dominada pela mãe. Tentando fugir, ela correu para Joseph. Ela realmente precisava de uma Educação Espiritual Especial. Você não pode apoiar os erros dos outros! Qualquer que seja a razão ou a desculpa, você deve à sua integridade pessoal não se envolver com os erros dos outros. Muitas pessoas contam pequenas mentiras sem gravidade para impressionar outras pessoas. Mas, quando descobrimos que o que achávamos que era uma historinha inofensiva é uma enorme mentira, devemos nos afastar dela.

Joseph disse desde o início mentiras graves. Não importa o que sua mãe ou alguém pense ou queira, em hipótese alguma se envolva com uma pessoa capaz de violar tão gravemente a confiança de alguém. Esse foi o primeiro erro de Maria: casar-se com um homem que ela sabia ser desonesto.

Maria teve várias oportunidades de se afastar de Joseph. No entanto, prendeu-se às aparências e ao desejo de agradar às pessoas. Tinha medo do que a mãe faria, preocupação com o que aconteceria com o marido. Sobretudo, não conseguiu reconhecer suas necessidades e seus sentimentos, não conseguiu ouvir sua voz interior. Tudo isso acabou fazendo com que Maria vendesse a alma ao diabo dos Problemas dos Outros.

Maria acabou deixando o marido. Depois, voltou. Foi e voltou durante mais seis anos. Quando a mãe descobriu o que realmente estava ocorrendo, brigou com Maria por ser tão idiota. Disse para a filha zerar a conta bancária e mandar o marido para o inferno. Maria obedeceu. Mudou-se para os arredores da cidade. Um dia, Joseph bateu à porta e ela abriu. A última vez que ouvi falar de Maria, Joe ainda estava preso. Está cumprindo pena de quinze a vinte e cinco anos. Maria visita-o uma ou duas vezes por mês. Continua confusa. Continua mal. Continua pensando em como fugir das garras dos Problemas dos Outros.

Gostaria de poder dizer a vocês que as leis e princípios espirituais funcionam com todo mundo. Mas seria desonesto. O importante é que você esteja aberta a essas leis e a esses princípios, aceitando-os na sua vida. Algumas mulheres são abertas e estão dispostas a aceitar. Mas outras nem sabem como fazer isso, porque estão completamente envolvidas com os Problemas dos Outros.

Eu voto no espírito!

Sempre me perguntam como a espiritualidade ou o fortalecimento espiritual fornece a alguém as ferramentas necessárias para tratar dos problemas que a vida apresenta. Como podem a oração, a respiração, a meditação – todas as práticas que consideramos espirituais – ajudar uma pessoa a superar os desafios da realidade? Minha resposta é que a consciência espiritual não acaba com os seus problemas, mas ajuda a vê-los de um outro ponto de vista.

Para mim, como mulher pobre e negra, nos anos 1950 a realidade da minha família e do mundo era extremamente limitada. Quando eu tinha três anos, não podia viajar na parte da frente dos ônibus nem beber água em certos bebedouros; meus avós e meus pais também não podiam votar em sua cidade natal. Era muito vaga a possibilidade de eu poder cursar uma faculdade, conquistar um diploma de Direito, ter uma propriedade ou me casar, se quisesse, com um branco, sem medo de ser queimada viva. Em 1953, era essa a minha realidade, eram esses os fatos na época. Os fatos são sujeitos a mudanças. A verdade, não. Os Problemas dos Outros são fatos transitórios. A espiritualidade examina e revela a verdade essencial do seu ser.

Quando eu estava num casamento abusivo, minha realidade

era um marido muito mal-humorado, de um metro e noventa, pesando cento e vinte quilos, que podia quebrar minha cara com um soco – o que ele fez várias vezes, depois de ameaçar me matar se eu o largasse. Minha experiência era real. Na época, eu não via nada de espiritual nela. Mas minha realidade só mudou quando comecei a perceber que a única forma de meu marido continuar me batendo era eu ficar com ele. A única coisa que mudou foi eu decidir que nunca mais ia apanhar dele nem de ninguém. Estava decidida a morrer em vez de viver sendo espancada. Fiz a minha vontade de me separar ser mais forte do que as ameaças que me amedrontaram durante nove anos.

Não são as condições externas que limitam as mulheres. Sua realidade externa é determinada pela sua realidade pessoal. A forma como você vê as coisas determina o que você acredita que pode fazer. É o nosso medo, nossa crença no poder que nos ameaça, são as desculpas que arranjamos para não agir que nos fazem ficar na mesma situação. Quando as mulheres forem ensinadas a ser o que desejam, a obedecer ao espírito que as habita em vez de buscar autorização e aprovação externas para terem e serem o que desejam, os Problemas dos Outros vão perder sua força para nós.

Meditação com a Mãe

Filha querida, o Pai nos deu tudo aquilo de que precisamos
para crescer. Existem conflitos saudáveis e lutas doentias.
A forma como eles nos atingem depende de nossos
pensamentos e desejos – se são saudáveis ou doentios.
O conflito saudável alarga seus limites, fazendo com que você
se esforce e peça a intervenção ou a orientação divina quando
for preciso. O conflito doentio é aquele que faz você agredir,
lutar, atacar, e por fim odiar quando não consegue o que quer.
O Pai se alegra em lhe dar o bem-estar, a paz e a alegria que
você busca quando é impulsionada por desejos saudáveis.
Quando ao se deparar com as dificuldades da vida você busca
a orientação divina, o Pai e eu apreciamos suas vitórias.
Mas quando você quer coisas que a afastam do que é divino
e que a levam a mergulhar mais fundo na desesperança e no
desamparo, a sua busca se torna uma luta doentia. Você procura soluções e respostas fora de si mesma, longe do divino,
e isso não contribui em nada para você se tornar mais
plenamente quem é nem lhe traz a paz que procura.
Filha querida, nunca pense que foi esquecida por mim quando
estiver envolvida nos mistérios da vida. Você está neste mundo,
com suas características próprias, vivendo nesta época
específica, para fazer desabrochar a beleza que se encontra
em seu coração. Não desanime quando perder uma
oportunidade, quando entender mal uma inspiração ou demorar
a receber uma recompensa. Tudo o que foi pedido para você
está à sua espera. Fique certa de que um dia de tristeza
é apenas um instante no plano divino para sua vida.

7

O Vale do Vai-e-Volta

QUERO DEIXAR BEM CLARO, LOGO NO COMEÇO DO CAPÍTULO, QUE AS LIÇÕES DESTE VALE SÃO, SEM DÚVIDA, AS MAIS DIFÍCEIS de reconhecer e as mais duras de aceitar. As experiências que nos levam ao Vale do Vai-e-Volta são as que nos impomos quando desconhecemos o forte impacto de nossos pensamentos e palavras. A dor, a confusão, a raiva e a depressão que costumam estar associadas às lições e às experiências desse vale acontecem quando resistimos a admitir que "Essa situação tem um pouco de culpa minha". É nesse vale que somos testadas, empurradas e estimuladas a continuar sendo vítimas, capachos, mártires, serviçais e idiotas.

O maior problema para as mulheres é que, como qualquer ser humano, não compreendemos as leis do universo. Ficamos com a impressão de estarmos sendo oprimidas e arrasadas. Em certos casos, isso é verdade. Mas a maioria dos problemas acontece porque nós simplesmente não compreendemos as leis da vida. Quando eu estava falida e desamparada, o problema não era receber pouco dinheiro. Mais tarde, descobri que eu ficava sem dinheiro porque não compreendia as leis da prosperidade e do espírito do dinheiro. Vou explicar melhor.

Gente rica não fica falando de quanto dinheiro possui. Mas você sempre ouve as pessoas carentes falarem de sua pobreza. "Estou tão falida que não lembro mais a cor que o dinheiro tem!" Nunca estamos falidas! Estamos apenas sem dinheiro por um tempo. Quando repetimos que estamos falidas, cansadas, de saco cheio ou falamos incessantemente dos problemas menores que enfrentamos todos os dias, as leis do universo imediatamente entram em ação. Criam para nós as coisas que acreditamos existir. Em resposta ao nosso "estou falida", podemos passar por uma falência afetiva, um casamento falido, uma perna quebrada ou, pior, um espírito falido. O universo cria o que nós pedimos. *Nós criamos com nossos pensamentos.* Criamos com nossas palavras. Por ignorância nossa, criamos as coisas que não queremos. Você não acredita? Pois minha experiência com milhares de mulheres me deixou convencida disso.

Uma vez, trabalhei com um grupo de apoio para mulheres. Uma delas tinha a mania de falar que estava cheia do marido, dos filhos, do trabalho, da vida. "Estou cheia! Estou cheia de tudo!" Você já ouviu essa frase? Poucas semanas depois, a mulher passou a reclamar de prisão de ventre, que se transformou num problema grave e acabou levando-a para uma cirurgia em que foi preciso retirar parte do intestino delgado, que estava obstruído. Durante sua recuperação, falamos sobre isso. A mulher contou detalhes de sua vida, e ficou bem claro que ela estava realmente "cheia". Não conseguia digerir o que estava acontecendo com ela. Não sabia o que fazer e não sabia como levar as coisas. Como reação ao que dizia e ao seu estado emocional, o intestino se fechou. Os problemas passaram a ter uma forma física. Afirmações comuns que as mulheres fazem, como "Fico doente com isso", "Não agüento mais isso" e "Você me faz mal", muitas vezes aparecem sob forma física. *Seu corpo acredita em tudo o que você diz.* Além do mais, as leis do universo estão sempre agindo, criando e fazendo acontecer exatamente o que você pensa e diz.

No Vale do Vai-e-Volta ficamos cara a cara com nossos pensamentos, palavras e sentimentos secretos transformados em situações concretas em nossas vidas. Se você acha que não consegue agüentar mais, fazer mais, suportar mais, pode estar certa de que irão aparecer em sua vida situações e pessoas que reforçarão essas idéias. Algumas acham que conseguem enganar o universo: elas *dizem* que podem agüentar, embora *pensem* que não podem. Puro erro! Suas palavras devem expressar seus pensamentos. O universo sempre age de acordo com sua mente, e não com o que diz a sua boca.

Você sabe que está no Vale do Vai-e-Volta quando se vê cercada de pessoas negativas, em situações negativas, tendo experiências negativas. Você não consegue entender o que está acontecendo e começa a lutar e a fugir das coisas que criou com seus pensamentos, palavras e ações. Nesse vale, tudo o que você faz serve para reforçar a situação. Se você não está atenta, se não está disposta a mudar suas palavras, ações e pensamentos, a situação vai continuar. O Vale do Vai-e-Volta também é um vale da Educação Espiritual Especial porque, com freqüência, não conseguimos ver como contribuímos para o drama que estamos vivendo.

Adiar o que tem que ser feito ou esperar até o último minuto para fazer uma coisa e depois ficar insatisfeita com o resultado é uma forma de entrar nesse vale. Pensar coisas como "Sou tão idiota" ou "Estou imensa de gorda!" faz com que alguém lhe diga a mesma coisa ou a trate da maneira como você se tratou – essa é também uma função do vale. Há outros exemplos mais difíceis de reconhecer. Digamos que em 1979 alguém lhe emprestou dinheiro. Você não pôde devolver na data em que prometeu. Em vez de dizer a verdade, você sumiu e evitou encontrar a pessoa. Você ficou mal, mas o que podia fazer? Estava sem dinheiro. A pessoa acabou se afastando. Você jamais pagou. Em 1993, você emprestou dinheiro a alguém. Essa pessoa não devolveu na data prometida. Você telefonou, mas ela se esquivou, deu desculpas. Claro que você ficou furiosa! Precisava do dinheiro! Você não conseguia entender por que essa pessoa fazia isso com você. Você esqueceu completamente que fez o mesmo em 1979. E também não entendeu que, quando você engana o universo, o universo engana você! Vai acontecer de algum jeito, algum dia. E quando acontecer, vai ser uma lição. Por isso, não faça drama nem fique histérica. Aprenda com a lição.

Solte-se! Não se desespere. Mantenha palavras e pensamentos positivos. Veja qual o princípio que deve praticar para eliminar a situação e seguir em frente. Se uma situação negativa continua, fique certa de que é você, alguma parte sua, que precisa ser curada. Se você não se sente capaz de fazer um esforço para ver, deve estar no Vale do Vai-e-Volta. Se escolher resistir e brigar em vez de aprender, vai precisar da Educação Espiritual Especial... outra vez!

UMA EXPERIÊNCIA NO VALE

Karen detestava o emprego que tinha. Mais exatamente, detestava a chefe que fazia o emprego ser intolerável. Diariamente, ia trabalhar esperando uma cena desagradável ou uma discussão desgastante. Não raro, ela conseguia exatamente o que esperava. Todos os amigos de Karen também detestavam a chefe. Passavam horas no telefone falando mal dela, fazendo piadas de mau gosto sobre a vida sexual da chefe.

Karen nunca pediu demissão. Passou seis anos e meio em guerra mental e emocional com a chefe, convencida de que aquela mulher a odiava. Nunca ocorreu a Karen perguntar à chefe qual era o problema que havia com ela. Assim como jamais passou pela cabeça de Karen que sua atitude era o maior motivo de atrito entre ela e a chefe. Ela preferia culpar a outra.

Karen achava que tudo o que lhe acontecia de negativo – sua hipertensão, mania de comer, traição da melhor amiga e os relacionamentos fracassados – era causado pelo estresse do tratamento que a chefe lhe dava. Chegou a ir a uma quiromante, que confirmou suas suspeitas e lhe ensinou procedimentos mágicos para se livrar da chefe.

Karen tinha se diplomado com distinção em inglês. Mas como dar aulas era "duro", ela aceitara um emprego de recepcionista numa empresa de seguros e de auxílio-saúde. O trabalho consistia em receber e abrir a correspondência, atender o telefone e passar as cartas para os funcionários que estipulavam as indenizações e davam andamento à papelada. A maioria dos telefonemas era de pessoas nervosas, em situação difícil. Quando eram educadas e calmas, Karen atendia com gentileza. Mas se estavam confusas e preocupadas por não terem recebido o cheque, Karen deixava-as penduradas na linha. Não gostava de ser tratada "assim" por ninguém.

Mitchell era o terceiro namorado de Karen em quatro anos. Ela atraía os homens com facilidade, mas tinha a maior dificuldade em manter o relacionamento. Por um lado, arrumava jantares à luz de velas, preparava maravilhosos banhos perfumados e fazia massagens deliciosas nos pés ou nas costas deles. Mas, por outro, reclamava, chorava ou se lamentava, sentindo-se uma vítima. E dizia para as colegas: "Os homens são todos uns idiotas. Acham que faço massagem nos pés deles porque gosto."

Mitchell era diferente dos outros namorados. Disse a Karen que ela estava desperdiçando seu tempo e talento não usando o diploma que tinha. Disse também que eram muito aborrecidas as reclamações dela. Mitchell tinha um sonho: criar sua própria firma. Quando estava mais frágil, Karen se envolvia no sonho de Mitchell e ajudava-o a planejar o futuro. Ele ensinou Karen a dirigir e comemorou quando ela conseguiu a carteira de motorista.

Quando Karen começava a reclamar ou se lamuriar, Mitchell ia embora e ligava para ela no dia seguinte. Karen sabia que ele era um homem bom, mas era homem, e todo homem é um cachorro. Mitchell terminou o relacionamento com Karen no mesmo dia em que a chefe dela acusou-a de ser agressiva com os clientes ao telefone. Claro que Karen se considerou uma vítima em ambos os casos.

Além de insegura, Karen ficou assustada, amarga e com raiva. Seu lema passou a ser: "Não vai dar certo mesmo, então não interessa." Quando aparecia uma ótima oportunidade, ela repetia o lema. Aos trinta e dois anos, Karen tinha desistido de si mesma e da vida.

Eis o cenário: seus amigos estão se afastando de você. Seu namorado arranjou outra namorada. Você está trinta quilos acima do peso normal e com hipertensão crônica. Está em estado de pânico, depressão e confusão. Uma amiga sugere que você procure uma terapia. Depois de algumas sessões, a terapeuta lhe diz que tudo o que está acontecendo na sua vida é conseqüência do que você pensa, sente e faz. Ela quer lhe dar uma oportunidade de mudar. Com todo o respeito, você diz que ela está maluca.

Quando Karen buscou a terapia, tinha faltado tantos dias ao trabalho devido à hipertensão que foi suspensa. O medo de ficar desempregada fez com que sua pressão subisse mais ainda e que ela comesse vorazmente. Comida é a droga de muita gente. Empurra para baixo o que está querendo sair e parece aliviar a dor emocional. Comer era a forma de impedir de lidar com o que estava sentindo. Karen resistia tanto a olhar a verdade de frente que sua experiência no Vale do Vai-e-Volta foi uma verdadeira Educação Espiritual Especial.

A Lei da Causa e Efeito

Tudo acontece duas vezes: uma, por dentro; outra, por fora. A vida começa no silencioso reino do espírito. Uma semente plantada na terra cria raízes, e a vida começa. A princípio frágil, a semente vai abrindo caminho na terra. Não é um trabalho fácil, mas mesmo assim ela cresce. No final, a semente se torna uma bela planta, uma árvore magnífica. Por dentro da pequena semente já existia um enorme carvalho. A pequena semente se torna uma força de vida, uma fonte valiosa de alimento.

A semente é a causa. O que ela produz é o que vemos, o efeito. Não importa quem ou o que você seja, essa é a lei universal que rege a criação da vida. Como ser humano, a causa de sua vida é o espermatozóide se unindo ao óvulo. Você é o efeito que cresce no ventre materno. Na vida, seus pensamentos e sentimentos são as sementes – a causa. O que você pensa, unido ao que sente, produz os efeitos: o que acontece externamente em sua vida.

A Lei da Causa e Efeito age quer você plante sementes positivas ou negativas, tenha bons ou maus pensamentos e sentimentos. Não importa, as sementes vão germinar, e o que você plantar vai receber na colheita. Somos como fazendeiras. Plantamos sementes de pensamentos e emoções em nossas vidas. O que plantamos vai produzir efeitos. As sementes plantadas com cuidado vão dar origem a uma árvore bem planejada, no lugar ideal. Infelizmente, muitas de nós não temos consciência dos tipos de sementes que estamos plantando com nossos pensamentos, palavras e ações.

Minhas experiências com meu pai, meu irmão, meu tio e todos os meninos com os quais interagi quando pequena me ajudaram a formar uma opinião sobre os homens. Se as experiências foram positivas ou negativas, não importa. O importante é a forma como eu reagi ao que eles fizeram ou deixaram de fazer. Minhas reações criaram minhas opiniões. Minhas opiniões produziram minhas expectativas e crenças sobre os homens. Essas expectativas e crenças foram a causa de todas as experiências que tive com eles. Meu pai não estava disponível afetivamente para mim. Meu marido era uma cópia xerox de meu pai. Meu irmão era distante e indiferente, muito fechado, e usava uma linguagem agressiva. Mas era meu irmão, e eu gostava dele. Assim, aceitei na minha vida homens que se comportaram comigo exatamente da mesma forma que meu irmão. Depois de uma série de relacionamentos insatisfatórios e abusivos, comecei a me perguntar por que eu sempre tinha um certo tipo de companheiro. Quando compreendi a Lei da Causa e Efeito, percebi que estava criando com meus pensamentos exatamente o relacionamento que eu não queria. Eu pensava: "Nenhum homem está disponível emocionalmente", "Os homens são fechados" e "Os homens têm uma linguagem agressiva". Esses pensamentos determinaram minhas escolhas.

O mesmo aconteceu em relação às mulheres. Quando meninas, somos educadas para pensar sobre as mulheres de uma determinada forma. Minhas tias, primas e amigas me preveniam de que mulheres não são confiáveis, que elas falam demais, são falsas. Fiquei com isso no coração e na mente. Esperava que as mulheres se comportassem dessa forma, e assim foi. Voltemos ao Vale da Coragem por um instante. "Aquilo em que você acredita vai se instalar dentro de você." Aquilo em que acreditamos faz com que nos comportemos de determinada forma. Nossas ações causam efeitos correspondentes em nossas vidas.

Dito de forma simples, se você é desonesta, as pessoas serão desonestas nas relações com você. Se pensa ou fala coisas negativas sobre os outros, alguém em algum lugar vai lhe devolver isso. Se você se comporta de forma irresponsável, negligente ou insensata, vai encontrar situações em que alguém fará o mesmo com você. A situação vai aparecer na sua vida com a finalidade de alertá-la, de ensinar-lhe uma lição. Porque tudo o que vai volta.

Sob a perspectiva espiritual, o que vai na sua mente volta na sua vida. Talvez não venha das mesmas pessoas a quem você fez alguma coisa. Talvez aconteça meses ou anos depois. Quando volta, pode ser mais devastador do que qualquer coisa que você tenha feito a alguém. É garantido: a Lei da Causa e Efeito sempre ocorre, trazendo os efeitos de nossas ações.

A LIÇÃO

Quando abri minha primeira firma, enfrentei muitos atrasos de pagamento. As pessoas que me deviam pareciam estar sempre demorando a pagar. Era muito desanimador e muito difícil pensar em como continuar fazendo o que eu pretendia e queria. Conversando com uma querida amiga, numa fase mais dura, fiquei reclamando do meu destino. Estavam me devendo mais de sete mil dólares em serviços que eu realizara. Meu telefone estava prestes a ser desligado e o aluguel, atrasado. Pedi para ela rezar comigo para que eu descobrisse o motivo que causava o problema.

Depois de rezarmos, passamos alguns minutos em silêncio. Minha amiga me perguntou: "A quem você está devendo? A quem deve dinheiro e não pagou?" Respondi: "A todo mundo! Não paguei minhas contas. Não paguei a pessoas de quem tomei dinheiro emprestado. Como não fui paga, não pude pagar as pessoas a quem devia." Outra pausa na conversa. Até que ela me disse: "Não pense no que você deve agora, pense no passado. Pense a quem você devia e não pagou, apesar de ter dinheiro, e como você se sente pagando ou não pagando o que deve."

Rezar sempre ilumina a mente. Se você está mesmo decidida a se ver e ver a luz, rezar vai abrir o caminho. Eu tinha de admitir que não era uma " boa pagadora". Pagava sempre as contas com atraso. Na verdade, algumas vezes eu tinha dinheiro para pagar as contas, mas preferia fazer outra coisa. Outras vezes, eu pagava o que achava importante e deixava as contas menores para quando recebesse mais dinheiro. Também disse à minha amiga que, no passado, muita gente tinha me ajudado com dinheiro, mas não devolvi o dinheiro e me sentia muito culpada, até com vergonha. Fez-se outro silêncio na conversa.

Finalmente, minha amiga me disse que achava que eu deixava de pagar porque acreditava que as coisas iriam me faltar. Explicou que, quando não pagamos uma dívida porque achamos que vai sobrar pouco dinheiro, estamos fazendo com que o *sentimento de falta* exista em nossa vida. Continuou dizendo que, se acreditamos que o dinheiro é nossa principal fonte de sustentação, agimos de acordo com essa crença. Mas quando acreditamos que o espírito é nossa fonte essencial, sabemos que a fonte que nos sustenta é *ilimitada*. Mesmo quando não podemos ver de onde os recursos dessa fonte virão, *temos de saber que virão*. Temos de acreditar que receberemos tudo de que precisarmos. Se acreditarmos profundamente nisso, nossa vida e nossas ações serão transformadas.

No fundo do meu sentimento de falta estavam a culpa e a vergonha por dever dinheiro. Ao pensar nas pessoas a quem não pagara, eu criava uma energia que impedia os outros de me pagarem. Para complicar ainda mais as coisas, eu tinha gasto o que não era meu, porque gastava o que devia aos outros. Estava com uma dívida visível e outra invisível. Quando você está devendo e recebe algum dinheiro, deve pagar o que deve. O universo não aceita desculpas. Não importa o quanto você saiba ou a quantidade de informação que tem: se está em dificuldade, precisa de ajuda. Eu não ia passar mais um semestre da minha vida no curso de Educação Espiritual Especial. Queria sair imediatamente. Perguntei à minha amiga como quebrar aquele ciclo. Com muita simplicidade, ela disse que a única forma de me livrar dos erros e das crenças do passado era perdoar a mim mesma e aos outros. Quando você perdoa, abre caminho para uma nova energia entrar.

O valor do perdão

A Lei da Causa e Efeito é bem clara a respeito do dinheiro. Fica um pouco mais difícil de aceitar quando resolvemos aplicá-la aos temas relacionados ao coração. É difícil para nós compreendermos por que as pessoas agem e nos tratam de determinada forma. A primeira coisa que vem à mente é "Por que você fez isso comigo?" Outra reação comum é "Não mereço ser tratada assim!"

Mesmo quando temos toda a força e clareza para esquecer uma pessoa que nos tratou mal, em geral não esquecemos. Lembramos do primeiro homem que nos enganou, mentiu para nós, não correspondeu ao nosso amor. Lembramos de todas as coisinhas que nos fizeram concluir que mamãe gostava mais da minha irmã do que de mim. Lembramos do que papai fez ou deixou de fazer. Um dos meus maiores problemas na infância era o fato de meu irmão sempre comer o último pedaço de bolo. Quando eu chegava na cozinha, antegozando o prazer de devorar o resto do bolo com um copo de leite antes de ir dormir, encontrava o prato vazio. Não preciso dizer que isso me levou a acreditar na sensação de falta e a sempre ter a impressão de que as coisas que eu queria não seriam suficientes para todos.

Você só pode aceitar e confiar depois de perdoar. Não pode ter fé, disciplina ou obediência se não *se* perdoar por todas as vezes em que não conseguiu aceitar, confiar, ter fé, ser disciplinada ou obediente a si mesma para o seu próprio bem. Você não pode perdoar ninguém por tratá-la mal até *se* perdoar por *se* tratar mal. Você foi má com você. Não foi em busca da sua felicidade. Abandonou seus planos e desejos para agradar aos outros. Como a maioria das mulheres, você trabalhou até a exaustão, abusou de seu corpo, sobrecarregou sua mente, sua energia, seu espírito. Todas as mulheres prometem para si mesmas coisas que não cumprem. "Vou fazer regime!" "Não vou mais ligar para ele!" "Não vou dizer nada!" Você colocou os interesses e padrões dos outros acima dos seus. Comprou sapatos baratos e colocou em risco a saúde, segurança e bem-estar dos seus dedos e pés. Por que então estranha que as pessoas e as situações continuem a entrar na sua vida, fazendo com que você se sinta abandonada, rejeitada, usada e maltratada? Esses fatos externos não são a causa. São os efeitos do seu sentimento de autodesvalorização e da sua dificuldade em se perdoar.

O perdão é uma forma de limpeza mental, emocional e espiritual!

Quando você perdoa, fica tudo limpo. Você tira as sujeiras da mente e deixa que seu espírito flutue, livre. Quando você perdoa, abre sua mente para uma nova compreensão. Você desiste da necessidade de estar certa ou de controlar as coisas. Essa é a principal razão para não perdoarmos: *queremos controlar*. Se perdoamos, ficamos com a sensação de ter cedido. É como se disséssemos a quem nos magoou: "Você tinha razão. Eu estava errada." Quando nos irritamos com alguém, temos a impressão de controlar o que essa pessoa pode fazer. Se a pessoa não reage da forma como achamos que devia, a irritação serve para tirar a pessoa do nosso coração e da nossa mente. Podemos tirar, mas não nos separamos dela. Enquanto não nos separamos das lembranças do passado, ficamos no controle. Quando perdoamos, desistimos de controlar.

O perdão nos permite ver as coisas de outra perspectiva. Podemos ver que, na verdade, ninguém está querendo deliberadamente nos ferir. Quando você faz alguma coisa que prejudica ou fere a si mesma, é de propósito? Os outros também fazem o que fazem devido ao que são e ao que sabem. Pare de julgar e de achar que as pessoas querem magoá-la ou abusar de você. Pare de se criticar por ter feito uma escolha prejudicial ou tomado uma decisão errada. Mesmo quando encontra pessoas que são realmente más, você ainda pode escolher. É você quem escolhe o papel que essa pessoa vai exercer na sua vida.

Muitíssimas mulheres que conheço sofreram abuso, foram malcuidadas ou de certa forma abandonadas quando crianças. Muitas têm relacionamentos de amor e ódio com um ou com ambos os pais. Outras citam primos, tios, avós ou tias que foram agressivos ou cruéis com elas. Quando converso com essas mulheres, elas dizem que as pessoas que as magoaram deveriam ser severamente castigadas, torturadas, espancadas, enforcadas. Minhas irmãs mulheres lembram sempre, com detalhes, como foram machucadas, quem as machucou e o que gostariam que fosse feito como vingança, causando a mesma dor ou dano que elas sofreram. Quando falo em perdão, elas gritam horrorizadas: "Perdão! Não, você não tem a menor idéias do que ele/ela me fez!" Talvez eu não possa entender profundamente o que elas sofreram, mas sei que *o perdão é a única forma de libertar do passado a mente, o espírito e a vida.*

As mulheres querem que as pessoas que as maltrataram sofram. Querem um revide. Prendem-se aos pedacinhos de lembranças que suas mentes conseguem juntar, jurando que vão ver o dia em que as pessoas que "fizeram mal a elas" sofrerão uma vingança. Mas não percebem que continuam sendo abusadas, abandonadas, rejeitadas e maltratadas por um novo grupo de pessoas, por causa da forma como pensam e sentem. Se você continua pensando e dizendo que os homens são cachorros, vai atrair homens da pior qualidade. Se realmente acredita que as mulheres são falsas e que não merecem confiança, vai ficar rodeada de gente assim. Com bilhões de pessoas no mundo, por que você atrai sempre essa mesma gente, essas mesmas experiências? Não tem nada a ver com os fatos externos, mas tem tudo a ver com você. Você é a causa de tudo o que está acontecendo. Só o perdão lhe permite desapegar-se do que lhe fizeram para adquirir livremente uma nova crença.

Agora, sejamos honestas. Todo mundo já fez alguma coisa da qual precisa ser perdoado. Nem preciso enumerar, é só você pensar. Mas, por conveniência, esquecemos que algum dia no passado nós, consciente ou inconscientemente, dissemos ou fizemos algo que magoou alguém. Por menor ou mais insignificante que achemos que a nossa ofensa foi, quando nos repreendem pelo que fazemos ou fizemos, queremos ser perdoadas. Por que, então, achamos tão difícil perdoar os outros?

Quando meu pai faleceu, nós mal nos falávamos. Eu não o via havia meses. Tínhamos parado de nos falar devido a alguma coisa que ele disse ou fez e eu achei absurda. Quando me ligaram comunicando sua morte e me chamando para a casa dele, senti uma gama de emoções. Incredulidade. Tristeza. Alívio. Raiva. Ao chegar lá, foi muito perturbador ver morto aquele homem que eu tinha amado e odiado a vida inteira. Quando começaram os acertos para o enterro, alguém lembrou que meu pai não tinha seguro de vida e que nenhum dos seus seis filhos tinha dinheiro, só eu. Pensar em gastar o dinheiro que eu duramente ganhara para enterrar aquele homem que me causara tanta dor e confusão foi arrasador. Mas o que fazer? Eu sabia que meu pai queria ser cremado e que era meu dever cumprir a vontade dele.

Não tinha nenhum sentido que a responsabilidade caísse em cima de mim. Meu pai tinha esposa, mãe e seis filhos. Nada disso interessava. Ninguém tinha dinheiro, e ele precisava ser enterrado. Eu me recusei a comparecer ao velório ou a deixar que meus filhos fossem. No enterro fiquei dura, sem olhar direito, nem ouvir bem. Para me ocupar, abri o programa da cerimônia que tínhamos recebido. Dentro, como se tivesse sido escrito só para mim, havia um texto que me mostrou o poder curativo do perdão. O texto dizia o seguinte:

> ***Na hora em que mais precisamos, o Criador não nos pede referências. Ele nos aceita exatamente como somos, sabendo que somos seus filhos pecadores. Ele nos ama e nos perdoa. Por que nós não podemos nos perdoar?***

Enquanto eu lia, o pastor leu em voz alta o mesmo texto. Pela primeira vez, achei que entendi o que havia acontecido entre mim e meu pai. Entendi também por que o seu comportamento tinha me afetado tanto. Mais importante: pela primeira vez em toda a minha vida senti que estava totalmente ligada a ele e amando-o. Infelizmente, era tarde demais para dizer-lhe o que sentia.

A SAÍDA

Os pensamentos têm efeitos. Karen, óbvio, não conhecia essa lei. Como muitas mulheres, ela esqueceu que, quando alguém nos trata de um jeito que achamos injusto, não precisamos ficar como esponjas, absorvendo o abuso. Sempre pensamos, sentimos ou fazemos alguma coisa em resposta ao que está acontecendo conosco. Às vezes, fazemos coisas horríveis para nos defender. Como muitas mulheres, Karen não percebeu que, com freqüência, as nossas experiências negativas são efeitos do nosso ser. No caso de Karen, as coisas ocorreram numa hora e de uma forma que não deu tempo para ela entender o que estava acontecendo.

Karen sempre acreditou que não era boa o bastante. Escolheu um trabalho que refletiu e reforçou essa idéia. As críticas que fazia à chefe eram também feitas aos amigos mais próximos, mas Karen nunca se deu conta disso. Como caçula de cinco filhos, ela se sentia uma vítima, o que a levava a reclamar e se lamuriar constantemente. As pessoas se afastavam dela por causa das críticas e das lamúrias, dando-lhe novos motivos para reclamações.

Karen também não percebeu a ligação entre a forma como tratava os clientes ao telefone e a forma como namorados a tratavam. Não percebeu uma série de coisas. Na terapia, ela acabou entendendo que, se a chefe era um problema que precisava ser perdoado, Karen era outro problema que também precisava de perdão.

Karen cresceu em meio a muita pobreza. Viu a mãe trabalhar desesperadamente para dar de comer aos cinco filhos o que mal daria para alimentar um. A mãe de Karen sempre dizia: "A gente trabalha como um cão a vida inteira para quê? Mal dá para pagar as contas! As pessoas para quem você se mata de trabalhar tratam você como uma porcaria, e depois você morre!" A mãe de Karen tinha raiva do marido que a largara, dos filhos por quererem o pai. Tinha raiva de si mesma por ter tido cinco filhos. Sempre que podia, dizia a eles como se sentia infeliz. Karen detestava a mãe por estar sempre tão zangada e não perdoava o pai por tê-la abandonado. Ela precisava liberar sua raiva e ódio, fatores que motivaram sua relação com a chefe.

Quando a mãe de Karen morreu de derrame, aos quarenta e três anos, Karen jurou que isso não iria acontecer com ela. Ela não iria trabalhar demais, não iria morrer jovem nem ser tratada como uma porcaria. Concentrou sua energia mental e suas emoções nesses pensamentos, e foi exatamente isso o que ela teve: um trabalho medíocre em que ela achava que estava sendo tratada como porcaria, e uma condição física que poderia matá-la a qualquer momento. Karen também resistia a mudar. A resistência a fez viajar para o Vale do Vai-e-Volta para uma experiência de Educação Espiritual Especial. Karen seria forçada a mudar, forçada a se examinar. Pense bem. A quem ela poderia culpar por estar pesando trinta quilos a mais?

A situação de Karen era tão crônica que ela precisava começar pelo mais difícil: antes de perdoar alguém, tinha de aprender a *se* perdoar. Karen aprendeu como perdoar usando o método da visualização. Ela ficava sentada no mínimo dez minutos, três vezes ao dia, e se visualizava falando consigo mesma. Acabou aceitando que essa era a única forma de se perdoar por odiar e de eliminar a energia estressante e negativa que estava fazendo sua pressão subir como um foguete. Resistiu inicialmente a mudar por acreditar que perdoar era admitir que estava errada. Levou um bom tempo para entender que perdoar não tem nada a ver com a outra pessoa. Perdoar é a forma de curar-se de tudo o que você fez ou deixou que os outros *lhe* fizessem – ou que você fez a si mesma.

Karen tinha de se perdoar por detestar a mãe que dizia aos filhos que eles não tinham sido desejados nem eram necessários. Tinha de se perdoar pela raiva que sentia pelo abandono do pai. Karen tinha de se perdoar por desejar coisas ruins para as pessoas que zombavam dela por ser gorda demais, agressiva demais, idiota demais. Tinha de se perdoar pelas coisas provocadas por ela e que fizeram com que se desvalorizasse cada vez mais. Depois que *se* perdoou, Karen percebeu que não precisava perdoar a chefe por nada.

Primeiro, perdoe a si mesma. Você não pode dar o que não tem. Se não pode ter compaixão por si mesma, jamais encontrará em seu coração um jeito de perdoar alguém. Eu tive de me perdoar por ter fumado durante dezoito anos e enchido meus benditos pulmões de nicotina. Tive de me perdoar por ser escrava de refrigerantes, sorvetes e por passar muita maionese nos meus sanduíches de pão branco. Sabia que nada daquilo era bom para mim. Estava abusando do meu corpo. Eu sabia que era um abuso deixar meu marido me espancar. Mais difícil era ver como eu tinha abusado de mim mesma. Quando percebi, passei por um regime de perdão de sessenta dias.

A bênção que perdoar-se traz é não deixar que os outros a tratem mal. O perdão faz você perceber o que vai ou não aceitar na sua vida. Quando você libera o passado através do perdão, limpa seus canais de intuição. O ódio, o medo, a raiva, o ressentimento, a culpa e a vergonha vão sendo eliminados da sua consciência. Você se torna extremamente sensível ao que ouve, ao que vê e às experiências que vive. Essa sensibilidade não significa enfraquecimento ou vulnerabilidade. Significa que você se torna sensível a palavras e atos que causam medo, ódio, raiva, vergonha ou culpa em seu ser, e com isso tem muito mais liberdade para escolher o que vai aceitar ou não dos outros. Quando aprende a perdoar, você não tem mais motivos para se zangar. Você vê. Ouve. Intui. Perdoa. Vai em frente. Pode ser muito simples.

O perdão elimina os pensamentos e emoções negativos que causam efeitos prejudiciais em sua vida. É claro que todas nós, às vezes, não pensamos no que dizemos e o fazemos agressivamente, sem nos darmos conta de que estamos magoando alguém. Felizmente, o perdão nos dá força para nos perdoarmos e pedirmos desculpas aos outros sem sentirmos vergonha ou culpa. Porém, é preciso tomar cuidado: o perdão não significa que você possa conscientemente cometer os mesmos erros várias vezes e se perdoar, para depois repeti-los. O perdão tem uma função de tomada de consciência. Quando você toma consciência de algo, você se torna responsável por fazer os ajustes necessários em seu comportamento. Esses ajustes vão certamente mantê-la fora do vale.

Meditação com a Mãe

Reze para que seu caminho seja coberto de luz. Reze para que o amor torne mais leves os pesos que você carrega. Reze para que seu propósito lhe seja mostrado com clareza e exatidão e para que seu objetivo seja transformar o amor em ações. Conheça, minha filha, sua verdadeira natureza e você terá atingido a luz. Seu propósito deu origem a você. Moldou e deu forma a quem você é e ao que faz. Seu propósito é o motivo de você viver, respirar e agir como mulher. Seu propósito conhece bem você. Conhece suas dores, seus medos e as idéias distorcidas que a afastam de quem você é e do que veio fazer aqui. Seu propósito orienta seu coração, suas mãos e sua cabeça. Está vivo dentro de você. É lá dentro que você deve conhecê-lo e vivenciá-lo. Seu propósito, minha filha querida, é usar seu coração, suas mãos e sua cabeça de forma tão amorosa que o mundo se alegre com a sua presença de luz. Ah, você sente tanto medo, minha filha. Medo de ter pouco, de ter coisas demais a fazer, de não ser capaz de fazer o que é necessário. Você não acredita que é guiada pelo divino, que seu propósito é claro e nobre sempre, em qualquer condição. Você ouve as inquietações de sua cabeça, em vez de ouvir o som do seu coração. Olha para o mundo, em vez de olhar para sua alma. Aceita o que lhe dizem, em vez daquilo que você sabe. Busca o prazer, em vez de perseguir o propósito, e por isso se perde e se desliga. Eu sou o seu propósito. Sou a suavidade da sua voz, a delicadeza do seu espírito, a clareza da sua mente antes de você ter sido arrebatada pela dureza do mundo. Sou a sua luz. Mostro o caminho para você fazer o que veio fazer com tal exatidão, que você não tem o que temer. Sou o amor estimulando você a dar, a servir, a ser o amor, a paz, a luz e a alegria que continuam a conduzi-la no mundo. Sou a sua verdade. Sou a sua força. Quando você me conhece, é inundada de prazer. Não tem apenas amor, mas amor incondicional. Quando me conhecer, vai conhecer a si mesma. Quando conhecer a si mesma, vai conhecer seu propósito, através do qual encontrará toda a alegria, luz, amor, paz e prosperidade que o mundo fez você acreditar que era tão difícil obter. Reze hoje para ter a força de descobrir e viver seu propósito divino.

8

O Vale do Propósito e da Intenção

TODAS AS SUAS COLEGAS DE FACULDADE TINHAM MARIDOS, CASAS E FILHOS. TIRAVAM FÉRIAS TODOS OS VERÕES E COMPRAVAM novos casacos de pele todos os invernos. Ela morava num apartamento pequeno, com tudo de que precisava e queria. Cuidava de centenas de crianças por ano, como enfermeira pediátrica. Ela não fazia questão de ter um marido de enfeite. Quase todas as colegas faziam terapia, tentando entender por que se sentiam tão infelizes. Ela tinha um propósito e se sentia em paz.

Ela sempre quis ter uma secretária e um escritório. Conseguiu. Sempre quis ter dinheiro para fazer o que quisesse, quando quisesse. Conseguiu. Sempre quis um homem que a amasse, atendesse a tudo o que ela quisesse e satisfizesse todas as suas pequenas vontades. Conseguiu também. Tinha tudo o que queria, mas, mesmo assim, era completamente infeliz. Tão infeliz que sempre que podia comprava roupas, competia para conseguir mais uma promoção ou dormia com outros homens. Não tinha um propósito.

Todas as manhãs, centenas de milhares de mulheres acordam, se vestem e vão para um lugar chamado trabalho. Esse lugar ocupa de oitenta a noventa por cento das horas de vigília, da mente e da força vital delas. Mas se você perguntar a essas mulheres se elas gostam do que fazem, a maioria vai responder que não. "Trabalhamos para nos sustentar", "Trabalhamos para pagar as contas", "Trabalhamos para comprar coisas", "Trabalhamos para não depender de ninguém". Poucas trabalham para atingir um propósito.

Enquanto estamos trabalhando, há outras centenas de milhares de mulheres que acordam tarde e não vão para lugar nenhum. Elas são sustentadas pelos maridos, pelos pais ou pelo Estado, enquanto suas mentes e seus corpos buscam alguma coisa que valha a pena e tenha sentido para elas. Quando se fala em propósito, elas dizem que nunca pensaram nisso. Estão vivas, mas não estão vivendo. Um dia sem propósito não tem sentido.

Há outro grupo de mulheres, bem menor, que acorda todas as manhãs com bastante clareza e paz de espírito. Essas mulheres sabem quem são, o que devem fazer e como. Têm uma determinação que lhes dá um foco. O coração delas possui uma animação que as incentiva. Estão ansiosas para começar o dia e fazer o que está à espera delas. Essas mulheres têm um propósito.

Descubra o seu espaço e ocupe-o!

O seu propósito aparece nas ações em que você usa os talentos que Deus lhe deu para responder a uma necessidade do mundo. O propósito – não o salário, a necessidade ou o desespero – dá um sentido às tarefas que você realiza. O propósito é uma missão vinda do fundo do seu espírito que a impulsiona a fazer o que faz, simplesmente porque isso lhe traz a paz interior vinda da certeza de que está fazendo aquilo para o qual você foi criada.

O propósito faz você saber qual é o seu lugar. Quando você tem um propósito, seu espaço se abre. Em geral, você não precisa competir para consegui-lo ou lutar para ficar nele. Você não teme perder seu lugar, nem ser tirada dele. Muitas mulheres ficam descontentes e infelizes em seus relacionamentos pessoais e profissionais porque não estão no lugar que lhes cabe. Estão se espremendo em situações inadequadas.

O propósito não é ser amada pelos outros, ficar famosa ou rica. É saber quem você é e usar esse conhecimento de uma forma transformadora. De uma forma que atinja positivamente pessoas que você talvez jamais conheça e transforme suas vidas. Através do seu propósito, você dá sua parcela para a construção de um mundo em que as pessoas se sintam mais felizes.

O propósito nos dá maior clareza sobre o caminho a seguir. O propósito nos faz ver obstáculos e desafios, mas também nos faz descobrir a forma de superá-los. O propósito não pode ser impedido ou obstruído, pois é divino. As mulheres que têm um propósito conhecem seu valor e sentem-se determinadas, capazes, fortes e poderosas.

Fomos ensinadas a trabalhar por dinheiro. A buscar o sucesso. A superar os outros para ter o que queremos na vida. Quando o nosso *objetivo* é enriquecer, escolhemos as atividades que prometem mais dinheiro com menos esforço. Mas objetivo não é propósito. O propósito tem uma finalidade mais nobre. Ele está ligado ao crescimento do ser humano no que ele tem de essencial. Como nos ensinaram que o trabalho é para ganhar dinheiro e que o dinheiro proporciona satisfação, muitas de nós trabalhamos achando que esse é o nosso propósito. Podemos ter satisfação com as coisas que o dinheiro compra, mas sentimo nos insatisfeitas como pessoas. Se você não tem um propósito, o dinheiro que ganha não vai ajudá-la a se sentir melhor consigo mesma, porque não estará harmonizada com a essência de sua alma, o motivo pelo qual Deus lhe deu a vida.

A INTENÇÃO TRAZ ADEQUAÇÃO

Qual é a sua intenção? Quando acorda todo dia, o que pretende fazer por você? Pelas pessoas com as quais terá contato? Pelo mundo? Quando sua única intenção é só pagar as contas e comprar coisas, você está no rumo da insatisfação e do desequilíbrio. *A intenção é o caminho para o propósito.* As intenções são as motivações que nos levam a desenvolver cada uma de nossas atividades. Mas quando as intenções dependem do mundo físico, do que vemos e apalpamos, entramos numa busca sem fim, porque é uma busca do mundo, em vez de busca da alma.

No mundo, as coisas mudam. Quanto mais você vê, mais quer, e mais os seus sentidos físicos exigem. As coisas que você quer e não pode obter se tornam fonte de sofrimento e de insatisfação. A intenção que motiva seus atos passa a ser a pura satisfação dos sentidos físicos e a eliminação do sofrimento.

Quando sua intenção é encontrar seu propósito, suas tarefas e atividades assumem outro aspecto. Em vez de apenas receber, você encontra alegria em dar, em vez de possuir, de compartilhar. O seu trabalho se transforma em serviço, e você dá o melhor de si mesma, encontrando uma profunda alegria nessa doação. Quando sua intenção é usar os talentos que Deus lhe deu, você dá mais valor a si mesma. Começa a perceber que suas capacidades são dons – dons a serem usados para dar prazer a você e aos outros.

Não nos ensinaram a encontrar nosso verdadeiro propósito na vida. Aprendemos a desenvolver atividades da melhor maneira possível, sem nos preocuparmos em dar-lhes um sentido profundo. O mundo externo raramente nos incentiva a procurar o que devemos fazer porque Deus precisa que façamos e nos escolheu para fazermos. Mais uma vez, sabe o que é o propósito? É aquilo que você veio à vida para ser, o que você faz de todo coração e com todo o empenho, que enche de alegria o seu coração e lhe dá a mais autêntica satisfação na vida. Ele pode se traduzir em inúmeras atividades, mas você saberá reconhecê-lo. Em determinado momento, você se dará conta de que se esqueceu de tudo em que lhe mandaram acreditar ou temer – e vai fazer o que você *é*.

Uma experiência no vale

Raylene era a mais velha de três filhos de uma família muito problemática. Aos três anos, perdeu a mãe. Ela e os dois irmãos foram criados em muitos lugares, por vários parentes, pessoas abusivas e negligentes. Como mais velha e única menina, Raylene foi obrigada a aceitar muitas responsabilidades para as quais não estava preparada emocional ou espiritualmente. Era responsável por cuidar dos dois irmãos. Era responsável pelas necessidades do avô alcoólatra, que freqüentemente acariciava seus seios e sua vagina. Raylene se sentia abandonada pela mãe, vítima dos abusos do avô, perturbada pelos irmãos e largada pelo pai. Ficou zangada e confusa.

Raylene só tinha paz quando ficava sozinha no quarto, planejando uma vingança e uma fuga. Sua solidão era muitas vezes interrompida pela tia ou pelo tio que espancavam seus dois irmãos. Em vez de defendê-los, Raylene punha vários travesseiros sobre a cabeça e dizia para si mesma que não podia fazer nada. Depois de os irmãos serem espancados, às vezes até quase ficarem inconscientes, Raylene era repreendida e muitas vezes apanhava também por causa do que os irmãos tinham feito. Na adolescência, ela passou a detestar os irmãos e todo mundo.

Ninguém consegue controlar direito tanta raiva e ódio. Raylene sabia que explodir, revidar, desafiar o pai, a tia ou o tio causariam um ódio que ela não estava preparada para controlar. Tinha de encontrar outra saída. A saída foi a bebida. Aos dezesseis anos, Raylene comprava bebida com o dinheiro do lanche e com o dinheiro que achava ou roubava. Depois de beber bastante, Raylene não se incomodava se alguém abusasse dela, batesse nos irmãos nem com o fato de não ter para onde ir.

Aos dezessete anos, ela era uma alcoólatra completa. Saiu de casa e morou com vários amigos e parentes, que a ignoravam tanto quanto os primeiros. Arrumou um emprego de meio período, em que ficou por vários anos. Tentou continuar na escola, mas os professores reclamavam do cheiro de bebida. No final do segundo grau, a pressão ficou excessiva. Foi mais ou menos na mesma época em que ela se deu conta de que, apesar de ter saído de casa há um ano, nenhum dos adultos tinha vindo procurá-la. Os irmãos sempre a procuraram para contar o horror em que continuavam vivendo. Ela lhes dava dinheiro ou comprava uma pizza e se convencia de que tudo ia melhorar. No final do segundo grau, Raylene largou a escola e passou a trabalhar o dia todo.

Quando se está perdido, há sempre um salvador. Alguma coisa ou alguém virá no instante em que você precisar ser salva do seu desespero e de si mesma. O salvador de Raylene foi John. Tinha vinte anos e trabalhava. Era a melhor pessoa que Raylene já tinha conhecido. Mais do que isso: tinha apartamento próprio, onde ela podia morar.

Ela o amava. Gostava tanto dele que quis parar de beber e entrou para os Alcoólicos Anônimos. Gostava tanto a ponto de ter um filho depois de ficar seis meses sem beber. Tanto que, depois de três anos vivendo juntos, ela começou a pagar todas as contas. Era o tipo do amor que a fez calar-se quando outras mulheres começaram a ligar para sua casa. Raylene era tão apaixonada que aceitou pagar alguém para cuidar do filho enquanto procurava John nos bares e nas festas. Gostava tanto que, quando descobriu que ele tinha outra mulher e outro filho, ficou com ele para tentar uma solução. Quando começou a apanhar de John, achou que era porque não o amava suficientemente. Então, voltou a beber.

Raylene era brilhante, inteligente e muito boa para as pessoas. Foi promovida a gerente da sapataria onde trabalhava havia quatro anos. Não estava contente lá, mas era a única forma de cuidar do filho e ainda ter um tempinho para ficar com os irmãos. Raylene era tão eficiente no trabalho que podia trabalhar o dia todo, beber quase a noite toda e ainda ir trabalhar na manhã seguinte. Quando não estava trabalhando ou bebendo, sonhava em voltar para a escola e conseguir o diploma, entrar para a faculdade e ser professora de matemática, o seu sonho secreto. Gostava de crianças e de números. Por isso foi uma excelente gerente de sapataria infantil, mas não salvou a relação com John. Três dias antes de completarem oito anos juntos, John arrumou as malas e foi embora.

Quando uma porta se fecha... Antes que Raylene conseguisse entrar numa séria depressão por causa de John, ela soube que tinha sido aceita num emprego público com salário melhor. Gostou de ganhar um salário mais alto, mas sabia que teria de voltar para os Alcoólicos Anônimos. Fazemos o que temos de fazer quando somos obrigadas. Depois de seis meses no novo trabalho, informaram que, se ela não tivesse o diploma de curso superior, estaria demitida. O orientador dos Alcoólicos Anônimos disse que a ajudaria nos estudos e ela passaria. E assim foi. Apesar de quase não ter estudado, passou com notas excelentes. Quando as notas chegaram, o orientador implorou para que ela fizesse a faculdade à noite. Mas Raylene achou que não valia a pena. Ninguém na família tinha feito faculdade e ela achava que ia acabar como a maior parte deles: bêbada e sem dinheiro.

John reapareceu exatamente quando Raylene achava que não estava mais ligada a ele. Passava a maior parte do tempo trabalhando depois do horário; primeiro, porque assim não ia beber, e segundo, para cuidar das crescentes necessidades do filho. Os irmãos ainda apareciam de vez em quando, mas estavam na mesma situação que ela – perdidos e com raiva. Embora ela e John estivessem separados havia dois anos, ele agora aparecia quase todas as semanas para fazer sexo. E tinha introduzido Raylene na arte de cheirar cocaína. Uma noite, os dois estavam bem drogados e totalmente nus quando ele anunciou que ia se casar. Com raiva, Raylene jogou nele o copo de refrigerante que estava ao lado da cama, trancou-se no banheiro e cheirou toda a cocaína que encontrou. John foi embora dizendo que nunca mais poria os pés na casa dela. Dito e feito. Morreu de overdose de cocaína três semanas depois do casamento.

Raylene precisava de alguém para falar, alguém para amar. Os homens se sucederam, mas estavam todos como ela – drogados e derrotados. Há um ano Raylene saía de vez em quando com Gary. Ele quase correspondia ao que ela queria, mas sumia toda vez que ela se drogava. Ele parecia mais um conselheiro, exatamente com o orientador dos A. A. que a atormentava com sua insistência. Então, Raylene se mudou sem deixar endereço e conseguiu trocar seu ramal no trabalho. Finalmente, estava livre para drogar-se, beber e dormir com quem bem entendesse. Tudo isso moderadamente, claro.

A ordem divina pediu, e por isso o trabalho de Raylene passou a exigir exame antidrogas. Apesar de ficar sem se drogar por três dias, o resultado do teste deu positivo. Raylene foi informada de que se não entrasse num programa antidrogas seria despedida. Foi suspensa por trinta dias, mas não conseguiu parar. Então foi demitida.

Raylene passou um tempo com Gary. Quando se irritava com ele, procurava Carlton, que estava se drogando tanto que Raylene o deixou e ficou com David. Quando este sugeriu que ela vendesse aos seus amigos favores sexuais, deixou-o e foi morar com o irmão caçula, John, a cunhada e os três sobrinhos. Raylene foi uma bênção para eles, porque cozinhava e cuidava das crianças em retribuição ao quarto e à alimentação. Raylene adorava as crianças e adorava trabalhar na casa. Mas, como ninguém parecia apreciar o que ela fazia, deixou de fazer. Continuou se drogando às escondidas. À noite, desejava ter uma casa para morar com o filho, que estava com quatorze anos e vivia com a avó paterna. Raylene sentia sua falta, mas sabia que ele estava melhor com a avó. Um dia, comprou uma passagem de ônibus para a Carolina do Sul e foi viver com Gary. Ele ficou assustado e animado. Mas gostava de Raylene o suficiente para lhe dar uma chance. Viviam separados, mas se viam de vez em quando.

Raylene arrumou um empregou cuidando de um grupo de crianças em casa. O filho dela foi preso, condenado a cinco anos de cadeia, e Raylene caiu na bebedeira. Quando estava drogada ou bêbada, ligava para Gary ou para o irmão caçula e chorava porque sua vida era muito ruim. Vários amigos de infância tinham morrido por excesso de drogas, por dirigirem bêbados ou por terem uma vida desregrada. Mas Raylene achava que, ao contrário deles, ela era invencível. Gary disse que, se ela parasse de beber, eles se casariam. Raylene achou que aquela podia ser sua última chance de ser feliz. Parou de beber e se casaram.

No primeiro ano, as coisas foram ótimas. Raylene amava Gary, que a tratava com respeito e carinho. Raylene adorava ficar com as crianças e ajudá-las com os deveres da escola. Se um professor faltava, Raylene se oferecia para ficar com a classe e conseguia o que outros funcionários não conseguiam. Sua capacidade de comunicação com crianças era um dom. Um dom que ela nunca tinha desenvolvido.

Gary começou a freqüentar a igreja, e Raylene achou graça. Ele convidou-a para ir junto, mas ela não quis. Que diabo Deus podia fazer por ela agora, já que tinha se recusado a fazer alguma coisa a vida toda? Gary ficou muito aborrecido, mas mesmo assim disse que rezaria por ela. Quando ele saiu, Raylene viu que era uma ótima oportunidade para cheirar um pouco de cocaína e sentir pena de si mesma. Quando ficava drogada, Raylene ligava para o irmão caçula, que a ouvia com paciência. Mas naquele domingo, ele disse que não agüentava mais ouvir reclamações e lamúrias. Por que ela não esquecia o passado e ia em frente? Raylene desfiou todas as queixas e desgraças que tinham vivido juntos. Será que ele tinha esquecido? Não, ele não tinha esquecido, só que estava cansado de ouvir aquilo. Cansado de ver a irmã se destruir, cansado de ficar esperando o telefone tocar e alguém dizer que a irmã dele estava morta.

Furiosa, Raylene desligou o telefone. Tarde demais. Gary tinha voltado da igreja e viu no banheiro os restos de cocaína. Ficou em silêncio vários minutos olhando para ela, sem gritar, sem se zangar. Apenas magoado e perdido. Sem falar nada, ele se ajoelhou bem ao lado da privada e rezou. Pediu a Deus que salvasse a sua mulher. Pediu que lhe desse paz. Pediu a Deus que mostrasse a ela o caminho do perdão. Pediu que a perdoasse por ter tanta raiva há tanto tempo, que não conseguia mais encontrar o caminho até Ele. Pediu a Deus que desse à sua mulher um sentido e um propósito na vida. Disse a Deus que a amava muito e pediu para ter força para fazer o que fosse preciso. Parou de rezar e ficou chorando.

Raylene ficou estarrecida. Nunca tinha visto homem algum chorar. Não sabia o que dizer. Tentou pedir desculpas. Gary continuava chorando. Não podia mais viver com uma viciada. Não podia mais carregar o peso emocional dela. Se ela não parasse imediatamente e fosse se tratar, ele iria embora. Mas Raylene protestou. Ela não era viciada. Ao ouvir isso, Gary levantou-se, fez uma sacola com roupas e saiu, dizendo que voltaria mais tarde para pegar o resto das coisas.

As palavras da oração de Gary ficaram nos ouvidos de Raylene. Perdoar! Do que precisava ser perdoada? Ela era vítima. Por isso não tinha paz de espírito. Os únicos demônios em sua vida eram as pessoas que a criaram, abusaram dela e a deixaram. Raylene pegou o uísque que tinha escondido na cesta de roupas lavadas. Gary não era o primeiro nem seria o último homem que a largava. Raylene tinha certeza de que ele acabaria voltando. Tomou um grande gole.

Suponhamos que dessa vez Gary não volte. Raylene pensou em viver sozinha e entrou em pânico. Tomou outro gole. Diabos, que diferença fazia? Gary era igual a todos. Mais um gole. A cabeça começou a ficar mais leve, e Raylene pensou em como John a tratara. Um grande gole no gargalo. Sem querer, pensou na forma como o avô costumava tocar seu corpo e como punha a mão ou a boca no meio de suas pernas. Parou de pensar, jogou a garrafa no chão e foi buscar o último pacote de cocaína que tinha escondido.

Ficou procurando e encontrou uma velha foto da mãe. Puta! Está lá em cima e me abandonou. Não conseguia achar a porcaria da cocaína. Depois, pensou no pai, e ficou triste porque os pais tinham morrido sem jamais terem dito que a amavam. Começou a tirar, frenética, as roupas das gavetas, até que finalmente achou a bolsinha transparente enfiada no meio dos sutiãs. Mexa-se! Mexa-se! As palavras do irmão voltavam à sua cabeça. O querido irmãozinho. Ele não sabia do que estava falando. Raylene foi para o canto do banheiro cheirar.

Assim que abriu a bolsinha, os soluços de Gary ressoaram em seus ouvidos. Assustada, deu um pulo. Ele tinha voltado. Escondeu a bolsa de cocaína no sutiã. Mas não havia ninguém lá. Deus! Estou perdendo a cabeça. Voltou para o banheiro, e de novo ouviu Gary chorando e rezando. Estranho. Ouvia tudo como se Gary estivesse lá. Ensine-a a perdoar. Mostre-lhe o caminho! Agora ela ouvia crianças rindo. Pensou nas crianças do trabalho. Em como gostava delas e como se sentia amada por elas. Muitas crianças tinham passado por situações ainda piores que a dela e sentiam a mesma raiva e o mesmo medo. Raylene sabia que sua vida estava ligada às crianças. Embora tivesse fracassado com o próprio filho, sabia que era capaz de ajudar uma criança, de algum jeito.

Raylene pegou a bolsinha no sutiã. Olhou para ela e pensou em jogar a cocaína na privada. Agora que Gary tinha ido embora, quem iria ajudá-la a parar de cheirar? Ela não tinha força para fazer isso sozinha. Será que Deus poderia ou iria perdoá-la? Vai ver que Ele não queria mais nada com ela. Ela também não queria nada com Ele. Segurando a bolsinha de cocaína, Raylene sentiu as lágrimas quentes escorrendo pelo rosto. Não eram as lágrimas de sempre, de bêbada. Eram lágrimas grandes, quentes e salgadas que subiram pelos pés, as pernas, pela espinha, passaram pelo coração, a garganta e saíram pelos olhos. Jogou a bolsinha inteira na privada. As lágrimas vinham acompanhadas de grandes soluços. Ela se ajoelhou. O uísque e o choro não estavam se misturando bem. Teve muita vontade de vomitar. Antes, puxou a descarga. Depois, enfiou a cara na privada e chorou. Ainda chorava uma hora depois, quando Gary voltou. Ele tirou-a da privada, pegou-a no colo. Perguntou se estava preparada para se tratar, e ela concordou com a cabeça. Não conseguia falar. Ele disse que tinha voltado só para pegar a Bíblia e outros livros de oração que tinha esquecido. Gary ficou com Raylene o tempo todo até a entrada do Vale do Propósito e da Intenção. O último passo, o mais crucial, ela deu sozinha.

A Lei da Compensação

Se o que temos de fazer na vida nos fosse entregue numa salva de prata, seria fácil demais. Mas nós precisamos, em maior ou menor grau, de desafios e dificuldades que nos mantenham alerta e nos dêem uma sensação de realização. Tenham certeza: o universo é maravilhoso e sempre nos dá o que pedimos. Pode não dar do jeito que *queremos*, mas do jeito de que *precisamos*.

Algumas mulheres precisam de mais tempo, outras, de mais sofrimento para descobrir qual é o propósito de sua vida. Existem até mulheres que precisam descer dolorosamente até o fundo. Poucas reconhecem e admitem o problema quando estão na descida. E, se reconhecem, não vêem solução, não vislumbram o caminho para a saída. No entanto, seja lá o que aconteça em nossa vida, o propósito não muda. Os caminhos podem ser diferentes, mas as lições que precisamos aprender para encontrar o propósito não mudam. A vida nos dá aquilo de que precisamos para crescer e compreender, e nos dá conforme o que pensamos, dizemos, fazemos e acreditamos. Isso se chama Lei da Compensação. No Vale do Propósito e da Intenção, a Lei da Compensação que impera diz: *Da mesma forma que você pensa, faz e dá, assim você receberá*.

A compensação lhe devolve exatamente o que você dá ao mundo. O que você quer fazer da sua vida? Como pretende fazer? A Lei da Compensação não diz que temos de ignorar as nossas experiências negativas nem as nossas deficiências. Pelo contrário, a lei pede que tomemos consciência dos nossos limites para poder então ampliá-los e ultrapassá-los. Devemos pedir e esperar orientação e apoio, sabendo que iremos avançar em direção à luz, agindo sempre para sair da escuridão.

O importante é a *intenção*. Quanto temos a intenção de avançar, avançamos. Essa intenção de avançar será demonstrada por nossas ações, e o caminho irá se fazendo. Mas quando não temos intenção de avançar, quando ficamos empacadas no mesmo lugar ou quando repetimos os mesmos comportamentos sem parar e examinar a intenção que há neles, fica realmente impossível encontrar a solução.

A Lei da Compensação ajuda aos que se ajudam. Quando você luta para vencer os desafios e obstáculos, o universo vai lhe dar apoio. Mas quando culpa as pessoas pelo que não tem, você mostra que sua intenção não é sair de onde está. Sua intenção é ter sempre razão. Foram os outros que erraram. Alguém a magoou e você quer que essa pessoa seja magoada. Quando pensa e se comporta assim, você vai receber de volta o que está pensando e fazendo.

A lei é clara. *Só colhemos o que plantamos*. Quando começamos a atrair uma série de experiências negativas, precisamos ficar atentos e examinar se temos algo que necessita ser mudado. É para isso que servem determinadas experiências. Elas não surgem para nos fazer sofrer, mas para despertar nossa natureza espiritual. Quando você estiver vivendo uma situação difícil, lembre-se disso: você precisa daquilo que atrai – por mais difícil ou sofrido que seja – para crescer, aprender e mudar.

Não importa se suas ações são pequenas e simples. O importante é a *forma* como você se dá. *A forma revela o seu propósi-*

to. Uma professora pode ensinar sua matéria com a maior competência e instruir perfeitamente seus alunos. Mas se há na professora uma intenção amorosa de conhecer cada aluno, de respeitar suas características, de fazê-los crescer como seres humanos, suas ações em sala de aula revelarão o seu propósito de doação. Um bom-dia pode ser um cumprimento formal ou uma comunicação amorosa que alegra a pessoa que o recebe e faz com que ela se abra mais para os outros. Quando você se dá mais plenamente, o universo vai recompensá-la com maiores oportunidades para compartilhar seus dons. Se você é uma mãe de família que coloca amor em cada tarefa, por mais repetitiva que seja, e se dedica a seus filhos desejando o seu crescimento, receberá o necessário para cumprir o seu propósito.

Coloque amor em qualquer atividade. Siga o que manda seu coração e seja o que *você é*. Obedeça à sua intuição, não se deixe bloquear pela culpa, acolha suas limitações para superá-las, seja tolerante e paciente consigo mesma, seja paciente sobretudo com a resposta do universo. Mas tenha fé: se você coloca uma intenção amorosa em suas ações, se deseja realmente avançar e crescer espiritualmente, o universo lhe responderá com aquilo de que você precisa.

Isso não significa que você não vá ser desafiada. Nem que não vá passar por experiências nos vales. Mas você viverá os desafios e as dificuldades com outra perspectiva. Você não será derrubada nem desviada com tanta facilidade. Quando está cumprindo seu propósito, você compreende a sua missão e persiste no que o seu coração manda. Dessa forma, enfrenta as dificuldades, criando novos caminhos para seguir. Você se deixa guiar pelo espírito, sabendo que ele lhe dará os recursos necessários. E você aprende a principal lição do Vale do Propósito e da Intenção: *compromisso*.

A lição

Além de estar com raiva e querer fugir, Raylene não tinha nenhum compromisso. Não tinha compromisso com os irmãos, com o filho nem consigo mesma. Não tinha compromisso para encontrar uma saída para o sofrimento de toda a sua vida. O compromisso de Raylene era fugir. Queria fugir do sofrimento e da frustração. Fez isso culpando os outros, usando álcool ou drogas e vivendo de forma destrutiva. Apesar de tudo, seu propósito continuava a existir. Ela gostava de crianças e de números. Queria ser professora de matemática. Seu sonho ficou quase soterrado pelo álcool e pelas drogas.

O seu propósito vai ser desafiado. Algumas das pessoas mais adoráveis do mundo foram criadas em situações abusivas. Alguns dos mais talentosos músicos, artistas, professores e médicos cresceram em situações em que, se não tivessem lutado, teriam perdido o propósito de exercer seu talento. Quando você se vir numa situação difícil, dessas que nos fazem ter vontade de abandonar nosso propósito, faça isso: siga em frente, reafirme para si mesma o seu propósito, tendo a certeza de que pelo caminho irá sempre receber de várias formas o apoio necessário para cumpri-lo. Basta estar atenta aos sinais que surgem. Quando você persiste na sua intenção e no seu compromisso, o universo vai sempre lhe dar uma resposta.

Raylene recebeu vários sinais. A facilidade com que fez a prova para a faculdade foi um. O orientador dos A. A. que a incentivou foi outro. O grande amor que ela sentia pelos números e pelas crianças, outro ainda. Mas Raylene, como muitas de nós, estava presa às dores e mágoas do passado. Sua intenção era sobreviver, não crescer. Estava perdida, sem saber no que acreditar. Seus pensamentos provinham de experiências negativas que causavam raiva, medo e falta de confiança. Por isso ela desconhecia as experiências positivas de sua vida. Você já reparou numa coisa? Nós temos tendência a nos apegar às coisas negativas que fazem conosco.

Vou dar um exemplo banal. Quando vamos a uma festa, tudo pode estar perfeito, nós nos divertimos e chegamos em casa cantarolando. No dia seguinte, quando um amigo pergunta "Como foi a festa?", nossa resposta é: "Ótima, mas a cerveja não estava bem gelada!" Mencionamos a única coisa negativa, em vez de tudo o que estava bom. O mesmo acontece com nossas vidas. Ficamos presas às coisas que nos trazem dor e desconforto e ignoramos o apoio e a ajuda que recebemos de inúmeras partes.

Como sabemos que Raylene foi para o Vale do Propósito? É porque ela não estava comprometida com coisa alguma nem com ninguém. Ela aceitava o que aparecia, em vez de usar seu tempo, energia e talento para escolher e criar o que queria ou que precisava. O grande sinal era o seu talento, que continuava aparecendo apesar de ela não fazer nada para desenvolvê-lo. Raylene resistiu a todas as portas e oportunidades que se abriram. Reagiu às experiências negativas com raiva e se recusando a enfrentá-las. No entanto, as experiências negativas também são sinais, desafios a serem enfrentados para se atingir o propósito.

Todos nós precisamos de um sonho, alguma coisa pela qual esperar e que nos anime a lutar. Quando esse sonho está ligado a um talento nosso – e todos nós temos algum talento –, a algo que nos dá prazer, adquirimos uma energia à qual o universo tem que responder. Quando procuramos dar pequenos passos rumo ao sonho, quando mantemos o compromisso de manifestar o sonho através de nossas ações, vamos encontrar a oportunidade certa na hora certa para nos empurrar para a frente. Quando você tem um sonho e seu propósito é realizá-lo, seu espaço na vida se abre!

A SAÍDA

Pare um pouco e examine-se. Se for necessário, reconheça com a maior serenidade possível seu crescente descontentamento, seus relacionamentos destrutivos, suas atividades supérfluas que só servem para encher o tempo. E comece a fazer suas escolhas, estabelecer suas prioridades. Identifique e procure largar todas as atividades e compromissos que não forem essenciais. Todas as conversas desnecessárias ou sem sentido. Observe de que maneira você desempenha suas tarefas mais simples, se coloca um propósito nelas ou se as realiza mecanicamente. Encontre em seu dia-a-dia períodos de silêncio em que possa perguntar e responder para si mesma: "Qual é o meu propósito? Qual é o meu sonho?"

Quando você está em busca do propósito, o Vale da Luz é um bom lugar para ir. Passar um tempo sozinha. Dar atenção ao que você sente, investigar seus pensamentos, examinar suas atividades. Não julgue, não condene nem critique nada do que está fazendo ou fez. Adie as decisões até ter clareza e paz internas. Durante esse período, procure desligar-se dos problemas cotidianos. Evite a tentação de ler jornais, ouvir rádio ou ver televisão. Esses meios de comunicação vão lhe dizer como as coisas estão horríveis e certamente reforçarão seus pensamentos e emoções negativos. O que está se passando no mundo não é a sua realidade! *A sua realidade está dentro de você.* O seu propósito está na *sua* verdade.

Quando você está buscando um propósito, a música sempre ajuda. Escolha uma música lenta, melodiosa, de acordo com a sua emoção. Se está se sentindo presa, talvez seja bom dançar ou cantar. Ouvir música, dançar e cantar trazem vibrações de energia, por dentro e por fora. Durante esse processo, não pense no propósito ou em como vai encontrá-lo. Encontrar seu propósito não deve ser visto e sentido como uma tarefa ou um trabalho penoso. Se a busca do propósito for uma tarefa entediante e difícil, você vai desanimar e preferir continuar a fazer o que já está fazendo.

Talvez você diga que é impossível viver esse processo tendo em volta filhos, companheiros e outros membros da família. Pois saiba que os filhos são nosso apoio e nossos maiores aliados. Todo dia, faça um sincero esforço para dar um abraço caloroso e olhar com amor as crianças à sua volta. Isso vai liberar a criança que existe em você. Passe cinco minutos dedicada a elas e, com carinho, peça que ajudem. Diga que está querendo pensar numa coisa e precisa ficar sozinha. Quando falar com as crianças, olhe bem nos seus olhos. Fale com o espírito delas, não com a mente. Invente maneiras de mantê-las ocupadas ou peça que alguém se encarregue delas enquanto você fica só.

Fale também com carinho com o marido, namorado, companheiro e pessoas da família. Diga que você está bem, mas precisa ficar algum tempo sozinha. Garanta que não há nenhum problema maior. Procure um lugar de paz e tranqüilidade, que pode ser na natureza.

Você precisa se "desligar" completamente de vez em quando para ouvir e sentir o que se passa dentro de você. Por quanto tempo? Quanto tempo demora para "desligar"? Quanto tempo demora para encontrar o propósito? Demora o tempo que for preciso. Algumas mulheres precisam de horas, dias, semanas ou anos. Tenha paciência e confie. Faça para si mesma as perguntas mais difíceis: "O que eu quero fazer? O que gosto de fazer? Quais são as atividades em que me sinto bem, em paz, realizada?" Você pode fazer isso todos os dias ou uma vez por semana. Quando entrar em crise e se sentir perdida ou desesperançada, faça um esforço deliberado e pare. Fique calma. É impossível perder o seu propósito: ele está no mais íntimo do seu ser esperando que você o procure e o encontre.

Muitas vezes o cumprimento do propósito implica renúncia, dificuldade, sacrifício. A resposta é *compromisso*. Quando o seu propósito se torna uma prioridade de vida, a dificuldade e o sacrifício são compensados pelo sentimento de realização e de estar contribuindo para o mundo. Não espere um retorno imediato ou visível externamente. O retorno verdadeiro consiste no sentimento interior de estar dando o melhor de si para algo que torne o mundo melhor.

Faça tudo ao seu alcance para aperfeiçoar seu talento. Se você é enfermeira, dedique-se aos doentes com amor, investindo ao máximo para recuperar a saúde deles. Estenda esse amor às pessoas com quem convive e você vai descobrir o efeito curativo que têm os gestos amorosos. Quando alguém me pergunta: "Você é escritora?", respondo: "Não, sou professora." Meu propósito na vida é ensinar e ajudar as pessoas a viver através da minha capacidade de falar e escrever. Tenho muita clareza de que sou uma professora com a missão de curar. Isso se manifesta de várias maneiras, em várias épocas, mas estou procurando sempre cumprir meu propósito. Você também pode fazer da sua atividade, seja ela qual for, um instrumento de cura. O importante é a intenção, a confiança, a fé e o compromisso – todas as lições que o Vale do Propósito e da Intenção nos ensina.

MEDITAÇÃO COM A MÃE

Onde se encontra a Mãe quando a filha está sofrendo?
Está lá, esperando que a filha se entregue. Onde se encontra
a Mãe quando a filha atinge o limite de suas forças
e acha que não agüenta mais e que vai sucumbir?
Está lá, esperando que a filha se entregue. Onde se encontra
a Mãe quando a filha chora, esgotada e exausta com o
peso da vida? Está lá. Esperando que a filha se entregue.
Onde se encontra a Mãe quando a filha quer se entregar
mas não pode, não consegue, com medo de que ninguém
esteja por perto para salvá-la? Está lá, esperando, rezando para
que a filha se entregue. Pois quando ela se entregar, a Mãe não
só vai acolhê-la, salvá-la, curá-la, mas vai abrir a sua mente
para a verdadeira salvação – a imortal salvação do amor da
mãe, a única coisa que pode salvar a filha de si mesma.

9

O Vale da Não-Resistência

Ele tinha um metro e noventa, pesava cento e dez quilos. Eu tinha um metro e setenta e cinco e pesava sessenta e oito quilos. O corredor da casa tinha três metros de comprimento por um metro e meio de largura. Eu estava por baixo e ele, por cima. Suas mãos apertavam meu pescoço e me sufocavam – pensei que ele ia me matar. Lutei com cada fibra do meu ser. Agarrei as mãos dele. Enfiei as unhas nos seus olhos. Girei, tentando chutar-lhe o saco. Não adiantava. Ele continuava me chamando de puta. E me sufocando.

Estava ficando grave. Meus pensamentos ficaram turvos. Senti minhas pernas e braços enfraquecendo. De vez em quando, ele soltava um pouco meu pescoço, o suficiente para eu respirar e conseguir lutar e me debater um pouco mais. Eu pensava: "Ele gosta de me ver me contorcendo e lutando." Eu não acreditava que ele quisesse me matar. Ele apenas gostava de brigar e de me ver revidar quando me batia, me estapeava ou, como naquela hora, me sufocava. No meio do tumulto da minha cabeça, eu parei. Deixei as mãos caírem, as pernas escorregarem no chão. Parei de lutar contra ele. Olhei bem em seus olhos, depois para a boca contorcida, e continuei apenas olhando. Com as mãos no meu pescoço, ele deu mais um apertão, depois levantou-se e afastou-se.

Os seres humanos são programados para resistir ao que causa medo, ao que não podem controlar. No final, o medo e a resistência jogam você de costas no chão.

Uma experiência no vale

A história que vou contar é verdadeira e exaustiva. Mas é importante para você começar a entender o que é a resistência de uma pessoa e como esse processo extremamente destrutivo leva inevitavelmente para um vale profundo.

Sharon é uma mulher bonita que cresceu numa família emocionalmente doente. Pai rico e alcoólatra, cheio de amantes, agredia fisicamente a mulher. Mãe absolutamente submissa que não dava qualquer apoio às filhas. Sharon e as irmãs moravam numa casa linda, vestiam roupas caras e viviam completamente apavoradas.

Desde cedo, Sharon se rebelou contra a orientação dos pais e com o que presenciava em casa, por isso viviam em constante atrito. Sharon era acusada constantemente de ser ingrata, desaforada, irresponsável. Aos dezoito anos, ela foi para uma das faculdades mais seletas dos Estados Unidos. Juntou-se a grupos de militantes e passava a maior parte do tempo em reuniões e encontros. Suas notas eram péssimas em todas as disciplinas, menos em Arte. Sharon adorava Arte, mas a mãe vivia repetindo que "Você não pode se sustentar desenhando e pintando". No final do segundo ano, os pais se recusaram a continuar pagando a faculdade. Sharon não se importou. Ia voltar para casa e trabalhar. "Ótimo", disseram os pais, "você trabalha e paga aluguel para morar aqui." Eles deviam estar loucos! Ela não ia pagar aluguel para os pais. Sharon se recusou e foi morar com o namorado Richard, que vivia no porão da casa da mãe.

Depois de passar vários meses brincando de casinha com Richard, Sharon ficou grávida. Resolveram se casar. Sharon teve o filho e foi trabalhar num museu de arte local. Richard ficou em casa com o bebê para pensar no que ia fazer da vida. Dois anos depois, quando ele ainda não tinha descoberto o que fazer, Sharon pegou o filho e foi embora.

Os pais de ambos ficaram preocupados. Aonde você vai? O que vai fazer? Nós ficamos com o bebê. Mas Sharon preferiu alugar um pequeno apartamento e continuar trabalhando. Ia mostrar a eles do que era capaz. Pouco depois da separação, Sharon foi convidada para trabalhar em outro estado. O salário era bem maior e oferecia ótimas vantagens. Os pais e o marido tiveram a mesma reação: "Você não pode levar o bebê para longe de nós." Sharon partiu dez dias depois de receber a proposta.

O emprego era ótimo. Ela encontrou um estúdio lindo para morar. O salário cobria as despesas e tudo parecia estar bem pela primeira vez em muito tempo. Infelizmente, Sharon não conseguiu desfrutar da sua nova liberdade, porque ainda estava com muita raiva dos pais e se sentia muito sozinha. No final do primeiro ano, conheceu um homem casado que se apaixonou por ela. Passaram um bom tempo na maior felicidade. Às vezes, Sharon se sentia mal pelo fato de ele ser casado, mas aprendeu a superar esse conflito. O namorado incentivava-a a desenvolver sua arte e prometeu até pagar a faculdade. As coisas estavam indo muito bem até Sharon começar a receber ameaças da mulher do namorado. As ameaças feitas por telefone e por carta foram ficando cada vez mais assustadoras. No começo, o namorado disse que ia controlar as coisas, que entraria com uma ação de divórcio. Mas, aos poucos, as visitas foram rareando, os telefonemas dela deixaram de ser respondidos, enquanto as ameaças cresciam. Sharon acabou saindo da cidade, voltando para casa e pagando aluguel aos pais.

Os pais se divorciaram e Sharon ficou na casa com a mãe durante um ano. No começo elas riam e conversavam, e pela primeira vez na vida Sharon se sentiu próxima da mãe. Mas, aos poucos, as críticas voltaram, a situação foi piorando e acabou ficando tão insuportável que Sharon saiu de casa outra vez, arrumou novo emprego de baixo salário e foi morar em outro estúdio com o filho. Conheceu então Victor, que trabalhava com ela, respeitava-a, parecia ter uma vida organizada e era muito alegre! Victor disse logo que queria se casar com ela e dar um lar para o seu filho. Sharon achou que seria ótimo. Compraram uma casa, casaram-se, tiveram dois filhos em dois anos, e Victor saiu completamente dos eixos.

Sharon tinha de cozinhar, limpar a casa e servir Victor quando ele quisesse. Ele tinha de beber, cheirar cocaína e ter quantas mulheres quisesse. Se Sharon reclamava, ele lhe dava um tapa na cara ou jogava-a escada abaixo. As coisas pioraram quando ele começou a surrar as crianças. Sharon ficou apavorada, sem saber o que fazer. Não podia voltar para a casa da mãe, mas tinha de ir embora. No dia em que ele quebrou o braço do filho, ela viu que tinha de tomar uma atitude.

Sharon mandou o filho mais velho morar com o pai e levou os dois menores para morarem com ela num pequeno apartamento. Durante dois anos lutou para sobreviver, e de vez em quando era despejada. Mais um homem foi morar com ela. Batia nela. Ela foi embora. Conseguiu outro apartamento. Foi despejada.

Está cansada? Pois tem mais. A família de Sharon nunca perdeu uma oportunidade de dizer que ela era irresponsável, imprudente e imatura. Repetiam o que Sharon ouvira a vida toda: havia alguma coisa errada com ela. O primeiro marido tinha se tornado um advogado de sucesso e também acompanhava os fatos na vida de Sharon. Quando ela chegou ao fundo do poço, ele resolveu pedir a custódia do filho.

Sharon ficou devastada. Sentia-se completamente sozinha e vulnerável. Achava que todo mundo estava contra ela. Ficou na defensiva e ferida. Com a ajuda de uns poucos amigos, arrumou dinheiro para se defender na batalha da custódia e alugar um novo apartamento. Foi promovida no trabalho. Arrumou bem a casa para os filhos. O mais velho estava com quinze anos. Não queria ir morar com ela porque a mãe era pobre. Sharon pediu, implorou e bateu pé. O filho veio para casa, e os problemas vieram atrás.

O pai e a mãe acusavam-na de ingrata e incompetente. O primeiro marido jurou percorrer todos os tribunais para conseguir a guarda do filho. O segundo marido não pagava a pensão dos filhos e sempre que podia a ameaçava. Sharon estava sempre discutindo ou brigando com a chefia ou com os colegas no trabalho. Tinha muitas dívidas e o salário mal cobria as despesas. Estava cansada. Parecia velha. Não podia comprar um vestido novo ou ir jantar fora. Fazia dois anos que não tinha vida sexual. Era um pouco demais para uma jovem mulher agüentar.

Sharon estava quase no final da linha quando recebeu o telefonema. Uma respeitada galeria de arte em outro estado tinha ouvido falar nela e queria contratá-la. Ela estaria interessada? Sharon pegou dinheiro emprestado e comprou uma roupa nova. Fez duas entrevistas e recebeu uma oferta de salário que era o dobro do que ganhava. Sharon sabia que teria de sair de sua cidade outra vez. Sabia que teria de tirar as crianças de lá outra vez. Sabia que teria de ficar mais sozinha do que já estava. Desistiu. Poucas semanas depois, telefonaram outra vez. Pagariam o dobro e mais meio salário. Ela agradeceu, mas recusou.

Sharon conversou com uma amiga sobre o que estava acontecendo. A amiga disse que era a oportunidade para recomeçar e pediu que ela não deixasse o medo dominá-la. Claro, era uma mudança, mas mudar para melhor é ótimo. Quem cuidaria das crianças enquanto ela trabalhava? Com o dinheiro que estaria ganhando poderia contratar uma pessoa. Onde iria morar na outra cidade? Alugue um quarto até encontrar uma casa. O que os pais dela iriam dizer? Só conte depois de mudar. Sharon ainda estava indecisa quando ligaram pela terceira vez. O novo patrão ofereceu o salário máximo nos seis primeiros meses. Depois, ela passaria para outro piso salarial com aumento anual de quinze por cento. O salário inicial seria quatro vezes o que ela estava ganhando então. Sharon desligou e foi fazer as malas.

As condições eram as melhores possíveis: alguém para cuidar das crianças, um carro para levá-la e trazê-la do trabalho, amigos dando força, a família calada, o trabalho indo bem. Então apareceu um novo namorado. Não tinha emprego nem dinheiro, mas era ótimo com as crianças, era gentil, afetuoso e muito companheiro. Tinha uma bagagem: ex-mulher, vários filhos adultos que não faziam nada e certa confusão na vida, mas era um bom sujeito.

Dispensaram a moça que cuidava das crianças, e o namorado veio morar com ela e se transformou em dono-de-casa. Sharon sustentava a família sozinha. Um dos filhos dele e um neto vieram morar com eles. Mudaram para uma casa maior, mais perto do trabalho de Sharon. Seis meses depois, havia sete pessoas na casa, Sharon era a única que trabalhava e estava grávida de cinco meses.

Numa manhã ensolarada, Sharon sentou-se e fez um inventário de sua vida. Chegou à conclusão de que não estava feliz. Por fora, parecia estar tudo ótimo, mas no fundo ela sentia que alguma coisa estava prestes a estourar. Claro que estourou. O novo namorado apaixonou-se por outra mulher. Disse que amava Sharon, mas se apaixonara, que podia fazer? Pediu a Sharon para ficar e para ajudá-lo. Sharon olhou para ele, sem acreditar no que ouvia. O homem que ela estava sustentando, que mentira para ela e a traíra, agora queria que ela fosse terapeuta dele. Apesar de estar fortalecida e se sentindo muito mais valorizada, estava grávida. Tinha medo de ficar sozinha para criar quatro filhos. Contra sua vontade, prometeu ao choroso amante que não iria deixá-lo. Os dois resolveriam juntos o problema. Ao sacrificar suas necessidades pelas do amante, Sharon mergulhou no Vale da Não-Resistência.

A Lei da Não-Resistência

Quando alguma coisa fica no nosso caminho, impedindo o que queremos, o que pensamos ou o que estamos fazendo, a tendência natural é combatê-la. Usar toda a nossa força física e mental para afastar tal coisa. Investimos tanta energia para evitar a coisa que ela toma conta de nós. Acontece algo engraçado com a resistência. Quando vemos aqueles comerciais na televisão prometendo tudo pela metade do preço, não resistimos. Pegamos nosso dinheiro e nossos cartões de crédito, vamos direto à loja mais próxima e gastamos sem controle, porque ninguém resiste a uma boa liquidação. Mas quando se trata de assuntos mais importantes na vida, como tomar decisões difíceis ou fazer mudanças definitivas que nos colocam num novo estado de consciência, resistimos.

A resistência provoca atrito. Quando você vive lutando, resistindo às coisas e pessoas que são contra você, vai acabar perdendo o verdadeiro objetivo da vida: viver em paz, em harmonia e liberdade. A Lei da Não-Resistência diz: *Os sábios não lutarão contra obstáculos, mas vão bendizê-los e seguir em frente. Ao se-*

guir com fé e confiança, eles ficam mais fortes. Seu caminho se torna mais reto, sua compreensão, mais profunda e seu objetivo, mais próximo.

A necessidade de ter sempre razão e controlar tudo é o lema da resistência. Quando nos deparamos com pessoas ou situações que ameaçam o que acreditamos ou queremos, resistimos na hora. Nós as rotulamos, lutamos contra elas, e assim enfraquecemos nossa energia. *Abençoe aqueles que o amaldiçoam, faça o bem aos que o odeiam, reze pelos que o desprezam"* – assim a Bíblia mostra a Lei da Não-Resistência. Quando não gostamos de alguma coisa, nos rebelamos ou desejamos mal às pessoas, colocamos em ação a energia da resistência. Quando abençoamos uma coisa, quando procuramos e afirmamos o bem que existe nela, mudamos nossa percepção e eliminamos seu poder de nos ferir. Quando desejamos o bem da pessoa que ameaça nos ferir ou rezamos por ela, aumentamos nossa própria vibração; trazemos à tona o que há de melhor em nós; diminuímos o poder do mal que a pessoa poderia causar e gerar em nós e aumentamos o poder de fazer acontecer o que queremos. O que você dá você recebe. Essa é a lei. Quando você envia o bem, tem que receber o bem.

Entregue-se!

Nós sempre temos uma opinião sobre como os outros deveriam ser, como deveriam se comportar e nos tratar. Quando as coisas não são como achamos que *deveriam* ser, resistimos. Somos cheios dos "deveriam". Os pais deveriam ser carinhosos com os filhos. Os pais deveriam respeitar os filhos. Os pais deveriam estimular os filhos. Todos esses "deveriam" são julgamentos que nada têm a ver com a verdade. Os julgamentos se baseiam em fatos que podem mudar. A verdade não muda.

A verdade é que alguns pais não sabem como amar, respeitar e estimular os filhos, porque não receberam amor nem foram respeitados. A verdade é que os pais não são pessoas prontas – eles têm lições a aprender e problemas a resolver. Antes de serem nossos pais, foram crianças, adolescentes e jovens vivendo em situações e condições às quais resistiam e contra as quais se rebelavam. A verdade é que as pessoas têm idéias diferentes sobre o que seja "amor". Meu marido achava que amor era eu fazer tudo o que ele dizia. Quando eu resistia, ele me amava o bastante para me espancar. Lembre-se, fazemos o que fazemos com base no que somos, nas experiências que tivemos e nas informações que recebemos. Não é certo nem errado. Apenas é!

Pode não parecer justo, mas as crianças acabam sendo vítimas da confusão dos adultos. Na infância, somos indefesas e desprotegidas, esperamos receber o melhor, mas acabamos aceitando o que nos é dado. Como adultas, nos tornamos capazes de entender melhor o que se passou com os pais e o que motivou suas ações. Eles também deram o que receberam. Quando julgamos nossos pais, quando resistimos e nos rebelamos contra o que eles fazem, nos tornamos vítimas de suas mágoas e feridas.

Por resistir aos pais, Sharon sofreu as conseqüências das feridas que a vida tinha lhes causado. Os sentimentos e pensamentos gerados pelas experiências de infância levaram Sharon a relacionamentos ruins e abusivos com homens infiéis. A resistência e a raiva de Sharon levaram-na a fazer escolhas destrutivas e a entrar em conflito com as pessoas próximas. Sharon obedeceu cegamente aos próprios pensamentos sem refletir sobre eles, e isso fez com que ela recriasse na vida adulta as mesmas experiências destrutivas e infelizes que teve na infância.

No final, Sharon não sabia se queria terminar o relacionamento com o companheiro que amava outra mulher. Achava que ele tinha qualidades que compensavam e resolveu esperar até o nascimento do filho. Estava cansada de lutar, cansada de ser ferida, cansada de estar sozinha. Fez o que tantas de nós fazemos quando não conhecemos a lei: entregou os pontos. Não é isso o que a Lei da Não-Resistência nos ensina. As experiências desse vale são para nos ensinar o derradeiro ato de não-resistência: a *entrega*. Não se trata de concordar nem de desistir. Entregar-se tem um sentido e um resultado completamente diferentes.

O VALE DA ENTREGA

Eu sempre quero saber o que vai acontecer. Muitas das decisões mais difíceis que enfrento não são realmente difíceis. Eu as torno difíceis quando minha mente começa a querer explorar cada opção existente, cada resultado possível, em busca daquele que vai me trazer maior prazer – ou menos sofrimento. Quando preciso tomar uma decisão, fico louca, resistindo a coisas que não quero, tentando controlar o que quero. A certa altura, estou tão estressada, tão frustrada, que não tenho outra escolha senão me entregar. Não desisto – entrego a situação ao Deus Pai e Mãe e confio que há de acontecer o melhor.

Morei em Nova York até os trinta e três anos, em prédios lamentáveis. Quando decidi me mudar para a Filadélfia, prometi a mim mesma e aos meus filhos que iríamos morar numa casa. Comecei a procurar sem a menor idéia do que queria exatamente – queria apenas uma casa. As primeiras semanas foram enlouquecedoras. Não podia pagar as casas que eu queria. As que eu podia pagar eram como apartamentos sem portas dos lados. Percorri a estrada entre Nova York e Filadélfia várias vezes como uma doida, decidida a achar uma casa. Estava quase desistindo quando uma amiga disse para eu me entregar.

Eu estava enfurecida porque os proprietários das casas não queriam inquilinos com crianças e animais domésticos. Desconfiava que tinha sido rejeitada na maioria dos melhores lugares por ser uma mulher sozinha. Eu não conhecia a Filadélfia e assim não sabia onde devia procurar. Estava furiosamente decidida a dar aos meus filhos o que meus pais nunca me deram: um lar decente. Minha amiga perguntou se eu tinha uma imagem na cabeça de como deveria ser a casa e quantos quartos eu queria. Eu tinha uma idéia. Ela então me disse para eu me sentar diariamente e fazer uma imagem na minha cabeça exatamente do que queria. Tamanho da casa, número de quartos, cor da cozinha – tudo, até o menor detalhe tinha de estar claro na minha cabeça. Depois, eu devia agradecer a Deus e parar de procurar.

Achei tudo ótimo, menos a parte de "parar de procurar". Como eu ia encontrar uma casa se não procurasse? Ela insistiu que eu me entregasse a Deus e confiasse Nele para realizar aquilo que eu queria e precisava. Explicou que se entregar não significa desistir. Significa que acolhemos a presença de Deus em nossas vidas, certas de que Ele trará o melhor para nós. Aquilo era novo para mim, mas, como eu já estava exausta, fiz exatamente o que ela sugeriu.

Cética, fiquei vizualizando a casa durante uma semana. Numa terça-feira à noite, a imagem da casa ficou bem clara e, obedecendo à instrução da amiga, entreguei a casa a Deus. Às 9h45 de quarta-feira recebi um telefonema da Defensoria Pública da Filadélfia me oferecendo um cargo: eu poderia voltar à Filadélfia para falar com o chefe do escritório? Iria na sexta de manhã. Às 7h30 da noite de quarta-feira, eu disse a Deus que não aceitaria o emprego se não tivesse uma casa para mim e as crianças. Ainda acrescentei: "Por favor, Deus. Se me ajudar agora, nunca mais peço nada. Desta vez, estou falando sério." Às 7h15 da manhã de quinta-feira, recebi outro telefonema da Filadélfia.

"Alô, você não me conhece, sou amiga de Sandy. Ela disse que você quer se mudar para a Filadélfia. Se quiser, tenho uma casa para você."

Quando entrei na casa, fiz força para não chorar. Tudo era exatamente como eu tinha visto na minha cabeça. O mais incrível era que o aluguel era cem dólares mais barato do que a melhor casa que eu recusara. Quando você se entrega, permite que a força criativa do universo funcione, trazendo para você exatamente o que precisa.

Entregue seus pensamentos, sua raiva, seu medo, sua resistência, seu desejo de controlar as coisas. Admita para si mesma tudo o que sente. Simplesmente entregue ao seu Deus, pedindo que seus pensamentos e suas emoções sejam harmonizados com seu maior e melhor bem. A partir daí, procure não pensar na situação. Se um pensamento de medo ou pânico surgir na sua cabeça, respire fundo e diga: "Entrego esse pensamento ao espírito de Deus em mim. Confio que Deus vai melhorar essa situação. Obrigada, meu Deus!" Entregue suas preocupações ao maior poder que existe, o poder onisciente do bem.

As mulheres esperam muito pouco para si mesmas. Pedimos apenas o que precisamos hoje, a necessidade imediata. Não percebemos que existem possibilidades bem maiores, e que estão à nossa espera coisas que não podemos ver ou imaginar. Ficamos presas à raiva, a sentimentos de falta, medo, insegurança e limitação. Como seres humanos, não conseguimos imaginar a bondade de Deus. Ficamos presas ao passado, lutamos contra o agora, tememos o futuro. Por isso, resistimos e paramos. Muitas mulheres dizem que acreditam num Deus bom e misericordioso, mas, apesar disso, continuam acreditando sobretudo no pecado, nas obrigações religiosas e no mal. Retrocedemos para nosso comportamento controlador, resistindo ao que se opõe a nós e bloqueando o caminho de Deus. Entregar-se é a palavra-chave.

Não sabemos o que vai acontecer, como vai acontecer e, em certos casos, *se* vai acontecer. Como não sabemos, ficamos com medo, raiva, culpa e vergonha – toda uma gama de emoções negativas que criam resistência. Se você resiste a uma coisa, ela vai persistir. Quanto mais você resistir, maior a persistência do que se opõe a você. Quando você se entrega, permite que aquela coisa ou pessoa exista, tenha seu próprio espaço, enquanto você vai atrás do seu objetivo sem medo, raiva ou hesitação.

Você faz tudo o que pode, da melhor forma possível. Depois, você se desapega. Há realmente coisas em relação às quais você simplesmente não pode fazer nada. Isso não significa que você seja impotente ou indefesa. Significa que, quando você não pode fazer mais nada, deve confiar em algo mais poderoso do que você: a *capacidade do poder universal do espírito*. Entregar-se significa permitir que o poder universal do espírito assuma o controle da situação, sabendo que o propósito do universo é o que existe de melhor para você. Pode ser que nem sempre pareça assim, pode ser que você duvide, mas a lei é bem clara, e já pude comprová-la inúmeras vezes.

O que a mãe de Sharon fez foi desistir. Ela não conseguia ver uma saída e não se deu conta de seu nível de responsabilidade em relação aos filhos. É bem possível também que ela estivesse com muito medo ou muito desanimada para buscar uma saída.

Isso não é entregar-se. No caso da mãe de Sharon, entregar-se teria sido dispor-se a parar de tentar consertar o casamento. Seria deixar o marido sair de casa, sem negar o medo de não ser capaz de sobreviver sem ele, mas entregando-se ao poder do espírito. Ou sair da casa, entrando em contato com o medo de talvez não ter para onde ir, mas entregando-se. Para entregar-se é preciso em primeiro lugar aceitar que você não sabe o que fazer, que já fez tudo o que podia, e então convidar o espírito para assumir o comando. Quando você se entrega ao comando do espírito, pode afirmar: "Não temerei o mal!"

Com freqüência, sabemos que as situações que vivemos e as pessoas que nos cercam não são energias positivas em nossas vidas. Declaramos que gostaríamos de nos afastar ou nos livrar delas. Mas, em vez disso, deixamos que essas pessoas "grudem" em nossas vidas, aceitando os favores que nos fazem e ignorando sua influência negativa, por acharmos que precisamos delas. Lembre-se: *tudo tem seu preço*. Quando você aceita favores de uma energia negativa, você entrega uma parte sua àquela pessoa. Essa é a lei! No Vale da Não-Resistência, conhecer a lei é fundamental para sua sobrevivência e evolução. Você tem que saber em sua mente, no seu coração e na sua alma que, se agir de acordo com a lei, tudo será a seu favor. Para saber, você precisa dominar a lição desse vale: *confiança*.

A LIÇÃO

Acreditar insistentemente que um determinado jeito ou uma determinada coisa são os únicos que podem nos satisfazer mostra que não sabemos o verdadeiro sentido da entrega. Para realmente nos entregarmos, precisamos saber que o resultado de uma situação pertence à ordem divina. Mesmo quando o resultado não corresponde ao que esperávamos, temos de saber que ele é divino. Quando dizemos que algo "devia" ser desse ou daquele jeito, estamos questionando a sabedoria de Deus, a sabedoria universal, e reforçando nossas crenças e percepções limitadas. Para vencermos a resistência, para permitirmos que a sabedoria de Deus prevaleça, não devemos querer determinar o resultado. Para isso, devemos aprender a *confiar*.

Confiar é aceitar que não estamos no controle, que não podemos ver todas as possibilidades. Se resistimos ou tememos o que vai ou não acontecer e ficamos presas a um determinado resultado, podemos estar nos limitando e limitando o plano perfeito de Deus. Os ingredientes da entrega total são o desejo de entregar-se, a obediência, a paciência, o desapego em relação ao resultado e a confiança.

Marilyn e Tony se separaram. Ela voltou para a casa da mãe no Texas, e ele ficou em Nova York. Os dois anos de casamento tinham sido cheios de frustração e estresse por causa de problemas financeiros e da tendência de Tony de envolver-se com outras mulheres. Os dois se amavam, mas Marilyn queria um compromisso mais sólido. Tony precisava se sentir livre, solto. Era hora de entregar-se ao fim do casamento.

Marilyn entendia todos os princípios da entrega. Mas colocá-los em prática era outra coisa. As primeiras duas semanas de separação foram uma verdadeira tortura. Marilyn rezou pedindo orientação, consciente de não estar pedindo a salvação do casamento. Ela queria paz – não importando o que fosse trazer a paz. Pediu orientação ao espírito para que ela e o marido soubessem exatamente o que fazer. Sempre que sentia uma vontade enorme de ligar para Tony, Marilyn entregava essa vontade e rezava pedindo força. Ela sabia que os dois precisavam de tempo e distância para saber mais claramente o que fazer. Mas, ao final de duas semanas sem Tony, ela já estava beirando o desespero.

Ao examinar sua disposição de entregar o casamento à decisão do espírito, Marilyn percebeu que estava com medo. Com medo de perder Tony. Espiritualmente, Marilyn sabia que, se entregasse o casamento à ação do espírito e se Tony não fosse seu divino companheiro certo, eles não reatariam. No fundo, ela queria que Tony fosse fiel, começasse a economizar e assumisse o compromisso com ela. Isso não era entregar-se. Isso era determinar como as coisas deviam ocorrer.

O processo de entrega e desapego, que se baseia na confiança, consiste em reconhecer que, seja lá como for, vai acontecer da forma ordenada pelo espírito. Quando você começa a fazer exigências e a imaginar como as coisas deveriam ser, você está resistindo e não se entregando. Quando você fica procurando sinais de que suas expectativas estão se confirmando, você está resistindo e não se entregando. Entregar-se é saber, com base na confiança e na fé, que, aconteça o que acontecer, você vai sobreviver. Aquilo que queremos pode não ser o que está divinamente ordenado para nós. Marilyn "queria" ficar casada com Tony não só porque o amava, mas porque tinha medo de ficar sozinha. Ela "não queria" admitir que tinha se enganado sobre ele. Ela "não queria" suportar a dor da separação. Ela "não queria" admitir o fracasso ou enfrentar a perda. Estava resistindo à corrente natural dos fatos e provavelmente adiando algo melhor. No final do primeiro mês, Marilyn percebeu que seria forçada a enfrentar todos os seus medos se Tony não ficasse com ela. Pensar nisso era tão insuportável, que ela jogou fora a confiança, a fé e o desapego, entrou em depressão e pediu a Deus que salvasse seu casamento.

"Quando uma porta se fecha, outra se abre." Mas cada um deve passar pela porta do seu jeito, no seu próprio ritmo. Você não pode criar uma porta para alguém. Não pode empurrar a pessoa pela porta, a menos que ela queira entrar. Muitas vezes, quando estamos sozinhos e sofrendo, entramos em pânico. Queremos forçar a porta e, se for possível, arrombá-la. Se, apesar dos nossos esforços, não conseguimos, sentimos medo e raiva. Então, chutamos e esmurramos a porta, sacudimos a maçaneta. Não adianta. A porta está fechada e não podemos entrar, ponto final.

Se não sabemos como nos entregar, vamos nos afastar da porta fechada com raiva, jurando nunca mais confiar. A porta fechada parece evidenciar nosso fracasso em conseguir algo que esperávamos. Em determinados casos, chamamos uma porta fechada de traição, rejeição ou abandono. Ficamos obcecadas em abrir a porta, sem parar e pensar que a porta pode estar fechada para o nosso próprio bem. Estamos resistindo a aprender a lição. Finalmente, seremos obrigadas a escolher: ficar com raiva e histéricas, ou entregar-nos.

Tony ligou para Marilyn três meses depois da separação, seis semanas depois de ela começar uma terapia. Queria que o esperasse. Gostava dela e lastimava o que tinha acontecido. Queria ser perdoado e jurou que ia se curar para o bem deles. Queria ter filhos e um lar. No momento, precisava de dinheiro. Marilyn ouviu com atenção. Alguma coisa tinha mudado, ela não sabia o quê. Não resistiu. Não tomou nenhuma decisão nem assumiu qualquer compromisso. Ela se entregou. Disse que não estava pronta para vê-lo, mas que mandaria o que ele precisava. Em completa entrega e confiança, Marilyn teve certeza de que saberia o que fazer quando chegasse a hora. Até lá, iria ficar em paz, confiando na oração e na entrega.

A saída

Muitas mulheres se deixam guiar por seus sonhos e por sua intuição. Mesmo assim, há momentos e situações em que deixam de confiar no que sabem e se deixam levar pelo medo. Com o medo, cresce a resistência e diminui a confiança. Sem confiança, você não pode ter certeza de que o que está fazendo em determinado momento faz parte do plano divino para sua vida. Você fica na defensiva contra tudo o que lhe pareça oposição. A batalha para a qual você está se preparando não é corporal. É espiritual. Para sair vitoriosa, você precisa revestir-se de sua armadura espiritual.

Vou repetir: deixar de resistir não significa ser derrubada e derrotada. Significa que, depois de fazer tudo o que é humanamente possível, você pede que lhe mostrem "o caminho". Entregar-se significa ficar firme no seu lugar espiritual, um lugar que não pode sofrer qualquer destruição humana. Confiar não significa deixar de lutar pelo que você quer. Significa não brigar, não se preocupar. Você não *diz* às pessoas quem você é e o que vai fazer. Através dos seus atos e atitudes, você *mostra* às pessoas quem é. Não impõe nada aos outros, não compete com eles nem os desafia. Você deixa que eles façam o que estão fazendo, enquanto segue confiante, sabendo o que deseja, rumo ao objetivo do seu coração.

Vista sua armadura espiritual!

Um dos mais poderosos instrumentos da minha resistência era minha boca. Eu sempre tinha algo a dizer. Tinha opinião formada sobre tudo e sobre todos. Vivia dizendo às pessoas o que eu ia fazer, como e por quê. A duras penas, aprendi que falar cria grande oposição e grande atrito. Falar cria uma energia carregada de emoções negativas e de motivações inconscientes que gera desafios e mal-entendidos desnecessários. Quando você se entrega e confia mais no espírito que existe dentro de você e no universo, percebe que não precisa contar tudo para todos.

O *silêncio* é uma arma espiritual da não-resistência. Quando você está calada, pode ouvir seus pensamentos. Quando está calada, pode ouvir a força do espírito falando dentro de você. Quando ouve e obedece à orientação do seu espírito, não precisa lutar contra as diferenças, atacar problemas ou buscar soluções. Quando você segue a orientação do espírito, torna-se capaz de caminhar com coragem, confiando em si mesma, sabendo que o universo a está apoiando. Torna-se capaz de se desapegar do resultado e se movimentar em paz.

Você ouviu a lua nascer ontem à noite? Ouviu o sol aparecer hoje de manhã? Ouviu o espermatozóide se juntar ao óvulo para criar o milagre a que chamamos vida? As mais poderosas forças do universo são silenciosas. Elas surgem e somem, se juntam e criam, levam adiante e controlam o fluxo da vida, silenciosamente, sem resistir, sem hesitar. Quando ficamos em silêncio, desenvolvemos a fé para nos entregar, a sabedoria para confiar e a capacidade para ultrapassar qualquer coisa ou qualquer pessoa que possa estar de alguma forma em oposição ao plano divino para nossas vidas.

A *oração* é outra arma espiritual da não-resistência. Você não pode entregar-se ou confiar se não pode rezar. Quando você quer entregar-se, deve rezar a cada momento. A oração é a única forma para vencer as forças negativas que se levantam das profundezas da sua mente e do seu coração quando você se coloca nas mãos do espírito. Quando você se entrega, reza sem cessar para fortalecer sua armadura espiritual. As anciãs sábias dizem: "Quando sobe a oração, caem as bênçãos!"

A *gratidão* também é uma arma espiritual da não-resistência. Seja qual for o desafio que você enfrenta, seja grata. Seja grata por estar viva, por ter a oportunidade de crescer, de aprender a lição e ser mais dona de si mesma. Seja grata por ter ultrapassado as situações difíceis que pareciam intransponíveis. Seja grata por estar vivendo uma experiência desafiadora agora, sabendo que está preparada para enfrentá-la. Quando as pessoas nos amam, não nos deixam sozinhas. Deus a ama e não a deixa sozinha. O desafio que você está enfrentando serve para seu crescimento. Você está sendo desafiada para aprender a entregar-se e para confiar no poder do espírito de Deus que a habita. Seja grata por cada pequena coisa de sua vida.

A arma mais poderosa da não-resistência é o *amor*. O amor afasta da sua vida qualquer coisa que não sirva para o seu bem. O amor espiritual é o ato mais importante de entrega e confiança. Quando "fazemos amor", tiramos todas as roupas, voltamos à nudez do nascimento, fechamos os olhos e entregamos todo o nosso ser a outro ser. Você abre o seu coração e o seu corpo para receber a força da vida do outro, sem resistência ou medo. Nesse estado de humilde nudez e entrega, buscamos o que chamamos de amor.

Quando somos desafiadas na vida, devemos nos entregar da mesma maneira. Devemos nos despir do orgulho e do eu. Devemos fechar os olhos ao passado e ao futuro. Devemos nos concentrar completamente no agora, para sentirmos a plena verdade, e então, sem julgar nem temer, ter confiança suficiente em nós mesmas para saber que o que está para acontecer vai ser bom.

Quando você conseguir olhar para as pessoas e as coisas honestamente, sabendo que, por mais negativas que pareçam, elas vieram para ajudá-la a crescer e aprender, você deve amá-las. Amá-las pelo que estão lhe trazendo. Amá-las porque o espírito da vida resolveu que você merecia a bendita oportunidade de evoluir para um estado superior de consciência.

Meditação com a Mãe

Você começa e pára, começa e não quer terminar, porque não tem certeza. O que seria preciso, minha filha, para garantir que você tem capacidade de executar a tarefa? Que você tem valor suficiente para receber as recompensas por completar a tarefa? Você se preocupa, duvida e teme porque os outros dizem que você não é capaz de fazer o que lhe foi pedido. O que seria preciso para minha voz soar mais alta que a deles? O que seria preciso para fazer contato direto do seu coração e da sua mente comigo, em vez de acolher os argumentos deles?

É muito simples. Seria preciso que "você" desejasse fazer exatamente aquilo que "eles" dizem que você não pode fazer. A vida é um bem tão precioso. É um bem que abençoa aquele que dá e aquele que recebe. O Ser Único que lhe deu a vida é abençoado quando você usa a vida plenamente, dando e compartilhando através de todas as suas atividades.

Aqueles que recebem o que você faz com sua vida são abençoados porque se tornam mais fortes e mais capazes de crescer. A vida se torna um dom valioso quando todos os que partilham dela dão, recebem, crescem e fazem tudo de que são capazes para apoiar a vida dos outros.

Quando lhe dão um presente, você o abre, feliz com o dom que recebeu. Você recebe e aceita com gratidão seus presentes, usa o que pode e distribui o resto para os outros. Se você encontra uso para os presentes que "eles" lhe dão – roupas, objetos, jóias –, por que acha tão difícil, desafiador e assustador encontrar uso para o dom da vida?

10

O Vale do Sucesso

MUITAS MULHERES NASCERAM EM FAMÍLIAS PRÓSPERAS. FORAM CRIADAS COM CARINHO E CUIDADO, COM MUITAS VANTAGENS na vida. Pode parecer que elas não teriam motivo para reclamar e não poderiam nem deveriam fracassar. Algumas dessas mulheres seguem muito bem na vida. São pessoas refinadas, educadas, de sucesso pessoal e profissional, desconhecendo qualquer necessidade material. Mas algumas dessas mulheres tropeçam ou caem em desgraça, jogando fora tudo o que receberam. Elas se sentem sozinhas, desesperadas e, pior, não se sentem amadas. Elas sentem mais medo do que aquelas que têm motivos reais para estarem preocupadas ou temerosas. Mesmo as chamadas mulheres de sucesso vão para um dos vales de vez em quando.

Mais uma vez, *um vale é uma experiência* que tem por finalidade fazer você crescer. Um vale resulta do que fazemos e não fazemos para respeitar as leis e os princípios universais. O dinheiro não impede que você passe por uma experiência no vale. Por mais que tenha estudado num dos melhores colégios, você poderá passar por uma experiência que vai fazê-la aprender uma lição espiritual. Sob o ponto de vista espiritual, o sucesso na vida não tem nada a ver com sua riqueza ou sua fama. O sucesso espiritual é a capacidade de viver com liberdade e paz, realizando o que faz você se sentir essencialmente bem. É saber enfrentar desafios e obstáculos com força e tenacidade, tendo a certeza de que, aconteça o que acontecer, você estará ótima. O sucesso, assim como as experiências nos vales, não é igual para todas. O sucesso vem dos mais profundos desejos do nosso coração e da nossa capacidade de nos sentirmos bem como somos e com o que temos, independentemente do que somos ou possuímos.

Começar de baixo não significa que o alto esteja longe

Eu fui criada numa família muito pobre. Havia um teto sobre nossas cabeças e comida na mesa, mas eu nunca tive as coisas que muitas amigas minhas tiveram. Na vizinhança havia famílias bem constituídas, com pai e mãe morando juntos, e eu via várias amigas usarem roupas lindas, viajarem com a família e aproveitarem todas as coisas boas que o dinheiro permite. Eu detestava essas amigas! Quer dizer, gostava delas, mas detestava o fato de poderem fazer coisas que minha família não tinha condições de fazer. Quando adolescente, percebi que todas nós tínhamos os mesmos problemas, na mesma época! Todas ficávamos preocupadas porque nossos peitos eram pequenos ou grandes demais. Todas sofríamos por causa de espinhas e cólicas e porque a menina mais bonita da classe namorava o menino com quem pretendíamos nos casar. Todas nós chorávamos quando um namoro terminava ou íamos mal numa prova. Todas nós ríamos quando a menina que tinha roubado nosso namorado escorregava escada abaixo. Nas coisas que realmente importavam, ter ou não ter dinheiro pouco adiantava. A espinha no rosto de uma menina rica era tão feia quanto a do rosto da garota pobre.

De onde então tiramos a idéia de que dinheiro significa sucesso? Por que achamos que nossa auto-estima depende do que possuímos? Uma rica mulher enraivecida ou assustada tem o mesmo problema espiritual que uma pobre mulher desonesta e envergonhada. Uma pobre mulher insegura ou invejosa tem que aprender as mesmas coisas que uma rica mulher insegura e irresponsável. Não nos ensinaram que sucesso é uma conseqüência de nosso *aprendizado espiritual*. A capacidade de amar, dar, fazer, ter é reflexo direto do que aprendemos e de como nos sentimos em relação ao que sabemos. Saber e sentir são funções espirituais que você não pode comprar, por mais dinheiro que seu avô tenha lhe deixado.

A QUESTÃO NÃO É O QUE VOCÊ FAZ, MAS COMO SE SENTE COM O QUE FAZ

Nosso sucesso costuma ser definido pelo padrões que o mundo estabelece. Se temos um bom trabalho, um bom marido, uma casa linda, roupas lindas, dizem que devemos nos considerar mulheres de sorte e bem-sucedidas. Mais uma vez, as aparências enganam. Ninguém quer saber se você se sente péssima no trabalho, se não suporta seu marido, se tinha vontade de morar numa casa mais simples e usar roupas mais descontraídas. A parte ainda mais triste do sucesso aparente é que, quando possuímos muitas coisas, também achamos que encontramos o sucesso. Temos todas as "coisas" que representam o sucesso, mas por dentro nos sentimos péssimas. Ou somos consideradas um sucesso, mas mesmo assim nos sentimos um fracasso. Isso é que é triste.

Quando concluí a formação básica na universidade, tinha trinta e três anos. Recebi o diploma com distinção e louvor, e era presidente do diretório estudantil. Quando entrei na faculdade, recebia ajuda da assistência social, e quando terminei trabalhava em tempo integral e criava meus três filhos. Qualquer pessoa estaria batendo no peito e se vangloriando. Pois eu me sentia péssima! Primeiro, depois de ser criada com os parentes sempre me dizendo que eu era burra, não conseguia me dar conta da dimensão da minha conquista. Segundo, nem meu pai, nem meu irmão, nem minha avó, nenhuma das pessoas que pensei que estariam orgulhosas de mim se deu ao trabalho de aparecer na formatura. Fiquei arrasada.

Cinco anos depois, quando me diplomei em Direito, meus pais tinham falecido, eu não tinha mais notícias de meu irmão e terminara um relacionamento de quatro anos. Foi um desastre. Fiquei rodando de um lado para o outro, apalermada e triste, não querendo comemorar meu sucesso. Meus amigos estavam contentes e orgulhosos de mim. Viram a tristeza nos meus olhos e se esforçaram para me ajudar. E uma abençoada amiga disse exatamente o que eu precisava ouvir para voltar à realidade: "Se você deixar as outras pessoas roubarem a alegria do seu sucesso agora, vai ser assim a vida toda!" Foi aí que percebi: eu não tinha feito nada daquilo para *mim*, mas para provar para minha família e para o mundo que eu tinha valor. Quando nenhuma das pessoas que me interessavam reagiu da forma que eu esperava, me senti um fracasso. No meio do sucesso, eu me sentia um fracasso!

Quando fazemos as coisas para impressionar os outros, em geral acabamos não nos sentindo bem com nós mesmas. Quando você mede seu sucesso pela reação dos outros, nunca sabe o que esperar. Se fizermos as coisas para provar aos outros o que valemos, nunca conseguiremos fazer o bastante – provar que somos boas, que temos valor e merecemos o amor e o reconhecimento deles.

O sucesso é relativo. Significa coisas diferentes para pessoas diferentes. Para minha família, cuja luta diária era ter comida e pagar o aluguel, um diploma universitário não significava nada. Eles achavam que eu tinha gasto um bocado de dinheiro para ir à escola e provavelmente jamais ficaria rica. Quando você só conhece a pobreza, o dinheiro significa sucesso. Na época, eu não sabia disso, mas aprendi depois que o dinheiro não compra sucesso nem faz você se sentir bem-sucedida.

NÃO DEVA O SEU SUCESSO A NINGUÉM

Como muitas de nós, Barbara cresceu em meio à carência e sensação de falta. Sua família sempre foi pobre. Claro que os pais queriam o melhor para a filha, mas jamais pareciam equilibrar as contas. Estavam sempre sendo despejados, morando com parentes, dormindo três ou quatro numa cama, e às vezes no chão da casa de alguém. Barbara cresceu numa família em que as pessoas acreditavam que o dinheiro resolveria todos os problemas.

Dos quatro filhos Barbara foi a única que fez o segundo grau e a faculdade. Quando, aos vinte e três anos, foi promovida a um cargo de gerência, mudou-se para longe da família. Não fez diferença. Três ou quatro vezes por semana, um parente ligava para ela e falava em problemas de dinheiro. Sempre esperavam que ela emprestasse algum, e em geral era o que ela fazia. Nas raras vezes em que teve coragem de dar uma desculpa, ouviu que era "arrogante e boa demais" para a família. Inconscientemente, Barbara começou a achar que era errado ter sucesso, já que a família continuava sofrendo. Ela se sentia culpada e ficava se perguntando: "Por que eu?" Quanto mais trabalhava, mais ganhava, mais os parentes precisavam e queriam. Foi assim durante anos, mesmo depois que ela se casou e teve filhos. Alguém sempre precisava de alguma coisa e esperava que Barbara desse. Como se sentia culpada por ter alcançado o que era considerado sucesso, Barbara vivia angustiada, sem conseguir usufruir o que tinha conquistado. Estava realmente no vale.

Não devemos a ninguém o que fazemos de nossas vidas. Claro que queremos ajudar nossa família e os amigos que nos apoiaram e nos amaram em nossos altos e baixos. Mas é absolutamente necessário entender que *não devemos nada* a eles! Ficamos confusas porque precisamos amar e ser amadas e nos deixamos explorar porque temos medo de que as pessoas parem de nos amar se não dermos o que pedem.

Devemos compartilhar o que temos com os outros porque *queremos*, e não porque somos *obrigadas*. Foi uma honra para mim dar meu primeiro salário para minha mãe. Era como se eu estivesse dizendo a ela: "Olha, tudo o que você fez está sendo pago!" Ela nunca me pediu nada. Eu dava quando podia. Por outro lado, conheço mães, pais, irmãos, primos e parentes que acham que têm direito ao que você possui. Essas pessoas não sentem qualquer constrangimento de lembrar o pouco que fizeram por você. Se você aceita a culpa que elas jogam em seus ombros, vai se deixar sugar.

É importante sabermos que a melhor coisa que podemos dar à família é sermos felizes. Sendo felizes, ensinamos a eles que existe outra forma de viver. Sustentar alguém que vai continuar acomodado numa situação de falta e restrição não é certamente o melhor caminho. É preciso reagir com firmeza: "Agora chega! Existe um outro jeito de viver!"

Crie seus padrões e viva de acordo com eles

Os pais de Carol eram médicos. Sim, dois médicos negros que davam aula na universidade. Desde os sete anos, Carol sabia que devia ser médica e dar aula numa universidade de renome. Não era o que ela queria, mas não via alternativa. Carol freqüentou as melhores escolas e faculdades. Aos vinte e nove anos, era médica, mas decidiu trabalhar num centro comunitário de saúde na parte mais pobre da cidade. Ela gostava do trabalho e dos pacientes. Achava que estava dando uma ótima contribuição ao mundo. Os pais ficaram loucos!

O desejo de Carol era fornecer serviços médicos de qualidade por um preço mínimo aos que tinham menos recursos para obtê-los. Seus pais, por outro lado, achavam que a medicina era um instrumento para dar o melhor atendimento possível aos que pudessem pagar mais. Ficaram furiosos porque Carol os tinha feito gastar tanto dinheiro para educá-la e agora estava desperdiçando todo aquele esforço num trabalho anônimo e mal remunerado. No mínimo duas vezes por semana Carol ouvia o estribilho: "Por que você está fazendo isso conosco?" Embora estivesse realizando um ótimo trabalho na clínica, ela começou a se sentir muito desprestigiada, desvalorizada e malsucedida. Carol estava numa vala.

Os episódios se sucederam. Carol desenvolvia um bom trabalho na clínica, revelou-se competente nos diagnósticos e nos tratamentos e era muito elogiada por seus chefes. Apesar de se orgulharem do desempenho da filha, os pais continuavam pressionando-a para que aplicasse seu talento num setor mais rentável. A tensão e o atrito chegaram a um ponto em que Carol se viu obrigada a cortar relações com os pais. Ficaram sem se falar por dois anos e meio. A mãe de Carol foi a primeira a procurá-la para fazer as pazes, e logo depois o pai. Quando Carol completou seis anos no centro comunitário de saúde, os pais doaram dinheiro para pintar o prédio.

Há um princípio muito importante que se chama *autodeterminação*. Às vezes, as pessoas acham que sabem o que você deve fazer para ter sucesso. Ou querem que você faça coisas para promover o sucesso delas. Mas é sempre *você* quem deve determinar o que significa ter sucesso. Para muitas de nós, pode ser apenas fazer o melhor da melhor maneira possível. Quando damos o melhor que temos, sentimos muita paz e alegria.

Procure não depender dos elogios dos outros para fazer suas escolhas e sentir-se em paz. Se você sabe que fez o melhor que pôde, da melhor forma, aceite o sucesso que sente no coração e deixe que ele seja suficiente. A presença de Carol naquele hospital fazia parte do plano divino. Se ela tivesse respondido às expectativas dos pais, dedicando-se a uma clientela de elite, talvez tivesse ficado rica e famosa, mas provavelmente se sentiria frustrada e acabaria num lugar onde não queria estar – num vale.

Não questione o valor do que você está fazendo

Quando Rebecca foi demitida, achou que o mundo tinha se acabado. Ela havia concentrado todo o seu tempo e energia para subir na empresa. Sentiu-se inútil e desvalorizada. Ficou vivendo do seguro-desemprego enquanto procurava, desesperada, um trabalho. Estava quase desistindo quando viu uma saída.

Respondeu a um anúncio para atender as ligações num serviço de apoio a pessoas em crise. Quando chegou ao local, o cargo já havia sido preenchido, mas perguntaram se ela gostaria de trabalhar como voluntária algumas horas por dia. Se aceitasse, teria um emprego assim que abrisse uma vaga. Rebecca aceitou a oferta.

Três meses depois, a vaga se abriu e Rebecca resolveu ficar. O trabalho não era ruim. Recebia três ou quatro ligações de pessoas realmente em crise. Os outros telefonemas vinham de solitários que precisavam conversar com alguém. Rebecca se sentia desvalorizada naquela função, pois tinha investido para conseguir algo muito melhor. Estava num dia particularmente ruim quando recebeu uma ligação que poderia ter mudado sua cabeça e sua vida.

Uma mulher ligou do hospital pouco depois de lhe terem comunicado que o câncer que tinha era incurável. Rebecca atendeu e falaram durante quatro horas. A mulher era viúva, e seu único filho tinha morrido num acidente de carro. Além de doente, ela estava muito só. As duas falaram, riram, choraram e rezaram juntas. Rebecca finalmente perguntou à mulher se ela queria viver. Claro! Tinha apenas cinqüenta e seis anos e ainda desejava fazer algumas coisas. Rebecca afirmou que, se ela queria realmente viver, viveria – não importava o que os médicos tinham dito. Nas conversas, Rebecca descobria dentro de si uma sabedoria que inspirava suas palavras e uma capacidade de amor e dedicação que até aquele momento desconhecia.

As duas continuaram se falando pelas semanas seguintes. Milagrosamente, a mulher reagiu bem ao tratamento e pôde voltar para casa. Em seus contatos, ela repetia para Rebecca o quanto sua participação tinha sido uma bênção que contribuíra para a sua cura. Rebecca até hoje tem muita dificuldade em perceber a importância de sua participação. Finalmente conseguiu um emprego em que se sentiu valorizada e encarou sua experiência no serviço de apoio como um quebra-galho enquanto estava desempregada. Por mais que a mulher tivesse tentado convencê-la, Rebecca continua não aceitando ser responsável pela vontade de viver que reforçou nela.

Se você está no vale, é difícil descobrir o valor do que faz. Quando as coisas não acontecem exatamente como planejávamos, desconhecemos a importância do que está ao nosso alcance! A história de Rebecca mostra claramente que ter um propósito e colocar amor em suas ações leva você ao sucesso. Quer sucesso maior do que salvar uma vida?

Quando temos consciência de que estamos aqui na Terra com um propósito, aceitamos melhor os altos e baixos do caminho, porque vemos neles um sentido: atingir a paz de espírito e o crescimento pleno. Quando não temos idéia do nosso propósito, quando colocamos nossa meta no sucesso que o mundo espera de nós, ficamos irritadas, frustradas e nos sentimos inúteis. Mas, se estamos abertas e prontas a receber o melhor, mesmo nas situações mais inesperadas, nossa vida passa a ter sentido e reforçamos nossa fé de que o universo nos trará o que for melhor para nós.

Faça o que puder. Faça o melhor que puder. Não se julgue. Procure sempre o benefício em cada experiência. Tantas de nós caímos no vale porque desistimos pouco antes de conseguir. Lembre sempre: não desista cinco minutos antes de o milagre acontecer. Há sempre alguma coisa que fará tudo valer a pena.

Peça o que quer

Em espanhol, o nome Dolores significa "dores, sofrimentos". Era exatamente o que Dolores fazia: sofrer. Ela sofrera quase a vida inteira porque achava que não podia ter o que queria. Estava no mesmo emprego há doze anos e jamais fora promovida. Ela se queixava com os amigos, mas se conformava. De vez em quando, procurava outro emprego e era entrevistada. Não era contratada e dizia: "Não tem problema. Eu não queria mesmo o emprego." Ia almoçar com os colegas de trabalho e sempre deixava o último pedaço de torta: "Não, pode pegar, eu como outra coisa." Dolores fazia tudo isso como se fosse normal, mas, no fundo, sofria.

Dolores sabia que o marido estava tendo um caso com outra mulher, mas não dizia nada. Queria que o irmão menor mudasse da casa dela, mas ficava com escrúpulos de pedir-lhe. Sempre que a mãe, a irmã ou os amigos precisavam de algum favor, Dolores parava o que estava fazendo para atender. "Pode deixar, eu faço." Depois, reclamava que as pessoas a usavam e se aproveitavam de sua boa vontade.

Dolores era também uma excelente costureira. Costurar era a terapia a que recorria para ganhar um dinheiro extra. Ela aceitava os pedidos dos outros. Passava dias, às vezes semanas, preparando uma roupa. Quando a pessoa queria pagar, Dolores dizia: "Ah, pague o que você achar que vale." Como ela não pedia, não recebia. E ficava profundamente ressentida, achando que seu trabalho não era valorizado.

Dolores estava presa a um padrão de comportamento que não conseguia mudar e por isso precisava de uma Educação Especial. Aceitava a infidelidade do marido, o ócio do irmão, os pedidos da família e dos amigos, deixava-se explorar nos trabalhos de costura. Ela estava em rota de colisão bem antes de o acidente ocorrer. No dia em que bateu o carro numa árvore durante uma chuva forte, todos os problemas se manifestaram com violência.

Ela ficou cega de um olho e quase paralítica. Teve de lutar para voltar à vida e recuperar quase todas as partes do corpo. As pessoas que ela tinha ajudado lhe deram pouco apoio e assistência. Estavam todas muito ocupadas, e, quando perguntavam se ela precisava de alguma coisa, Dolores respondia: "Não se preocupe. Estou ótima."

O marido ficou completamente omisso, mas o irmão acabou dando a maior ajuda a Dolores. Enquanto ela se recuperava, ele cuidou da casa, fez as compras e levava-a de carro para as sessões de fisioterapia. Mas um dia, quando ela estava começando a andar de bengala, o irmão retomou seu lugar na frente da tevê e perguntou: "O que você vai fazer para o almoço?" Bastou isso! Todos os ressentimentos represados durante anos saíram aos borbotões. Dolores falou da mãe, da irmã, do marido, do chefe, dos amigos que a exploravam. Depois de dizer tudo, Dolores se trancou no quarto, onde ficou quatro dias, morta de vergonha com o que tinha feito. Quando saiu do quarto, pediu desculpas e voltou para a rotina de sempre.

O pior erro que nós mulheres cometemos na vida e em nossa busca pelo sucesso é não pedir o que precisamos ou queremos. Desde muito cedo, deixamos as pessoas nos convencerem de que não podemos ter mais do que já temos. Não sabemos pedir apoio ou ajuda. Quando conseguimos, ficamos constrangidas. Se as pessoas tentam nos ajudar, ficamos com medo, achando que elas estão procurando "tomar conta". Por causa desse medo, tentamos fazer tudo sozinhas e depois reclamamos dizendo que estamos cansadas, sendo usadas ou manipuladas. Temos dificuldade em dizer "Não é isso que eu quero", "Agora eu não posso!". O mais importante: a grande maioria das mulheres não acredita que merecemos ser amadas apenas por sermos quem somos.

Vou repetir a frase que me disse um dos meus mestres espirituais: "Se você não diz o que quer, a necessidade aumenta." Isso é muito verdadeiro! Quando preciso de dinheiro e não peço, atraso o pagamento das contas e os cobradores ficam mais agressivos. Se não digo para as pessoas pararem de usar meu tempo e meu espaço, elas pedem que eu faça mais coisas. Quando não digo às pessoas que elas estão me deixando constrangidas com o que fazem, ou infeliz, ou insegura, elas continuam fazendo a mesma coisa, e eu me sinto pior. Quando não digo que me aborreci com alguma coisa que elas fizeram ou disseram, mesmo que tenha sido sem querer, me sinto pior em relação a elas e a mim mesma. Mais do que qualquer outra coisa, quando não afirmamos nosso desejo, prejudicamos nossa auto-estima.

Fazemos pequenas coisas que também contribuem para o nosso sentimento de autodesvalorização. Negamos a nós mesmas o que damos para os outros. Quantas mães se descuidam porque sempre acham que os filhos precisam de alguma coisa. Depois se sentem feias, pouco atraentes, envelhecidas ou indignas de receber amor. Se você não cuida de si mesma, se não se trata bem, se não se valoriza, vai acabar achando que os outros também a desvalorizam. Em primeiro lugar, ame a si mesma! Ninguém é capaz de fazer isso melhor do que você! Diga serenamente o que quer, não precisa brigar. Se não conseguir, peça de novo. Peça aos outros, peça também ao universo. Quando você acredita que tem direito ao melhor, o melhor vem. Quando você fica aberta para receber, recebe. O sucesso tem vários aspectos, mas, seja lá o que ele for para você, comemore sua vitória a cada passo do caminho. Agradeça tudo o que recebe. Esteja disposta a aprender e crescer, aceitando as lições e as bênçãos que a vida vai lhe oferecendo. Acima de tudo, quando precisar de ajuda, apoio, informação ou orientação, peça!

A SAÍDA

Por que este capítulo não é como todos os outros? Porque o sucesso significa uma coisa diferente para cada pessoa. Não existe um só caminho, processo ou método de definir ou encontrar o que é o sucesso para você. Todas nós, à medida que aprendemos nossas lições do nosso próprio jeito, devemos saber o que queremos ou do que precisamos para atingir o que definimos como sucesso. Mas há um princípio universal para alcançar o sucesso: é preciso ter *paciência*.

"Eu quero agora!" "Quero assim!" "Quero quando quero!" Isso não funciona quando você está em busca do que define como seu sucesso. Tudo leva tempo e é preciso respeitar profundamente o ritmo dos processos. Às vezes estamos avançando rapidamente, e de repente somos jogadas para trás. Você pode se aborrecer ou até ficar arrasada. Seja como for, lembre-se: é bom! Você precisava daquela experiência para conseguir maior crescimento e desenvolvimento. Tenha paciência! Não desista nem desanime com as dificuldades.

Tenha paciência com você mesma. Você não precisa saber tudo, ser tudo, fazer tudo ao mesmo tempo. Não se deixe atropelar, respeite a si mesma e ao seu ritmo com carinho e amor. Um atraso não é um erro nem um fracasso! É um tempo maior necessário. Antes de se desesperar, aguarde o resultado final. Nada do que é seu pode ser tirado ou levado. Pare! Respire! Peça para aprender a lição. Siga adiante com a cabeça calma e o coração confiante.

E, sobretudo, use um instrumento precioso: o *silêncio*. Nós mulheres falamos demais! Guarde seus planos, seus avanços, suas dificuldades, suas dúvidas, suas conquistas para si mesma. Compartilhe-os apenas com pessoas em quem você tem a mais absoluta confiança, pessoas capazes de vibrar com suas conquistas – infelizmente são poucas – e de ajudá-la ou orientá-la em momentos de dúvida. Ouça o que elas têm a dizer, mas siga seu coração. Alegre-se com suas conquistas, mas nunca conte vantagem. Se precisar desabafar, fale das dificuldades como obstáculos a serem superados, não como empecilhos que bloqueiam seu caminho. Fale muito com você mesma! E fale com Deus.

Meditação com a Mãe

Querida filha, vocês deu a volta toda: era cega,
viu a luz. Desperdiçou a vida com coisas que a deixaram
sem forças e recuperou sua energia. Nasceu do amor,
foi amor, deu seu amor para muitos, mesmo para aqueles
que não puderam retribuir seu presente mais precioso.
O círculo está tecido. Mesmo assim, você continua
tecendo, buscando seu lugar de paz.
Minha filha, se eu estiver no seu coração, você é amor!
Pare de parecer! Seja! O amor é o dom da vida.
O amor é o que você é quando não tem nada de material
para dar. O amor é o nome que o Pai e eu lhe damos,
mesmo quando você fica exausta de tecer e surda ao nosso
chamado. Nós sempre vamos amá-la, levantá-la, segurá-la
na luz e rodeá-la com o brilho incessante do amor.
Espere, filha. Espere, ouça e receba a voz do amor.
É a voz que vem para guiar, nutrir, levar para o lugar
de paz em que você reconhece a luz de amor que é no mundo.
Sem amor, você vai continuar a tecer e cair, a ser cega,
surda, sem perceber que a vida se resume em amor.
Nada pode substituir o amor que o Pai e eu colocamos
em você. Receber nosso amor faz com que tudo passe
a valer a pena, com que tudo brilhe mais e com que
cada ato da vida adquira sentido. Quando você se abre
para o nosso amor e o expressa em sua vida, encontra
o seu eu mais íntimo e verdadeiro, que é o amor.
Esqueça suas idéias grandiosas que a deixam desnorteada.
O amor é simples, é calmo, é tranqüilo. O amor que o Pai

e eu temos para lhe dar é como uma respiração serena,
a visão de um esplendor ilimitado e a alegria sem palavras.

O amor é o que o Pai e eu demos a você, sem pedir
nada em retribuição, exceto que use a vida para lembrar
aos outros que nós somos o amor.

11

O Vale do Amor

ALGUMA VEZ NA VIDA, TODAS NÓS ESTIVEMOS NO VALE DO AMOR. É QUANDO O CHÃO SOME. SEUS OLHOS FICAM INCHADOS de tanto chorar, sua cabeça gira e seu coração está partido. O seu amor foi embora! Você deu amor e não recebeu nada. A outra pessoa levou o amor, limpou a boca com o guardanapo que você tinha lavado e passado, afastou-se da mesa da sua vida e foi embora. Você deu tudo! Você deu todo o seu tempo, energia, dinheiro e, no final, ele ignorou, desprezou toda essa dádiva. Você foi largada, perplexa, pensando se aquilo era tudo o que você recebia por ter dado amor. Não! Mas isso é exatamente o que você recebe quando se dá ao que *pensa* que é amor.

Rachel gostou de Michel desde a hora em que o viu. Ele disse que a amava, casou-se com ela, tiveram filhos e deixou que ela passasse dezesseis anos da vida amando-o. Um dia, ele parou de chegar em casa na hora. Antes que Rachel pudesse pensar no que dizer, ele parou de passar os fins de semana em casa. Rachel ainda estava pensando no que fazer quando Mike avisou que ia embora. Rachel concluiu que o amor dela não tinha sido suficiente ou bom para ele. Tudo culpa dela.

O Vale do Amor existe para nos ensinar que o único relacionamento que podemos ter nesta vida é o relacionamento conosco mesmas. Não podemos amar ninguém mais do que a nós mesmas. Não podemos tratar ninguém melhor do que tratamos a nós mesmas. Quando você se esquece de si mesma, desiste de si ou se desvaloriza, qualquer pessoa vai lhe fazer exatamente o mesmo. Ah, nós achamos que, se dermos tudo aos outros, eles nos darão tudo também. Mas as coisas não funcionam assim. Lembre-se: "Seja fiel a si mesma!" Você entrou naquele relacionamento porque queria ou porque queria sair de onde estava? Se somos solitárias, infelizes, confusas, falidas, desesperadas, por que esperamos que os outros nos retribuam com amor verdadeiro? Isso é pura maluquice!

A vida toda, Robin achou que não era atraente. Quando Stanley disse que ela era linda, apaixonou-se por ele na hora. Sustentou-o enquanto estudava. Cuidou das crianças, da casa, das contas enquanto ele montava uma empresa. Ele montou uma empresa em sociedade com a irmã da melhor amiga dela. E Robin foi obrigada a ver Stanley comprar uma casa para a sócia, levá-la para viajar e mudar-se para viver com ela. Antes de sair, ainda teve a coragem de dizer a Robin que ela não era suficientemente atraente e independente para ele. Robin continua tentando descobrir onde errou.

A maioria de nós acaba no Vale do Amor por causa dos relacionamentos, mas há outras formas de chegar lá. Gostamos de nosso emprego, e mesmo assim somos demitidas. Amamos nossos pais, e mesmo assim parece que não conseguimos agradar-lhes. Amamos nossos filhos, e mesmo assim eles se desviam do caminho. Quando vivemos um amor não correspondido, ficamos com muita raiva do outro, mas sobretudo com raiva de nós mesmas. É exatamente esse o ponto! As pessoas e fatos surgem em nossas vidas para demonstrar com que rapidez somos capazes de nos atacar. É uma lição. A lição serve para mostrar que construímos nossa vida sobre um alicerce fraco. Não estou falando de seu relacionamento com seu chefe, sua mãe, seu filho ou seu irmão – mas de seu relacionamento com *você!* Quando a pessoa querida vai embora, você fica com você mesma. A pergunta é: como você se sente sozinha consigo mesma? Se não sabe, o universo traz uma experiência para mostrar exatamente onde você está.

No Vale do Amor ficam as experiências e as lições de todos os demais vales. No Vale do Amor, você pode ir para o Vale da

Compreensão, que vai lembrá-la de todos os avisos em que você não prestou atenção. Quando você conheceu o rapaz, seu espírito disse: "Esse não! Não é para você!" Você ouviu? Quando ele foi embora, você se deu conta de que, por mais que ele se mostrasse atraente, os sinais tinham sido bem visíveis. Mas você preferiu ignorá-los, abafando a voz do espírito que a alertava.

Então, o Vale do Conhecimento e da Sabedoria surge, lembrando: você sabia! Sabia que ele não estava sendo completamente honesto. Sabia, mas continuou tentando consertá-lo, mudá-lo, ver qualidades, porque achava que o amava. Sabia, mas não foi obediente! Nem teve sabedoria para saber o que fazer com o que sabia. O Vale do Amor está lhe oferecendo um curso de Sabedoria.

O que você estava procurando? Quais eram sua intenção e seu propósito? Achava que um homem ia querer ficar sozinho com você quando você mesma não quer? Você não aprendeu as pequenas e simples lições do Vale do Propósito e da Intenção, e agora precisa ser testada no Vale do Amor.

Nada está funcionando na sua vida. Você não tem emprego. Sua casa está um caos. Sua família, aos pedaços. Você não tem um centavo. Há seis anos você não vai ao dentista. Não faz exercícios e come em lanchonetes. No meio dessa confusão, você procura alguém para amar! Ou quer ter sucesso ao abrir seu próprio negócio! Caia na real! Se você não consegue dar conta do essencial, como vai cuidar dos seus desejos? Se não consegue se colocar em ordem, como espera conseguir ordem em qualquer coisa que faça? Agora, você está no Vale do Amor. Sabe que suas coisas essenciais não estavam em ordem, mas foi procurar amor e atraiu sua própria confusão para si. Ter sucesso significa querer o que você tem. Duvido que você queira confusão na sua vida. Você achou que podia atrair alguém que consertasse a confusão, mas a pessoa só fez aumentá-la. Está precisando aprender a lição do Vale do Amor.

A maior lição que o Vale do Amor nos ensina é que sempre temos o que esperamos. Expectativas são aqueles sentimentos secretos, muitas vezes inconscientes, que ficam no fundo de nossos corações e mentes. Às vezes dizemos que queremos algo, mas no fundo achamos impossível. O universo não se importa com o que dizemos, mas obedece às nossas *reais* expectativas. O Vale do Amor serve para isso: mostrar nossas verdadeiras expectativas, fazer-nos tomar consciência delas para mudá-las.

É fundamental saber: não ficamos em situações difíceis ou em relacionamentos prejudiciais porque queremos, mas porque, no fundo, não esperamos mais do que isso para nós. A contradição entre o que dizemos e esperamos de fato aparece em nossas experiências concretas de vida. No Vale do Amor, essa contradição vai se revelar.

Uma noite, você conhece aquele homem atraente, gentil e atencioso. Conversam, trocam telefones e ele promete ligar. Dois dias depois, você liga. Ele está ocupado e promete ligar de volta. Uma semana depois, com as lembranças dos momentos que tiveram juntos voando em sua cabeça, você liga outra vez. Ele não está em casa. Você deixa um recado na secretária eletrônica. Três dias depois, você chega à conclusão de que ele não recebeu o recado. Liga de novo. Ele está em casa, não está ocupado e quer ir à sua casa. Você concorda, claro. Desliga o telefone e corre pela casa guardando coisas no armário, escondendo a louça suja, arrumando tudo para parecer limpo e lindo quando ele chegar. Ele chega, dá muitas desculpas e explicações por não ter ligado. Você aceita tudo e ele passa a noite com você. Ele vai embora logo depois do café da manhã, prometendo ligar depois, e você fica achando que o paraíso deve ser assim. Você não ouve falar nele por três dias, e dessa vez fica furiosa! Liga para ele, diz que ele é um cachorro e coloca-o na mesma categoria de todos os homens que seguiram esse modelo. O Vale do Amor é o lugar para onde você deve ir para perceber que esse não é o modelo dele ou deles – é o *seu* modelo!

Esse é um caso clássico de resistência. Você resistiu ao que o rapaz mostrou claramente a você. Resistiu à voz do espírito lhe dizendo para largar. Resistiu ao seu bom senso e a tudo o que lhe ensinaram porque estava com medo. Resistiu porque esqueceu a lição do Vale da Não-Resistência. Você levou seus modelos improdutivos para sua vida amorosa e agora está desapontada outra vez. Sabe por que você resistiu? Porque aquela voz perversa que fica no fundo da sua cabeça disse que havia alguma coisa errada com você. Disse que você era gorda demais, magra demais, velha demais, pequena demais ou que seu nariz era grande demais. Você ficou pensando que não servia e, para provar o contrário, ignorou todos os sinais evidentes quando encontrou aquele homem. Da próxima vez que você encontrar um homem que diz que vai ligar mas depois fica ocupado demais, não ligue para ele!

As experiências no Vale do Amor servem para nos lembrar que pode estar na hora de jogar fora o que não funciona. Esse é o melhor momento para você se examinar e examinar as experiências que levaram-na para esse lugar. Se foi traída, pergunte-se: "Traí alguém nos últimos tempos?" Se foi rejeitada, pergunte-se: "O que fiz de bom para mim nos últimos tempos?" Se os seus melhores e mais sinceros esforços foram recebidos com desrespeito ou ingratidão, pergunte-se: "Será que acho que não mereço mais do que isso?" O Vale do Amor é apenas um reflexo do que você está pensando a seu respeito e fazendo com você mesma.

Vejo você balançando a cabeça e discordando. "Não fiz nada para me tratarem assim!", "Eu não estava procurando isso!". Você esqueceu outra grande lição. As pessoas fazem o que fazem porque esse é o jeito delas. Na maioria das vezes não tem nada a ver com você. As pessoas não podem nos tratar mal, a menos que nos permitamos ser maltratadas. As pessoas não podem usar-nos, a menos que deixemos. Se esse tipo de situação – com homens, com amigas, no emprego – se repete em sua vida, está na hora de descobrir a qualidade ou o princípio que pode ser aplicado a essa experiência para lhe trazer de volta a paz. Será o perdão? A fé? A confiança? Precisa rezar por alguém? Precisa dizer o que pensa? Precisa gostar mais de si mesma? Em outras palavras, qual é a lição? Aprenda a lição e saia dessa confusão.

UMA EXPERIÊNCIA NO VALE

Ela sabia que ficava completamente perdida nos relacionamentos. Resolveu passar algum tempo sozinha até saber exatamente o que queria e por que estava com tanta dificuldade de conseguir um. Não se sentia triste, irritada, amarga ou ressentida. Sabia que tinha coisas a entender em si mesma antes de encontrar um verdadeiro companheiro. Acho que essa mulher estava no caminho certo. Ficou nele por três longos anos.

Essa moça estava vivendo uma enorme confusão. Como conseguiu ficar sozinha, pôde pensar em tudo o que não admitia para ninguém. As únicas relações boas que tivera com os homens tinham sido sexuais. Ela procurou entender por que isso acontecia. Talvez porque o padrasto tivesse abusado dela. Talvez porque ele repetisse que era com sexo que ela podia mostrar que gostava de um homem. Talvez porque ela não acreditasse que tinha outra coisa a oferecer senão a cama. No primeiro ano, ela gastou seu tempo e sua energia buscando respostas para essas perguntas. Encontrou as respostas e colocou-as em prática.

No final do primeiro ano, começou a manter diversos relacionamentos carinhosos, saudáveis, afetuosos com homens com os quais não ia para a cama. Conversavam sobre muitos assuntos, trocavam idéias e informações, apoiavam-se naquilo que estivessem fazendo ou passando na época. O sexo não fazia parte da relação. Esses homens gostavam dela pelo que era e pelo que tinha a oferecer. Pela primeira vez na vida, ela compreendeu o que era ser amada, protegida e apoiada por um homem. Foi ótimo.

"Então por que tinha passado tantos preciosos anos em relacionamentos ruins, abusivos e prejudiciais?" Descobriu que era porque só conhecia isso. Os pais, tias, tios e até alguns amigos vinham de lares onde o desrespeito era a norma. Onde as mulheres eram submissas e os homens dominavam. Percebeu que tinha uma visão muito distorcida dos homens.

No segundo ano, ela foi trabalhar. Oficinas, seminários, palestras, livros – devorava qualquer coisa que pudesse ajudá-la a compreender o que tinha acontecido com ela. Viu coisas bem feias. Teve de perdoar um bocado de gente. Não foi fácil. Precisou de muita paciência com ela mesma. Tinha de respeitar o que sentia e pensava. Continuou aberta para conhecer, aprender e crescer. Valeu a pena.

Com uma nova percepção e uma nova atitude, ela sabia que tinha de saber o que queria na vida. O que queria fazer? Por que queria isso? Principalmente, o que o espírito dentro dela queria? O velho provérbio "Quando o aluno está preparado, o professor aparece" mostrou-se verdadeiro. Um amigo de uma amiga conhecia alguém que precisava de alguém para ajudar em um trabalho de criação. Era tudo o que ela desejava, pois sabia que era uma pessoa criativa, mas tinha desistido de seu talento para conseguir um salário mais alto. Agora, estava disposta a baixar seu padrão de vida para fazer aquilo de que gostava. Sentiu-se bem consigo mesma. Compreendeu mais profundamente muitas das experiências pelas quais tinha passado. Foi então que precisou repetir a lição.

Ela o conheceu na estréia de um filme. Ele se aproximou, perguntou seu nome e disse: "Hoje de manhã, pedi ao espírito para me fazer encontrar minha companheira. Quando você passou por mim, vi sua luz. Acho que é você." Ela foi pega de surpresa. Nunca na vida um homem tinha falado com ela sobre o espírito. Suas preces estavam sendo atendidas. Resolveu conhecê-lo melhor.

Ele era um homem ótimo. Gostava das mesmas coisas que ela, tinha uma conversa animada e interessante, ouvia-a com a maior atenção. Era um cavalheiro: abria a porta para ela entrar no carro, puxava a cadeira para ela se sentar. A moça começou a achar que todo o seu trabalho, estudo e sofrimento tinham valido a pena. Mas depois de um mês começaram a soar alarmes na sua cabeça. Tentou não ouvir, mas não conseguiu. Quando se deitava, à noite, as vozes eram altas e claras: "Devagar! Mais devagar!"

Ela costumava mergulhar nos relacionamentos de cabeça, e antes isso lhe causara problemas. Não queria cometer o mesmo e velho erro outra vez, mas, para ser sincera, estava cansada de dormir sozinha. Começou a duvidar da voz do espírito, a duvidar do próprio espírito. Além do mais, estava tão segura de si, que achava que nunca mais alguém a magoaria. "Que mal esse cara pode me fazer? Só se eu deixar." Estava resolvida a se arriscar, quando as vozes internas ficaram altas demais: "Diminua a marcha!" Resolveu obedecer.

Ele não fez nada de grave, mas foi surpreendentemente agressivo quando ela recusou seu beijo e disse que queria dar um tempo. Chegou a gritar com raiva, num tom extremamente possessivo: "Você é minha mulher." Ela repetiu que precisava de mais tempo. Ele saiu batendo a porta.

Quando, depois de passar um tempo sozinha, você começa a gostar mais de si mesma, cuida melhor do seu espaço. Você quer mesmo um tempo para ter mais clareza e reforçar seu propósito. Quando alguém tenta forçar seu espaço, você desconfia, e com toda a razão. Nos dias seguintes, ele forçou a situação, insistindo que ela escondia alguma coisa. E ela começou a ficar assustada.

Essa moça tinha aprendido e crescido bastante em três anos, mas ainda estava confusa. A confusão é como um vale. Você sabe o que fazer e o que quer, só não sabe se é a coisa certa. Quando ficamos confusas, precisamos respirar – respirar purifica a mente. Ela achou que devia falar sobre o que sentira com a agressividade dele. Ele não gostou, e o mau humor dele assustou-a. Oh, meu Deus, ele vai embora! E daí? Disse que gostaria que ele fosse embora, a menos que conseguissem entender o que estavam fazendo e o que queriam. Ele aceitou na hora! As semanas seguintes foram de calmaria.

Falaram-se uma ou duas vezes, mas concentraram seus esforços em compreender um ao outro. Ela foi muito honesta e aberta sobre quem era, onde estivera e o que tinha feito. Era uma situação nova para ela. Ele falou um pouco sobre si mesmo, mas parecia mais interessado em saber dela. Ela se deixou novamente conquistar. Pensou em casar-se, em ter alguém com quem dormir, com quem conversar aconchegada nas noites de frio. A cabeça fervilhava e o coração palpitava. Já que ele estava disponível, ela concentrou sua energia e atenção nele. Ficou mais delicada, mais aberta. Ele logo percebeu a mudança.

Eles se conheciam havia três meses. Ele procurou-a, dizendo que ia começar num novo emprego e precisava comprar umas coisas. Será que ela podia lhe emprestar um dinheiro? A sábia mulher dentro dela despertou, mas foi logo derrubada. Claro, quanto ele queria? Ela depositaria na conta dele. Ele devolveria em duas semanas. A mulher sábia despertou de novo, e de novo foi derrubada. Devolva quando puder. Temos de nos ajudar, não estou preocupada com isso. A visão tinha ficado ofuscada por causa dos sonhos que lhe passavam pela cabeça. Estava confusa. Estava indo passar um bom tempo no vale.

As outras conversas que os dois tiveram foram um desastre. Não conseguiam concordar sobre coisa nenhuma. Ela começava a sentir o estresse. Sua vida e sua cabeça tinham estado tão tranqüilas nos últimos três anos que ela não sabia como lidar com a mudança. Sabia que todos os relacionamentos dão trabalho e que ele tinha uma série de aspectos agradáveis. O que não compreendia era o medo e a ansiedade crescendo na boca do estômago. Até que reconheceu a situação como a mesma loucura dos relacionamentos anteriores. Outra vez! Como? Por quê? Ela precisava de uma resposta. Rezou.

Não era justo. Ela tinha feito seu trabalho. Por que o universo iria lhe mandar alguém para acabar com sua paz e alegria? Quem era aquele homem, o que queria? Por que se aproximara dela de uma forma tão espiritual e depois se mostrara tão pouco espiritual? Talvez ela estivesse enganada! Talvez o trabalho que ela fizera não tivesse adiantado nada. Talvez não existissem mesmo homens bons. Ou talvez ela não fosse boa o bastante para atrair um homem bom. Ela falou com uma de suas amigas mais queridas. A amiga disse para ela confiar no processo. Falou consigo mesma. Não teve resposta. Toda vez que falava com ele havia mais estresse e tensão. Quando parou de falar, ele perguntou o que havia de errado. Ela disse que estava rezando para ter clareza. Ele riu e disse que, se ela fosse para a cama com ele, teria toda a clareza.

Se você não receber na hora uma resposta para sua prece, não desista, repita-a! E tenha paciência para esperar. Ela repetiu a prece: "Deus, sei que você sabe o que está acontecendo entre mim e esse homem. Ilumine meu coração e minha cabeça para que eu faça o que for melhor para mim!" Momentos depois, ela ouviu dentro de si: "Onde está Deus há paz. Onde está Deus há alegria. O amor de Deus por você não é agressivo, arrogante ou orgulhoso. É gentil e pacífico. Não a faz implorar ou ficar em dúvida. Você não pode ter medo de perder o amor de Deus ou de ser magoada por ele. Ele se instala em seu coração com tal serenidade que você não tem dúvida sobre o que está sentindo. Se não há paz, nem alegria, nem serenidade, não é Deus! Você prefere o que está se apresentando ou prefere Deus?"

Ela sempre soubera disso! Aquele homem não lhe trazia paz! Ela iria se separar dele imediatamente. Mas como? O que diria? Como faria? Uma verdadeira batalha se instalou em sua cabeça. E se desistisse dele, ficaria com quem? Quer ficar sozinha para sempre? Não. E se você estiver cometendo um erro? Bom, então sofro as conseqüências. Suponha que nunca mais encontre um amor. Não estou desistindo de mim. Vou agüentar até que tudo esteja bem. Esse homem é ótimo na cama. Pense bem, garota, você sabe que quer! Está querendo enganar quem? Finalmente, como se houvesse mais alguém na sala, ela gritou com toda a força de seus pulmões "Cala a boca!" Foi quando o telefone tocou.

Havia três dias eles não se falavam. Ela sentiu pela voz dele que havia algum problema. Ele tentou enganá-la. "Sinto falta de você quando não telefona. Você sente falta de mim?" "Às vezes." Garota, você está jogando fora uma coisa boa. "Você gosta de mim?" "Bom, não sei." Por que não o convida para passar o fim de semana com você? Experimente. Aí, vai ter certeza. "Eu disse que estou rezando para ter clareza." A voz dele se tornou carinhosa e envolvente. "Você sabe que gosto de você e que jamais a magoaria." As vozes na cabeça insistiram. Olha, ele gosta de você. Ele tem emprego. É um ótimo amante e você precisa de um companheiro. O que mais quer?

Foi a hora da verdade. Respirou fundo e deixou as palavras saírem: "Eu sei que onde Deus está há paz. Não há paz entre nós. Isso me mostra que não há espírito, não há Deus nesse relacionamento, e é por isso que eu não quero." Droga! Você agora acabou com tudo! É louca, sabia? Louca mesmo!

Ela desligou o telefone e estava se arrumando para dormir quando percebeu que não ouvira a resposta dele. Não tinha idéia de como tinham terminado a conversa. Só sabia que não estava no vale. Não estava numa relação em que não queria estar. Mais tarde, envolvida com um novo amor, descobriu que tinha aprendido a lição. Tinha quebrado o modelo. Não estava errada. Quando lhe perguntei se tinha valido a pena, respondeu tranqüila: "Completamente! Se não tivesse confiado no espírito quando não sabia o que fazer, estaria naquela relação e jamais teria encontrado essa de agora."

A saída

Mesmo as mulheres desenvolvidas espiritualmente não conseguem escapar do vale. Fique calma! Diga a verdade! Enfrente o medo! Esclareça-se! Integre-se! Evolua! Você conhece o processo. O fato de a moça da história não ter tirado aquele homem da sua vida depois que o espírito a avisou mostrou que ela precisava ficar ainda no vale. Na essência, ela não difere do resto de nós – temos sempre a oportunidade de escolher. Se escolhemos o medo, a culpa ou a vergonha, acabamos no vale. Se persistimos no processo que nos ajuda a compreender e a ficar centradas, vamos escapar.

O Vale do Amor nos lembra que, se algo ou alguém é para você, você saberá e terá paz em seu coração. Se você continua com aquele homem porque não quer ficar sozinha, você não está amando. Está com medo, e seu problema está vindo à tona. Precisa enfrentar os problemas e seus medos. Não tenha tanta pressa em realizar o seu destino. Calma. Vá devagar. Você não pode perder o que é seu!

Você se acha digna de ter o melhor? Talvez você diga que sim, mas o Vale do Amor vai mostrar a verdade quando você aceita se submeter a uma pessoa que a desrespeita. Se aceita isso, esqueceu algumas lições, e a experiência no Vale do Amor é um teste. Mais uma vez: não se trata do seu relacionamento com os outros, mas com *você mesma*. Você gosta de você? Cuida de você? Respeita-se? Ou se critica e se maltrata? Quando você realmente se ama e cuida de si, todos aqueles que participam da sua vida seguem os padrões que você estabeleceu. Os que não seguem você afasta.

Você precisa ser testada e fortalecida para ver como está. O universo vai lhe mandar uma lição. Costumamos ser testadas no Vale do Amor porque, como mulheres, deixamos que nossas emoções nos dominem. É natural em nós. Felizmente, aprenderemos com nossas experiências que deve haver um equilíbrio, uma integração de mente, coração e espírito. Se você fez tudo o que aprendeu e, mesmo assim, perdeu algo ou alguém que estimava, saiba que tal coisa ou tal pessoa não era sua! A lição pode ser confiança, fé ou entrega. Desista de seus sonhos irreais. Não tenha pena de você. Cuide de si mesma, cure suas feridas, tranqüilize seu coração e acolha a presença do espírito. Desapegue-se do que lhe faz mal, abrindo espaço para algo melhor. Tenha paciência! Vai chegar na hora e do jeito divinos.

Quando me lembro de alguns desastres amorosos que vivi, compreendo melhor essa afirmação: “Seu companheiro é seu espelho.” As pessoas na sua vida são um reflexo da relação que você tem com você mesma. Algumas de nós não conseguem ver as coisas prejudiciais e desfavoráveis que fazemos conosco. Muitas de nós acham que os problemas que temos nos relacionamentos são culpa dos homens. Mas o homem que você tem é uma conseqüência do que você é. Se conseguir ver o que *você* está fazendo e o que *o outro* faz, pode começar os ajustes necessários. Mas se começar a culpar o outro, está perdida. Não aprendeu a lição. Não é uma questão de consertar a outra pessoa, mas de nos entendermos. Cuide de você! Quando conseguir ficar bem, todos em volta vão segui-la ou deixá-la. Se a deixarem, resista ao desejo de correr atrás deles e trazê-los de volta.

O Vale do Amor é um processo de limpeza. Chorar é exatamente o que você deve fazer quando está nesse vale. O choro é o processo definitivo de limpeza e purificação. Deve ser o tipo de choro profundo que atinge sua alma. Chore seu medo. Chore as coisas erradas que pensou e as emoções negativas que teve. Chore cada pensamento negativo que já teve sobre si mesma, cada palavra depreciativa que já disse sobre si mesma, cada bobagem que já fez por achar que não era amada nem digna de ser amada.

Se perguntarem por que está chorando, diga: "Estou me curando! Estou saindo do vale!" Peça ajuda à Divina Mãe, aos anjos e a seus antepassados. Peça às forças universais que isso sirva para você aprender a lição, com carinho e amor. Se você chorar o quanto quiser, as coisas vão clarear. Acalme-se então e espere que a Mãe venha e a ilumine.

Você pode fazer isso! Pode cair no vale, aprender sua lição e crescer. Pode aumentar sua auto-estima e a compreensão necessária para romper seu padrão e resolver seu problema. Você pode se sentir mal e se recuperar. Pode cair e se levantar. Pode aprender a lição e usar a informação para atingir seu propósito. Você pode se curar. Esse vale tem imenso valor. Obedeça ao espírito dentro de você, e os seus desejos se realizarão. Acima de tudo, o Vale do Amor nos ensina que o amor não é algo que precisamos buscar. O amor está sempre presente em quem somos e como somos. Nosso trabalho, nossa missão, é reconhecer esse amor em nós e depois nos abrirmos para receber ainda mais amor.

Meditação com a Mãe

Querida filha, cá estou agora para dizer que amo você. Em seus dias sombrios, nas horas difíceis, em momentos de confusão e desespero, lembre-se: amo você. Amo-a pelo que você se tornou, pelo que é, por tudo o que está se tornando. Lembre-se da maravilhosa dádiva que é ser mulher, compartilhar a criação com o Senhor. Trazer a vida dentro de si e alimentá-la em seus seios. Você é a condutora, a que traz e mantém a vida, e por isso eu amo você. Tudo o que peço em retribuição ao meu amor, querida filha, é que você se ame da mesma forma que eu a amo. Ame-se o suficiente para dizer não ao que a rebaixa. Ame-se o suficiente para saber que há luz dentro de você, uma luz permanente que não depende das suas circunstâncias externas. Ame-se, minha querida, como se estivesse amando a mim. Quando você se ama e se respeita, está me amando. Quando você me ama, eu brilho nos seus olhos. Brilho no seu coração. Brilho na sua vida! Quando sou amada, só posso retribuir o que recebo – as riquezas da vida!

12

A saída

VOCÊ SE LEMBRA DE ANN? FOI A AMIGA QUE CONHECEMOS NO COMEÇO DESTE LIVRO, NA ANATOMIA DO VALE. ANN É O exemplo clássico de como o Vale do Amor nos coloca em todos os vales de uma vez. Sem dúvida, essas são as situações mais difíceis de lidar. Mas quando nos parecemos com Ann, dispostas a aprender, a crescer e a seguir, podemos e vamos sobreviver. Sim, você pode ficar em mais de um vale ao mesmo tempo! O importante nesse tipo de experiência é falar com você mesma, exatamente como Ann fez. Quando se sentir encurralada, não comece a se mexer! Felizmente, você agora sabe que se mexer quando está encostada numa parede pode causar arranhões e ferimentos. Pare! Respire! Sinta seus pés pousados no chão! Disponha-se a dizer a verdade e buscar a lição. Foi exatamente o que Ann conseguiu fazer.

Não foi a primeira vez que Ann teve um relacionamento com um homem envolvido com outra mulher. Ela sempre prometera para si mesma que isso não iria se repetir. Cada vez que acontecia, Ann acreditava nas histórias e promessas do homem de que estava tudo acabado. Estava por um tempo, mas a mesma mulher ou outra iria surgir das sombras e interferir no relacionamento dele com Ann. A reação usual de Ann era duvidar e se questionar. Perguntar por quê. Por que não consigo agradar a um homem? Por que não consigo fazer um homem feliz? Por que sempre atraio homens que despedaçam meu coração? Antes de conseguir responder, já estava em outra relação igual.

Lembre-se do processo de iluminação: isolar-se, discernir, iluminar-se, integrar o que você sabe, evoluir para um novo nível. Finalmente, Ann resolveu seguir o processo. Ela sabia que tinha de chegar ao âmago do problema. Tinha certeza de que não era tudo culpa dela. Aqueles homens tinham mentido, era só isso! Ann tinha sido completamente sincera e honesta, a desonestidade era deles. "Qual a lição, nesse caso?" Para ter uma resposta a essa pergunta, Ann precisava se isolar. O que ela costumava fazer era chorar, se desesperar e ter uma longa discussão com o homem – discussão que invariavelmente acabava na cama. Depois, ela telefonava para as amigas buscando apoio e solidariedade. Mas, dessa vez, Ann não fez isso! Dispôs-se a ficar sozinha, a ouvir e escutar a calma voz em sua alma. Para isso, desligou o telefone, tomou um longo banho morno e concordou em entrar no Vale da Luz.

Pela primeira vez, Ann foi capaz de ver o que tinha acontecido. Não queria fazer drama nem ficar histérica. Decidiu aceitar o que sabia. Para compreender, teve de voltar atrás e ver o que acontecera na relação. Procurando dessa vez evitar a necessidade de ter razão, o medo de estar errada e a tendência a culpar a outra pessoa por qualquer coisa. Ann deu uma longa e difícil olhada na relação.

Honestamente, ela percebera os sinais, mas queria tanto confiar e acreditar naquele homem que ignorou o que viu. Além disso, quando seus próprios instintos a alertaram, ela fugiu. Não queria pressioná-lo, e tinha medo de perdê-lo.

Ann também fez algo que muitas de nós esquecemos de fazer. Ela comemorou suas vitórias. Tomara algumas atitudes corajosas na relação. Tinha dito ao companheiro que queria uma relação séria, um compromisso duradouro. Quando ele não cumpriu o que prometera, Ann disse o que sentia. Não "engoliu em seco" nem sofreu em silêncio. Não o ameaçou nem deu ultimatos, mas disse que precisava se sentir livre e feliz na relação. Várias vezes, ela havia ameaçado ir embora e mudara de idéia. Mas agora admitia que fizera isso por medo de errar ou de ficar sozinha. Então, qual é a lição? Onde está a lição?

Em sua solidão, Ann decidiu dar o passo mais assustador de todos, o passo para a iluminação. Avaliou seu padrão de comportamento. O que fez dessa vez que já tinha feito antes? O que sentiu que já tinha sentido? Perguntou e obteve respostas para muitas dúvidas que sempre tivera. Continuou a fazer seu trabalho para o crescimento espiritual, rezou muito e teve a resposta. Ela não tinha obedecido às instruções do espírito. Não tinha aceitado a "verdade" que o companheiro mostrara com seu comportamento. Aceitara muito pouco dele porque achava que era só isso que merecia.

Agora Ann sabia que merecia o melhor e queria o melhor. A lição era sobre perdão, desapego, confiança, paciência, obediência, coragem, sabedoria, entrega. Ann começou pelo perdão. Tinha de se perdoar por ter sido desobediente, precisava perdoar o companheiro por ter sido desonesto e perdoar aquela mulher que lhe tinha mostrado a verdade de uma forma tão agressiva. Ann também precisava desapegar-se. Ann tinha de desapegar-se da relação, de todos os seus sonhos e desejos ligados àquele homem. Tinha de desapegar-se do homem, mesmo sabendo que poderia nunca mais vê-lo. Tinha que desapegar-se da raiva em relação àquela mulher, do medo de ficar só e da grande vontade de encontrar uma resposta que fosse mais fácil de aceitar. Tudo isso significava que Ann teria de confiar no processo da vida acreditando que o resultado seria o melhor para todos os envolvidos.

Ela ficou mal? Sim. Chorou? Sim. Mas não fechou o coração e a mente para a verdade. Ela telefonou para ele? Sim. Aceitou as desculpas dele? Sim. Mas não negou o que sabia ser verdade nem tentou convencê-lo a ficar com ela e largar a outra mulher. Ann tinha planos e continuou com eles. Aceitou a situação e resolveu que não havia espaço para ele na sua vida. No momento em que escrevo este livro, Ann e seu companheiro continuam conversando. Encontraram-se duas vezes – em uma houve sexo, na outra, não. Ele não tinha tirado suas roupas do apartamento da outra mulher e continuava trabalhando com ela. Ann aguardava novas instruções de seu espírito.

Podemos fazer isso! Cada uma de nós tem o poder de fazer o que for necessário para enfrentar os desafios na vida. As pessoas esquecem de nos dizer que podemos enfrentar, e ficamos em pânico antes de conseguirmos dizer para nós mesmas: "POSSO FAZER ISSO!" Os vales não foram criados para nos ferir. Eles são uma bênção na hora do desespero! Eles nos impedem de cometer grandes erros, eles nos forçam a olhar para nós mesmas nos momentos em que realmente não sabemos o que fazer. Garanto a você que, se seguir o mapa de entrada e saída dos vales, se praticar e tiver fé no processo de aprendizado da vida, você vai se fortalecer, ficar mais esclarecida, mais disposta a crescer em cada experiência de vale pela qual passar.

Os exemplos que foram mostrados aqui são para ajudar você a compreender que sempre haverá vales na vida de nós todas! Acima de tudo, a saber que não há absolutamente nada de errado com você. À medida que vivemos, precisamos crescer. À medida que crescemos, vamos reconhecendo melhor os vales e sendo mais capazes de trabalhar neles. Você deve estar sempre disposta a praticar qualquer virtude que descobre que não tinha na época da experiência no vale. As lições e virtudes são suas ferramentas. Aprender a praticar sua liberdade, dizer sua verdade, enfrentar o medo ou ter paciência. Quando você sabe do que precisa, vai reconhecer o vale como uma oportunidade e uma lição para seu próprio bem e crescimento.

Haverá vezes em que você vai enfrentar uma situação e não terá certeza de que é um vale. Quando tiver dúvida, reze. Aja como se fosse um vale. Siga o processo e procure a lição. Entregue-se ao processo sem querer controlá-lo. Faça o que seu coração disser e confie que será ótimo. Se lembrar de rir nos maus momentos, sabendo que deles pode vir algum bem, vai ver o bem. Acima de tudo, você deve lembrar que tem a força, a coragem, o poder e o direito divino para mudar o curso da sua vida para a direção que quiser. Como uma querida amiga sempre repete: "Se você não fizer, quem vai fazer? Se não fizer agora, vai fazer quando?" Repita para si mesma: SEI QUE VOU SAIR DESSA!

Você vai me buscar e me encontrar
quando buscar por mim
com todo o seu coração.

Profeta Jeremias, 29-13

Iyanla Vanzant

A vida vai dar certo para mim

A vida vai dar certo para mim é um guia para o crescimento pessoal e espiritual, uma esplêndida oportunidade de você se conhecer, se entender e descobrir a essência do seu ser.

Quando você se dedica a curar o seu mundo interior, se amando, se respeitando e usando esse amor e respeito como padrão para a sua relação com os outros, todas as riquezas deste mundo vêm até você. Com a intensidade e a beleza de suas palavras, Iyanla Vanzant oferece 365 lições de vida, uma para cada dia do ano.

À medida que for se libertando da velha maneira de ver a si e aos seus relacionamentos, você irá mudando sua forma de agir e, ao final de um ano de prática diária, terá vivenciado coisas maravilhosas.

Enquanto o amor não vem

"Haverá um momento em sua vida em que o amor vai chegar. Antes disso, você terá feito tudo o que podia, tentado tudo o que podia, sofrido o quanto podia e desistido muitas vezes.

Mas, com certeza, posso lhe garantir que esse dia virá. Nesse meio tempo, esse livro vai lhe contar muitas histórias e lhe ensinar algumas coisas que você pode fazer para se preparar para o dia mais feliz de sua vida: o dia em que experimentar o amor verdadeiro."

Iyanla Vanzant

Ontem, eu chorei

"Esse livro não é apenas a minha história, é a nossa história. História das coisas comuns que todos nós vivemos e que não aprendemos a expressar. História das coisas que nos mantêm mutilados porque as vemos com medo, com raiva, com culpa e com vergonha.

Minha vontade é que minha história ajude as pessoas a jogarem fora suas muletas de deformações e vícios, para podermos ficar juntos em uma nova época, em um novo lugar, com uma nova compreensão que nos permitirá celebrar o fato de estarmos vivos."

Iyanla Vanzant

Esperando o amor chegar

Você está passando por uma fase de confusão, ansiedade e frustração? Sente pena de você mesmo? Acaba de terminar um relacionamento amoroso e tem a sensação de que nunca encontrará seu par ideal?

Talvez você se sinta no fundo do poço e sem perspectivas. Mas não acredite nisso! As crises – mesmo as mais sofridas – são preciosas para nos mostrar novos caminhos e nos incentivar a reformular nossas vidas. Esse livro é um instrumento precioso que vai ajudar você a identificar os problemas e questionar o que está bloqueando o amor em sua vida. Seguindo os conselhos da autora e dedicando-se aos exercícios práticos, você encontrará as respostas que procura e poderá alcançar a paz, o entendimento, a sabedoria e o AMOR que deseja.

Um dia minha alma se abriu por inteiro

"Quero compartilhar com você aquilo que mais me ajudou a permanecer aberta e bem fundamentada na compreensão de quem realmente sou, quando as experiências da vida ameaçaram fazer-me esquecer.

Estou propondo uma jornada de quarenta dias e quarenta noites para que você tome consciência das coisas que realmente importam nesta vida. Este será o primeiro passo na direção do crescimento pessoal e do fortalecimento espiritual."

Iyanla Vanzant

Cheryl Richardson

Sua vida em primeiro lugar

Nesse livro, você contará com a experiência de Cheryl Richardson, a mais conceituada treinadora pessoal americana, uma especialista em ajudar seus clientes a encontrar o equilíbrio entre vida pessoal e profissional.

Ela será sua orientadora e parceira, sempre pronta para ajudá-la a superar os obstáculos que impedem que sua vida tome o rumo que você deseja. Ao longo desse treinamento, você vai aprender a organizar suas finanças, definir suas prioridades e assumir o controle total da sua vida!

Elisabeth Kübler-Ross e David Kessler

Os segredos da vida

Depois de anos trabalhando com pacientes terminais, Elisabeth Kübler-Ross e David Kessler resolveram compartilhar as lições que aprenderam com esses grandes mestres – pessoas comuns que, em seus momentos finais, enxergaram com clareza o verdadeiro significado da vida e o que ela pode nos oferecer de mais precioso.

Hal Urban

As grandes lições da vida

O que é essencial? Hal Urban responde a esta pergunta reunindo as vinte lições de vida que precisamos aprender para alcançar o sucesso e a felicidade. Sem propor fórmulas mágicas ou métodos fantásticos, esse livro nos fala de valores eternos, como respeito, bondade, honestidade, compromisso e trabalho duro, e nos ensina a dar valor ao que realmente é importante em nossa vida.

Mitch Albom

A ÚLTIMA GRANDE LIÇÃO

Cada um de nós teve na juventude uma figura especial que, com paciência, afeto e sabedoria, nos ajudou a descobrir dimensões mais profundas e a escolher nossos caminhos com maior liberdade. Para Mitch Albom, essa pessoa foi Morrie Schwartz, seu professor na universidade. Vinte anos depois, Mitch reencontra Morrie nos últimos meses da vida de seu velho mestre, acometido de uma doença terminal.

Durante 14 encontros, eles tratam de temas fundamentais para a felicidade e realização humana. É uma lição de esperança sobre o sentido da existência, que transformou a vida do autor e que foi registrada nesse livro como uma dádiva de Morrie para o mundo.

Marc Gafni

AS MARCAS DA ALMA

Com sábios conselhos e interessantes sugestões de atividades, o filósofo e rabino Marc Gafni nos leva a identificar as marcas da nossa alma, aquilo que nos torna únicos e preciosos. Assim podemos nos conectar de forma mais profunda com nós mesmos, com os outros e com o mundo à nossa volta.

Gafni recorre à Cabala e a diversas outras fontes tradicionais e populares de sabedoria, como filmes e livros, e fala para todos os leitores, independentemente de suas crenças religiosas. Sua mensagem é de esperança: viver nossa história é descobrir o sentido de nossas vidas e encontrar paixão, satisfação e alegria em nosso dia-a-dia.

Conheça os 25 clássicos da Sextante

- *Muitas vidas, muitos mestres*, *Só o amor é real* e *Meditando com Brian Weiss*, de Brian Weiss
- *Conversando com os espíritos* e *Em busca da espiritualidade*, de James Van Praagh
- *A última grande lição*, de Mitch Albom
- *Enquanto o amor não vem*, de Iyanla Vanzant
- *A oração de São Francisco*, de Leonardo Boff
- *O ócio criativo*, de Domenico De Masi
- *Mantenha o seu cérebro vivo*, de Lawrence C. Katz e Manning Rubin
- *Por que os homens fazem sexo e as mulheres fazem amor?*, de Allan e Barbara Pease
- *Uma ética para o novo milênio* e *Palavras de sabedoria*, do Dalai-Lama
- *Histórias para aquecer o coração*, de Mark Victor Hansen e Jack Canfield
- *Os 100 segredos das pessoas felizes* e *Os 100 segredos das pessoas de sucesso*, de David Niven
- *Aprendendo a gostar de si mesmo*, de Louise Hay
- *Um dia "daqueles"*, *Querida mamãe* e *O sentido da vida*, de Bradley Trevor Greive
- *Você é insubstituível* e *Dez leis para ser feliz*, de Augusto Cury
- *A vida é bela*, de Dominique Glocheux
- *Faça o que tem de ser feito*, de Bob Nelson
- *Não leve a vida tão a sério*, de Hugh Prather

INFORMAÇÕES SOBRE OS PRÓXIMOS LANÇAMENTOS

Para receber informações sobre os próximos lançamentos da EDITORA SEXTANTE, queira entrar em contato com nossa Central de Atendimento, dando seu nome, endereço e telefone para:

EDITORA SEXTANTE
Rua Voluntários da Pátria, 45 – Gr. 1.404 – Botafogo
22270-000 – Rio de Janeiro – RJ
Tel.: (21) 2286-9944 – Fax: (21) 2286-9244
DDG: 0800-22-6306 (ligação gratuita)
E-mail: atendimento@esextante.com.br

Para saber mais sobre nossos títulos e autores, e enviar seus comentários sobre este livro, visite o nosso site:

www.sextante.com.br